ベルナール・フランク

日本仏教曼荼羅

仏蘭久淳子 訳

藤原書店

日本仏教曼荼羅　目次

序文……クロード・レヴィ＝ストロース 9

第一部

第一章　仏教伝統の神々と日本の社会——帝釈天（インドラ）の場合……17

無常という普遍的大則の下にある仏教の神々／インド古来の神々およびインド外の各地の神々との関係／神々の王インドラ——古代の雷神、豊穣の神／日本各地に定着した帝釈天——柴又の例／裁きの神、帝釈天

第二章　日本仏教パンテオンの大立者「毘沙門天」……41

仏教パンテオン・八百万の神・諸尊／仏教の宇宙観と神々の位置／四天王の身分・その姿・装束／日本に定着した四天王／平安京北方の守護から各方角の急所の守護へ／トバツの名の由来と日本の武将との関係／民衆による施財神・毘沙門信仰

第三章　仏　陀……69

運命の完熟の結果、王城を出る／覚醒《さとり》への道——出家、苦行、そして「中道」の選択／四大真理——苦の確認・苦の原因・苦の消滅・道／教えを説く如来——真理そのままの如く来たもの／仏教に内在する矛盾と諸宗派の発生／唯識派と龍樹の学派／社会状況の変化に伴う新しい欲求——大乗の

菩薩／宇宙観の発展――宇宙には無数の世界が存在する／西方の清浄世界の阿弥陀仏、東方の浄瑠璃世界の薬師仏／法華経の革新的テーマ――釈迦仏の無量の命／第二の革新的テーマ――女性の成仏・全衆生の成仏／宝塔の出現――涅槃ずみの仏が釈尊の教えを称えること／仏教に入ったヴェーダの基底思想、マントラ（真言）／マントラの仏格化――真言は経典の全真理を包蔵する／諸尊の世界の配列――中央にあって遍く輝く大日如来

第四章　麻耶《まや》――仏陀の母 …… 135

仏典の中に語られた麻耶と釈尊のエピソード／ガンダーラ美術から日本に至るイコノグラフィの継続性／麻耶は子供を守る〝聖母〟として祭られなかったか？

第五章　愛染明王――愛・怒・色 …… 155

「正覚《さとり》」を妨害したマーラ（殺者）はすなわちカーマ（愛の神）／「すべてのものは本来清浄である」――理趣経の思想／愛染明王の形姿とその十種の徳／愛の縁結び――「神ならば出雲の神、仏ならば愛染明王」／愛染と藍染――染色業者の守護神となること

第六章　妙見菩薩――北極星と北斗七星の神、北斎の守護神 …… 179

中国古代思想にみえる天極と北斗七星の重要性／天頂の至上神を祭る古代の儀式並びに北辰燈のこと／道教の影響を受けた占術の流れ――八代妙見／インドの占星術とともに入った優れた視力の象徴、妙見／陰陽道の要素も入った複雑なイコノグラフィ／武家と妙見信仰、柳島妙見と北斎

第二部

第七章　空《くう》と現身仏《げんしんぶつ》——日本の仏教伝統に見る形像の中の「礼拝尊」の存在について——……209

物質の中に神が存在するか？／まず史実の仏陀——その永遠化・絶対化／菩薩・明王・天とは何か？／信者が「礼拝祈願できる仏の方が現実の存在となった」／最初の仏像——サーンカーシャの奇蹟——代理の体／信者との〝交流〟が通じれば現れる現実——現身仏／「眼を点ずる」だけでは足りない開眼儀式／諸尊の現実は「相互関係的」また「断続的」らしいこと

第八章　仏陀の二重真理——その単一性と複数性……241

「業」と「無我」を同時に説く矛盾——誰が輪廻転生するのか？／釈迦逝去のあと人々は仏陀の永続性を追求した／仏陀釈尊の本性は「超世間的」とする説の展開／「法身」という概念から発展した「汎（あまねく）仏陀」の思想／唯一の中央から無数に発散し再び元に吸収統一すること

第三部

第九章　法隆寺金堂の勢至菩薩について——西の間阿弥陀三尊造立の背景を考える——……269

収蔵庫に忘れ去られていた謎の古仏の調査／金堂内陣の三つの壇と仏師康勝／西の壇阿弥陀像と密教系の「定印」／両脇侍には適当な古様式のモデルがあった／西壇の幻の仏たち／顕真という僧と聖徳太子／『太子伝私記』と「聖皇曼荼羅」に解釈されている金堂の本地垂迹思想／阿弥陀三尊造立の背景にはいくつかの重要な時代思潮が伺われる

第十章　十六世紀ヨーロッパに誤訳により伝えられた十一面千手観音像 …… 291

三十三間堂を訪れたフロイスの書簡とそのラテン語訳／十一面観音像とエフェソスのアルテミス神像

第十一章　「お札《ふだ》」考 …… 303

民衆の中に残る文化の伝言／ラフカディオ・ハーンが描き残した村や町に生きていた仏教／お札が呈示している神仏のイコノグラフィ／『法宝義林』に初めて馬頭観音のお札がイコノグラフィとして使われた／消失した上野「不忍池弁天」のお札／坂上田村麻呂の観音信仰とハーンが語っていた閻魔王のお札／版木の摩滅／明治時代の神仏分離によって変わった「江の島弁才天」の像／確かに十八世紀末から同形で続いている「大黒天」のお札／本尊とは無関係に古様式を取り入れた「不動明王」のお札／ステレオタイプ化していくお札／寺や堂の地理的条件を表しているお札／仏像の縁起や像の特徴を表しているお札／信仰実践のエピソードを表しているお札／抜群に多い観音菩薩（高僧では弘法大師）

注　*337*

解　説……………………………………………………ジャン＝ノエル・ロベール　*391*

訳者あとがき　*399*

図版一覧　*406*

索　引　*414*

日本仏教曼荼羅

凡例

一　原文イタリック表記のうち書名・紙誌名は『　』括りで示し、強調などの場合傍点を付した。
一　（　）［　］は原文のまま。
一　訳者による短い補足は文中に〔　〕で補った。
一　小見出しは原文にないもので、訳者が付した。

序文

「日本における具体的な姿の宗教生活をありのままに理解するために、私は出来る限りこの国の中を歩き回ってみようと決心した」、とベルナール・フランクは本著のある章〔第一章〕で記している。その先で述べているように、「庶民信仰と正統的教義の融合」に光を当てようと努めるこのような思想と著作の独自性を、この言葉以上に示すものはないであろう。

フランクは確かに、先ず碩学であった。日本・中国・インドの古い仏教文学に精通していた。この根本文献、教義概念、最も晦渋な教理などに親しんでいたことは、録音されて本著に付録収載の、航空機内で一新聞記者を前に即席で行った日本仏教の講義にさえ、素人向けにもかかわらず、驚くほど瞭然と現れている。その場の情況から見ると覚え書きの用意など無いはずのこの談話《エキスポーゼ》の豊富さ、正確さ、明晰さに目がくらむ思いである〔日本語版では第三章に収録〕。

フランクの学識、そしてその総括的視座《エスプリ・ド・サンテーズ》は、本著初めの論文三章にさらによく現れている〔日本語版では第二部に収録の二篇〕。一方で「日本の社会と宗教実践の中へインドの神々が根を降し」、そして六世紀に朝鮮経由で中国の信仰儀礼が導入され、また他面では「仏教の神々の神道化」などと、それらのことに由来する他のどの国にも増して複雑な日本仏教の特性を、これらの論考の中で彼は明快に浮き彫りにする。分枝しさらに下分れして各々に独自性を培った学派や宗派の多様性の中に、日本仏教独特の密教が映し出されている。そこに信者の崇拝に呈される礼拝像の数が増殖する結果となったが、それらの尊像は仏陀・菩薩・明王・天という四部に帰着されることが解説される。この彫刻された、または描かれた諸像の持つ本質と、役割について、著者は代理の体〔本物の代りとなっている体〕の伝統的観念を拡大して新しい見解を呈示している。つまり、彫刻・絵画としての仏像は、「現身仏」にみられるように、礼拝尊体と信者とを精神的な関係で結ぶのみならず、肉体的、物質的な関連においても働くということを。

ところで彼は、——そしてそこがフランクの秀れたもう一面であるが、——それらの思考論理が「最も〝真面目〞に見えるものから最も平俗なものまで、最も古いものから最も現代的なものまで、あるいは文書、あるいは形象化された資料」という形となって彼の許に届いたものを、どのような場合でも疎かにしない。そこでその「〝学問的〞と言われる事実と、民俗的事実の間にある虹のように暈された移り行きを、また、その後者がしばしば驚くほどに前者の生きた鏡として現れている」のを注意深く察知することが必要となる。

本著収載ではないが、ある自叙文において、著者は彼の日本への愛着が「理性というよりも神秘の範疇に入る」ことを認めるにやぶさかではないと述べている。[1] それは別稿にも書いているように、「聖なるものが聖なるものとして尊敬されながらも、善良に俗世間のものと断絶なく混合している日本の性格の一面」が、少くとも一つの理由となっているのではなかろうか？

多くの知性人を引きつける日本の魅力の最も深い原因は、恐らく他のどこよりも、日本では生きた継続性が過去と現在を結んでいる、殊にそれが宗教の領域に現れているということであろう。このことは、フランク自身が想起しているのと大変似通った動機で、私が幼年時代からかかる魅力を無邪気に感じ取っていただけに、なおさらに信じられるのである。

ボエッシイ通りの店で、と筆者は語っている。子供の彼は、インド支那の美術品や、彼を魅了する「丸顔の輝いた、おだやかな姿」の仏像に眺め入っていた。同じ年頃の私の経験の中で、それはプチ・シャン通りにあった極東の好奇に満ちたある骨董店に通じる。青年フランクが初めて日本版画を見たボナパルト通りの古美術店と、私が、たいそう色褪せていたのは確かだが、北斎の画帖を安価に買ったラスパイユ・モンパルナス交差点の古書店は一対になる。そうして私達二人は熱心にラフカディオ・ハーンを読んでいた。

類似はそこで止ってしまう。なぜなら、フランクがボナパルト通りの古美術商夫人の所に出かけたのは、その後彼が弟子となった夫の日本語教師に逢うためだった。もし私が多方面に分散する代りに、一つの目的に専念し得るもっと規律ある精神に恵まれていたとすれば、あるいは二十年の隔たりで彼と同類の経歴を辿ったのではなかろうか。

彼の前で吹聴するのを憚っていたこういう細部を知らなくとも、フランクは身についた繊細さで、私達の日本に対する初めての好奇心の中に共通していただろうものを見抜いていた。後述するところの仏教パンテオンが公開された時、私は、古いギメ美術館の陳列棚の前で持った幼年時代の感激を若干見出したと書き送ったのである。彼はこの告白に気を悪くするどころか、それに感銘を受けたと答えて来た。

しかし私に欠けていた強靭さでもって、フランクは九年間を、文献学、日本の古典及び現代語、中国古典語、サンスクリットの勉学に没頭して行った。そしてこの理論的知識だけに留まっていずに、早過ぎた彼の最期の時まで、それを生きている信仰と慣習の中に見出すことに、また「街の音が聞えてくるような、人々の生活に親密に結ばれた具体的な仏教」の研究に専念したのだった。彼の自叙文で語っている通り、ラフカディオ・ハーンを読んで自らに約したように――。

国中を廻り、寺々を探訪し、信者たちに頒布される聖像の絵の中に忘れられたシンボルを解明し（こういうことを考えたのは彼が初めてであろう）、哲学と同様に民衆の文献にも関心を持って収集し、フランクは読者を実に興味深い、そして意外性に充ちた知的冒険に引き込んで行く。地図で見受けたある地名が、日本での存在が気付かれていなかった〃仏陀の母の祭祀信仰〃の発見に彼を導く。また時には映画さえも加えたあらゆる手段を駆使して、いかにして同音異語が愛染明王の印しの赤色を藍色に変え、愛の守護神が染色業の守護神に変貌したかを理解させ、その信仰がまた近代工業時代への移行にもかかわらず決して失われずに、最近までまだある大化学企業の構内にも残っていたことを発見し、これこそ「昔の職人社会で生れた観念の、近代社会における驚くべき順応性」の証明である、と述べている。足跡を辿って、とでも言うように、七世紀に日本に導入された、北極星と北斗七星の神を崇める中国源泉の祭祀の名残りを追って、フランクは東京の大新聞社のビル屋上に到達する。どのように、単なる言葉のしゃれで、愛染明王が染色業の守護神《パトロン》になったかを解き明かしていたが、また別の一神、〃北の守護神〃については、お金をおあしと言った五世紀昔の女房言葉でもって、なぜこの施財神のお寺で頒布されていたお札《ふだ》が、この神に百足《むかで》(古いフランス語でも千足《mille pieds》という)を付き添えて描き現しているかということを説明する。

たとえ近代生活によって押しつけられた、または許された、しばしば突飛な形の中にさえ、現在の背後に過去を見出そうとするこの息吹きが、フランクの著作すべてを生き生きとさせている。

この角度から見ると、断続的に彼の生涯の四十年をかけたというこの事業は、一つの教訓的価値を持ってくるものである。

一九四五年、ギメ美術館を東洋美術館として変革すると決定された時、エミール・ギメによって収集された驚異的な仏教イコノグラフィのコレクションが、時代が下るという理由で収納庫に遠去けられた。フランク独りが、今日も信仰対象となっているようなままで、全貌を呈示している非常に複雑な仏教パンテオンの例証として、日本の外では唯一のこのコレクションの重要性を理解していた。そうしてやがて、美術館の幾室かをそれに割当てる許可を得て、フランクは、現在と過去を対抗させるのを拒否するという彼の態度の正当性を示した実物大の実験を実現したのである。時代が近すぎるという理由で無視されていたこれらの仏像の幾つかは、考えられていたより古いことが明らかとなり、そしてその中の一つは十三世紀の作で、高名な寺院から出ており、十九世紀初頭にはまだ置かれていたその祭壇上から消えて、いかなる経路でエミール・ギメの手に入ったかは不明だという仏像であった。

この物語りは詳細に本著の一章〔第九章〕を占めている。また他章においては、東京の片隅に、戦争で建物が焼失した北斎の信仰になるあるお寺を見つけたいきさつを語っている。ここで貰った古い神像のお札《ふだ》に、それとは知られずにギメ・コレクションの中にあり、そしてまた常々気になっていた『大ラルース』に収載の銅版画と瓜二つの形を認めて、彼は驚きに打たれた。

その瞬間、彼自身の奥に「稲妻に似たものが光った」と著者は語っている。疑いもなくそのような稲妻が読者の内にも光るはずである。意想外の、そして意味に満ちた関連付けに照らし明かされ、古代と現代の間、抽象と具象の間、思考理論と実践、学識と実地の間を往来し続けるフランクのこの動きに目を奪われて。

著者は日本学を一新した、しかし彼の業蹟がもたらす教訓はその域を大きく越えるものである。人文科学全般がそこからインスピレーションを得ることが出来るだろう。ベルナール・フランクはこの時代における重要な知性人として数えられる一人である。

アカデミー・フランセーズ会員

クロード・レヴィ＝ストロース

第一部

第一章　仏教伝統の神々と日本の社会——帝釈天（インドラ）の場合

図版 1　手にヴァジュラを持ち象に乗る帝釈天半跏像（9 世紀国宝）東寺講堂立体曼荼羅の一体

無常という普遍的大則の下にある仏教の神々

全ての宗教において、神の世界は原則として人間が考え得る最高のものとされている。すなわち神の世界は、宗教的思考と実践の根本であり、かつ中心となる対象である。ところがこの点において、周知のように仏教はその例外をなす、というのは、仏教では神々の世界は「仏陀」の世界のずっと下に置かれているからである。

しばしば耳にするのに反して、仏教は決して「無神論の宗教」ではない。神々の存在に敬意を表しているのである。しかし仏教は、神々が「無常」という普遍的大則の外にあるとは認めていない。つまり神々もまた、他の一切の衆生と同様に生死を免れ得ず、衆生の序列体系の唯中に、再び落ちる可能性がある存在だとみなしているのである。

「天人五衰」という有名な言葉があるが、それは神々――少なくともまだ人間の条件に比較的近い「欲界」(kāmadhātu) に住む神々――に、その神としての命が終りに近づくと現れて来る五つの衰えの印である。その兆候のリストを記した異文の一つ、『今昔物語集』(十一世紀末から十二世紀初頭) に収載された大陸起源の話によると、その時が近づくと、

一には天人《てんにん》は眼瞬《めまじろ》く事無《なき》に眼瞬ろく。
二には天人の頭《かしら》の上の花鬘《くえまん》は萎《しぼむ》事無《なき》に萎《しぼみ》ぬ。

三には天人の衣には塵居《ちりい》る事無《なき》に塵《ちり》・垢《あか》を受《うけ》つ。
四には天人は汗あゆる事無《なき》に脇の下より汗出《あえ》きぬ。
五には天人は我が本《もと》の座《ざ》を不替《かえ》ざるに本の座を不求《もとめず》して当る所に居ぬ[1]。

周知のように、仏教によれば神の状態は結局のところ、どこへも通じない袋小路に過ぎない。その状態では「悟り」に到ることも、生死の輪廻から解放されることも許されていないからで、唯、人間の条件からのみそのような最高の浄福に到達することが出来るとされている。

恐らくそのような理由から、菩薩が「仏陀」の状態に到着する以前に辿る幾世かの生涯の中で、神の状態の生命は最後の一つ手前に位置づけられているのであろう。シャカムニが兜率天《とそつてん》(Tuṣsita)〔仏教の宇宙観で欲界の第四天に当る。二九頁図版2参照〕の神々の一人として生まれたのは、その最後の生涯の一つ手前の時であったし、また未来仏である弥勒《みろく》にも同様のことが起きるはずだと考えられている。次いで最終的に救われるには、神々は人間の状態を経なければならないのである。

この事は、逆説的に、しばしば神々の方が人間を必要としているように述べられていることの説明になるだろう。つまり神々は、自分達を悟りに導くためには人間が必要なのだと。勿論そこには仏教以前の古い思想であり、また宗教すべてに共通するとも言うべき考え方が加わっていよう。つまり神々は、彼らの威力を増大し、守護神としての使命をよりよく全うするためには、神々を喜ばせ、力づけ、食物を供えてくれる人間が必要なのだという考えである。

しかしこのように神々にとって人間が必要であるとしても、それが相互的だというのもまた事実である。仏教においては、神々は長寿と強大な力という点ではあらゆる衆生の最上に置かれた存在である。そして彼らはその威力がもたらす福の数々を、随意に人間に浴させることが出来るのである。また神々は、時には人間に有用な深い智恵の持ち主であるとも言われている。このようなわけで仏教は信者に、仏教の真理が照らす範囲からそれない、勿論のこと仏教の理想に沿った視座で、神々を崇め祈ることを勧めている。さもなければ神に祈る態度は、過った、邪道になるだろうと。

仏教が神々の世界と保っている関係はかなり曖昧である。一方では仏教は、太古から崇められている神々に対する信仰を無視しようとも、無視できるとも考えていない。ところが他方では、このような神々の祭祀を受容し、仏教の典礼に採り入れれば、それが限界をはみ出して、信者の目に仏教本来の教義に比べて、そちらの方が過度に重きをなして見えてしまうのではないかという危惧を抱いているのである。そこで仏教の政策としては神々を認め、その固有の徳とそれがもたらす霊験を宣揚するのであるが、但し仏教側の解釈をあくまでも強調するのを怠りはしない。つまり神々が持っている利益《りやく》があらたかなのは、仏教によれば、神々本来の態度、本来の行いが仏法に合致した結果であり、それこそが神々の絶大な威力の真実唯一の根拠であるとされているのである。

インド古来の神々およびインド外の各地の神々との関係

仏教が先ずインドにおいて、次いで伝播して行った各地域において、先住の神々と持った関係の長い歴史を検討するためには、主として三種のアプローチが考えられよう。

第一は、仏教本来の地であるインドの神々を、インド内における、仏教教理の展開と僧団の歴史との関係によって検討することである。

ここで指摘しておかねばならないのは、インドの神々は非常に多岐にわたる起源を持っていることである。その最も重要な神々の中の幾つかは、ヴェーダ聖典*とバラモン教**の伝統に起源を持っている。また古い地域的な民間信仰に起源を持っている神もある。そうして最後は、純粋に仏教の思考論理から生まれた神々である。しかし彼ら全てに共通しているのは、仏陀釈尊を取り巻く神々の集団の一員となり、釈尊の弟子達と共に仏陀釈尊の言行の証人をつとめ、仏教団の信者にあらゆる守護と祝福をもたらそうという意志を絶えず表明していることであろう。

*訳注　**ヴェーダ聖典**　アーリア人が伝えたインド最古の讃歌群。成立は紀元前十二世紀頃から紀元前三世紀頃に至る。もとは風や火や雷雨のような自然に対する怖れを鎮めるものであったが徐々に擬人化、祭式化され、古代インドの信仰の源となった。

訳注　**バラモン教　ヴェーダ聖典を基として、古代インドの特権階級バラモンが祭祀を司った宗教。広義にはヒンドゥー教はバラモン教を含んでいて現代に至っている。仏教はバラモン環境の中で紀元前六〜五世紀に興隆していた思想・哲学の中から生まれた。

これらインドの神々は、当然の成り行きとして、仏教の根本的伝統、布教、芸術に最も密接に結びついて残り、仏教の神々の世界の中核そのものを構成していると言えよう。その中でも先ず列挙すべきは、インドにおいて上級神の範疇に入るとされていた神々で、厳密には神《デーヴァ》・女神《デーヴィー》（deva, devī, 語源的にはラテン語の deus、フランス語の dieu に通ずる）と呼ばれる神々である。この deva《デーヴァ》, devī《デーヴィー》は周知のように、中国語に天（tian）〔天上の者の意〕と訳され、日本語では天、天女となった。時にはより明示的に、この天をデーヴァの範疇に属するものという意味で「天部」と呼ぶこともある。また輪廻の世界から解放された存在である仏陀や菩薩に対比して、「世天《せてん》」「諸世天《しょせてん》」（天に住めどもまだ輪廻の世界にある）と呼ぶこともある。これら主として天上界の性質を持った――その中のいくつかは宇宙的とまで言える性質を有しているが――デーヴァやデーヴィーの下には、地上・空中・水中に棲む非常に変化に富んだ半神たち、日本語で神《じん》と言われるところの、夜叉、迦楼羅《カルラ》〔伝説上の巨鳥〕龍王や蛇神などの世界がある。しかし天と神《じん》の境界線は常に明確とは言えない。

第二のアプローチは、仏教がインド世界の外に定着して行った時点において、その土地の先住の神々と持った関係を研究することである。

一見して主張したくなるのは、仏教は本質的に寛容な宗教だから、仏教到来以前から存在していた信仰を撲滅しようとはしなかったということであろう。しかしそれよりも、仏教の宇宙観は開かれたヴィジョンであるからだと考えた方がより正確であろう。すなわち、世界の至る所には、そこに存在しているもの――少くとも相対的に存在しているもの――があるという考えから逸脱しない。そして神々がそれら〝存在しているもの〟の一つの範疇をなしていることを否認するなどということは、仏教にとっては問題にもならないのである。それ故に、神々には敬意を表し、彼らを仏教の宇宙観の総体に関連づけて位置し、そしてまた、彼らの祭祀を、仏教本来の信仰に調和させようと気を使ったのである。

日本ではこの問題は、太古からこの土地の主である神道の神々との間で提出されたが、やがて後に神道の神は神仏混淆思想の中で、仏陀や菩薩の変身であると定義された。これは当然のことながら、結果的に見て神道の仏教化であるとして注目された。しかし、これと反対の現象で、これほど明瞭ではないにしろ、全く同様に興味ある現象、すなわち仏教のある面の神道化、特に仏教パンテオンの中のある神々の神道化には残念ながらあまり注意は払われて来なかった。

第三のアプローチは、以上述べたことと密接に関連してくるのだが、仏教本来の諸神、主にインド起源の神々が、日本の社会及び日本の信仰実践の中でどのように根を降ろして行ったかという問題を研究することである。

日本定着の最も目ざましい成功例は弁才天（Sarasvatī）略して弁天、の場合であろう。弁天像の多くは額の上に神道の聖域を示す鳥居をつけており、またその祭祀堂は時に仏教様式であったり、神道様式の場合があったりする。(2)

しかしここでは、既に比較的よく知られ研究もされている弁才天についてではなく、あまり注目されていない帝釈天（Indra）について述べたいと思う。

神々の王インドラ——古代の雷神、豊穣の神

実際のところ、インドラ《帝釈天》の神道化と言うことは言えないだろうが、しかし神道のある信仰形態との関連を否定することは出来ない。そしていずれにせよ、帝釈天はデーヴァ（インドの上級神）が局地的に、

日本の民衆生活の中で根を降した一例と言えよう。

インドラはヴェーダ聖典の中で最も重要な神と言うことが出来よう。彼は神々の王である。そのことはインドラという彼の名前そのものが「王」という語の同義語となっているほど、彼は王である。ある王を非常に傑出した王として称賛する時、彼は「諸王のインドラ《王》」(rājānām indra)であると言い、インドラ自身を称える時は、彼は「神々のインドラ《王》」(devānām indra)であると言う。これが中国語で〃神々の皇帝〃という意味で「天帝」(てんてい、呉音では、てんたい)と訳された。仏教徒はインドラを指すのにシャクラ(Śakra 中期インド語では Sakka)というあだ名を使用するが、これは〃威力者〃〃強者〃という意味で、すでにヴェーダ聖典の中でインドラに与えられていた名である。この **Śakra/Sakka** が「釈」と略音声表記され、そこにデーヴァを意味する「天」が加えられて「釈天」となった。そこでこの神の完全な名前は「神々《天》のインドラ《帝》である強力《釈》なる神《天》」、つまり「天帝釈天」である。しかし普通は初めの「天」が省略されて「帝釈天《たいしゃくてん》」となり、二つ目の「天」も略されると「帝釈」で、文字通りの意味は「釈皇帝」である。しかしこの皇帝は、「神々の皇帝」、言いかえれば「神々のインドラ《王》」に他ならないことを常に念頭に置くべきであろう。

ヴェーダの文献では、インドラは身体巨大にして強力なる力を持つと描写され、それは右に述べたような釈(Śakra)という異名の由来を示している。インドラ《帝釈天》はインドに侵入したアーリアン征服民族の守護神であったと推測されている。それが武人階級の守護神として存続したのであろう、「抵抗を打破する」者、あるいは「城塞を打破する」者(Puramdara)として崇拝された。(3)

古い文献では、この神は武器として、神話で雷光と同一視されている一種の電撃的棍棒、ヴァジュラ《金剛杵》（vajra）を持物《じもつ》としている。

ある説では、この神は始めから雷神であったとされていたが、ルイ・ルヌー（Louis Renou）教授によれば、雷神としての姿が明らかに浮き彫りにされて来たのは後ヴェーダ時代、つまりバラモン教が発展した時代になってからであるという。インドラ《帝釈天》はこの時代になるとはっきりと雨の神として顕われて来た。常に武器として雷光を持ち、時には一緒に虹も持つことがある。この虹はアイラーヴァタ（airāvata）という名で呼ばれるが、その名はまたこの神の乗物である白象をも指すものである。

ハインリッヒ・ツィマー（Heinrich Zimmer）はその著書『インドの芸術と文明における神話と象徴』の中で、象の象徴性、中でも白象、そしてことにアイラーヴァタ、またはアイラーヴァナという神聖起源の白象について詳しく述べているが、各種の神話がこの象に関して伝えるところによれば、この白さは宇宙の「乳の大海」の色だということである。象は、ことに白象は至高の象で、神話的には雲と縁続きになっており、雲を呼び集め、また雲を生じさせる霊力を持つ。このようなわけで、王は臣下の最大の幸せのために、豊穣と富をもたらす霊験ある象を宮廷に置くことを重要視したのである。このアイラーヴァダ（またはアイラーヴァナ）という名前そのものが水《イラー》（irā 飲料水）という生命必須の液体を持っていることを連想させるもので、ツィマーは、同様の概念がイラーヴァティー、またはイラワジという大河の名の中にも見られるのではないかと考えている。(4)

ルイ・ルヌー教授は、インドラに付せられていた古い名前、「砦破り」（Puramdara）という名前が、仏教聖典の中でPurindada「豊穣を与えるもの」に改竄されていることを指摘した。帝釈天を財福の神と見る伝統が、この雷と雨を生成する神の役割に溯るのは全く疑いないであろう。いくつかの仏教文献は、――その一つ、『今昔物語集』収載の大陸起源の一話を私は翻訳したが、――インドラ自身が富の典型とされていたことを示している。ある大金持の長者が大胆にも、自分の富は帝釈天より、また北方の守護神で莫大な財宝を護っているとされる毘沙門天よりも勝っていると高言し、この傲慢者はやがてその大胆さを罰せられた……と。[5] このインドラ《帝釈天》の施財神としての面についてはさらに後述することにしよう。

バラモン教の物語の中ではまだよく確認できるこのインドラの荒々しい好戦的な面は、仏教の中では徐々に希薄になって行く。とは言え、阿修羅のような〝神に反抗する者〟たちとの絶え間ない戦いに、神々の軍団の先頭に立って戦うそのイメージは完全に忘れ去られたとは言えない。その名残りを日本では、鎌倉時代の作（十三世紀前半？）とされる聖衆来迎寺《しょうじゅうらいごう》（滋賀県）に残る「六道絵」に見ることが出来る。

この絵では帝釈天《インドラ》は象の背に乗って、通常の金剛杵（vajra）の代りに、金剛杵を柄にした剣を握っている。

しかしあくまで、単なる金剛杵を持つ姿が図像として最も正統的で、京都東寺の彫刻マンダラに見られるのがそれである。これは八三〇年代に教王護国の大典礼のために密教真言宗の開祖、空海の指導によって造立されたものである（本章冒頭掲載**図版1**）。

インドの仏教伝承では、インドラ《帝釈天》はかなり早期に、仏陀の忠実な供奉者として梵天（Brahmā）と一組にして考えられた。

インドラ《帝釈天》がヴェーダ教時代の最も傑出した神であるとすれば、世界の大創造主ブラフマー《梵天》の方はバラモン教の最高神である。仏教が、このいずれも最高に重要な二神が、仏法に教化されてもっとも熱心な仏教の信奉者となり、保護者となったと明言することに重きを置いたのは当然のことであろう。

前述した東寺の立体マンダラでは、梵天像と帝釈天像は対称の位置になっている。この梵天は四面を持っているが、それは宇宙の四方角に向っているのである（第四面は頭上にある）。彼がその上に坐している鳥は、ハムサ（haṃsa）というアジアの渡り鳥（雁鴨の一種）で、解き放たれた者の飛翔のシンボルとなっている(6)。

この、象の上に坐す帝釈天と、渡り鳥に支えられた四面の梵天という二像の形式は、密教伝来以前の日本には知られていなかったようである。それ以前には、梵天と帝釈天は立像で、インドあるいは中国化された王族の衣装をまとい、姿勢も身振りも全く対称的になっている。この形式はその後も存続した。奈良唐招提寺金堂の祭壇に見られるのがその例で、そこでは中央に宇宙遍在の仏、盧遮那仏《ロシャナブッ》が座し、その左に薬師如来、右に千手観音（この巨大な像は五・三六メートルの高さである）、四隅に四天王が立っているが、その中央盧遮那仏の前面左寄りに梵天が左手を上げ右手を降ろして立ち、そうして帝釈天は右手を上げ左手を下げて立っている。二神とも軽く背中を屈めた姿である。仏陀と菩薩のように「（輪廻から）解き放たれた者」と、他方、梵天・帝釈天・四天王など「世天」の像の大きさの違いは、仏教がこれら二種の尊像それぞれに与えている重要性の差をよく示していると言えよう。

仏教の伝統的宇宙観によれば、インドラ《帝釈天》の住居は須弥山《しゅみせん》の頂上にあるとされている。そこは名付けて「善見《ぜんけん》」あるいは「喜見《きけん》城」(Sudarśana)〃見るに美しき〃ところといわれる。(図版2) 帝釈天はそこで、四方角にそれぞれ八神ずつのグループに分かれた、総計三十二の神々に取り囲まれて住んでいる。(図版3) この神々は世に言う三十三天(Trāyastrimśa《トラヤストリムシャ》)の集団をなし、日本語ではこのサンスクリット語を略音写して忉利天《トウリテン》といわれるものである。

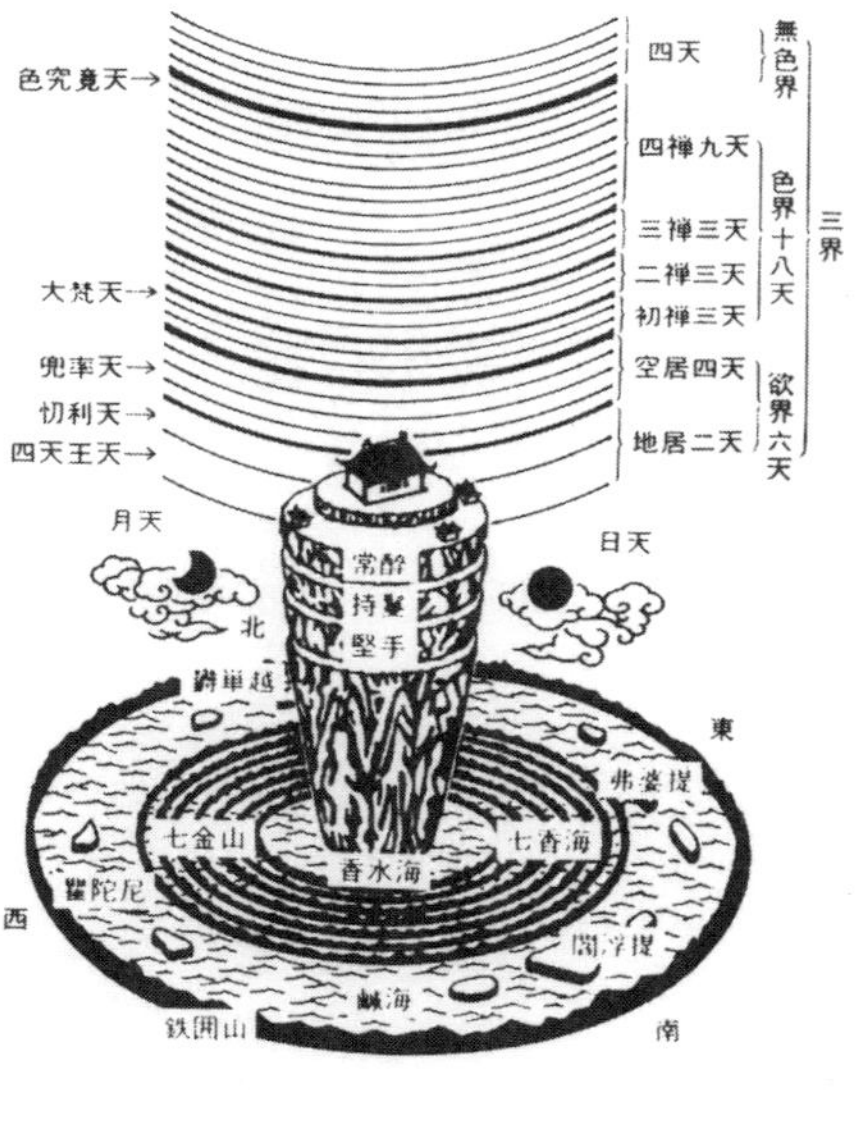

図版2　頂上に喜見城が見える須弥山図
(町田甲一著『仏教イコノグラフィー』岩波書店)

この神々は、地上に住むものとしては最後の、最も高い所にいるもので「地居天《ちごてん》」といわれ、その上に住む神々は空中に住む「空居天《くうごてん》」である。

須弥山の上に住む神々と、その上の四層の空に住む空居天たちは、「欲界」と呼ばれる世界に属し、この神々の本性はまだ下界の衆生とさほど離れたものではない。ところがそれに反し、ブラフマー《梵天》神とその宇宙は、「色界」(Rūpadhātu)と呼ばれる世界に属し、そこは形態はあっても欲は存在しないところである。この色界は帝釈天の住居よりも、なお遥か無限に我々から遠ざかった所で、このことはこれから見るように、この二神を対象とする信仰の性質と明らかに無関係ではないと思われる。

日本各地に定着した帝釈天――柴又の例

日本における具体的な姿の宗教生活をありのままに理解し、ことに各種の仏・菩薩・神々（天）がその宗教生活の中に実際に占めている位置を知るために、私は出来る限り日本の中を歩き回ってみようと決心した。

数々の旅を重ねるうちに、私は日本人の現実の信仰生活の中で、梵天と帝釈天は事実上、全く同種の位置を占めてはいないという確認を持つに到った。私の確かめ得た限りでは、日本で梵天は、独立尊としていかなる信仰対象ともなっていない、つまりグループの中の一員としての役割から離れることはなかったということである。これは恐らく前述したように、この神の住むとされている所が極めて遠くにあるために、身近な信仰心を持つにはあまりにも抽象的なものとして感じ取られたからであろうか。インドにおいても、ブラフマー《梵天》に捧げられたヒンドゥー教の寺院が非常に少なくて、それに反し、その同僚のシヴァ神やヴィシュヌ神の寺の数は夥しいということがよく知られている。片や日本で、片やインドで認められるこの二つの事実の類似性は非常に興味深いものである。

それと全く反対に私を驚かせたのは、日本全国にわたって、帝釈天を本尊としている寺院が少なからず存在するのが見えて来たことで、そしてそこでは帝釈天の性格が、もしこの形容が許されるなら、いわば自由に解き放たれていることであった。

次に、私の訪れた寺々と、そこから気付いたことなどを述べたいと思う。

先ず第一に挙げたいのは、山田洋次監督がその一連の映画「男はつらいよ」の背景舞台としてから有名になった、柴又の帝釈天である。東京の東部にあって、寺の正式の名前は題経寺《だいきょうじ》と言い、純粋な法華経信仰を説く日蓮宗のお寺である。

図版３　王冠を頂き右手に金剛杵を持ち、山頂に座す帝釈天（仁和寺蔵『大悲胎蔵曼荼羅』『大正新脩大蔵経図像』第一巻）

この寺に奇妙な形の姿が刻まれた木版が保存されているが、それは安永八（一七七九）年に行われた再建工事の際、棟裏の梁から発見されたといわれるものである。[7] その発見された日というのが、干支暦で「金」と「猿」が重なる日「庚申」の日であった。この日は中国と日本の伝統では、

「警戒」の日として非常に重要視されている。なぜならその夜には日頃の行為の査定と報いが行われると考えられており、その日は特別に潔斎に勤め、参詣やお供えを行う日であった。この信仰の起源は中国であるが、しかし日本では多分に仏教化された形で受容され、さらに日本固有の古い猿面の神「猿田彦」の信仰と混淆した。

この発見された板に刻まれた神は誰なのかという判定に人々は苦労したが、結局それは帝釈天であろうということになった。そして五百年以前に亡くなった日蓮上人自身によって彫られたものであると断定された。この様な次第で、お寺は帝釈天を寺の守護神とし、この板のお姿を「板本尊《いたほんぞん》」と呼ぶことになったのである。

お寺が頒布しているお札《ふだ》でみると、この木版の姿は、右手に剣を持ち、左手は「支配」を表現していると説明される力強い身振りをした神の像である。それは一種の門衛の姿を連想させるものである（図版４）。

この人物は剛毛の髭をたくわえ、（これはもちろん全く関係はないのだが、ヴェーダ聖典の中で、初期の野生的なインドラがこのような髭をたくわえていると描写されている）、旅装束のような衣装を着け（蓑に脚絆）、頭には官吏の帽子とも、神の王冠のモチーフの翻案ともとれるものをかぶっている。この旅装に巡行中の視察神の身なりを見てとるべきであろうか？　それは庚申の日の視察に関する信仰とよく一致するのである。

この姿を別の二つの像形と照らし合せて見るとよい。一つはこの柴又の帝釈天の小像で筆者がギメ美術館（別館イコノグラフィ・コレクション）のために購入したものだが、これには髭がない。二番目のものは、その特徴が猿面だということである。これも同様私がギメ美術館のために買ったものだが、店の説明では、この猿面は「帝釈天の裏の姿」、すなわち隠れた姿を表しているとのことであった(9)。

ある人々はこの柴又の「板本尊」を実際に帝釈天とすることに疑問を持ち、他の解釈を提起している。今ここでその問題については詳述しないが、確実なことは、この地に帝釈天の信仰が立てられた時以来、この信仰が極めて重要で大衆的になったということである。庚申の日には今でも相かわらず大勢の人々が柴又に参詣するのである。

人々が帝釈天に参詣して祈願することは、主に幸運と、取り分け商売繁盛であろう。ここで指摘しておきたい大変興味深いことは、この一見全く庶民的な信仰が、さきほど見た様に、インドにまで溯る伝統に基づいた〝豊穣の神〟としてのインドラの本性に、全く合致していることである。

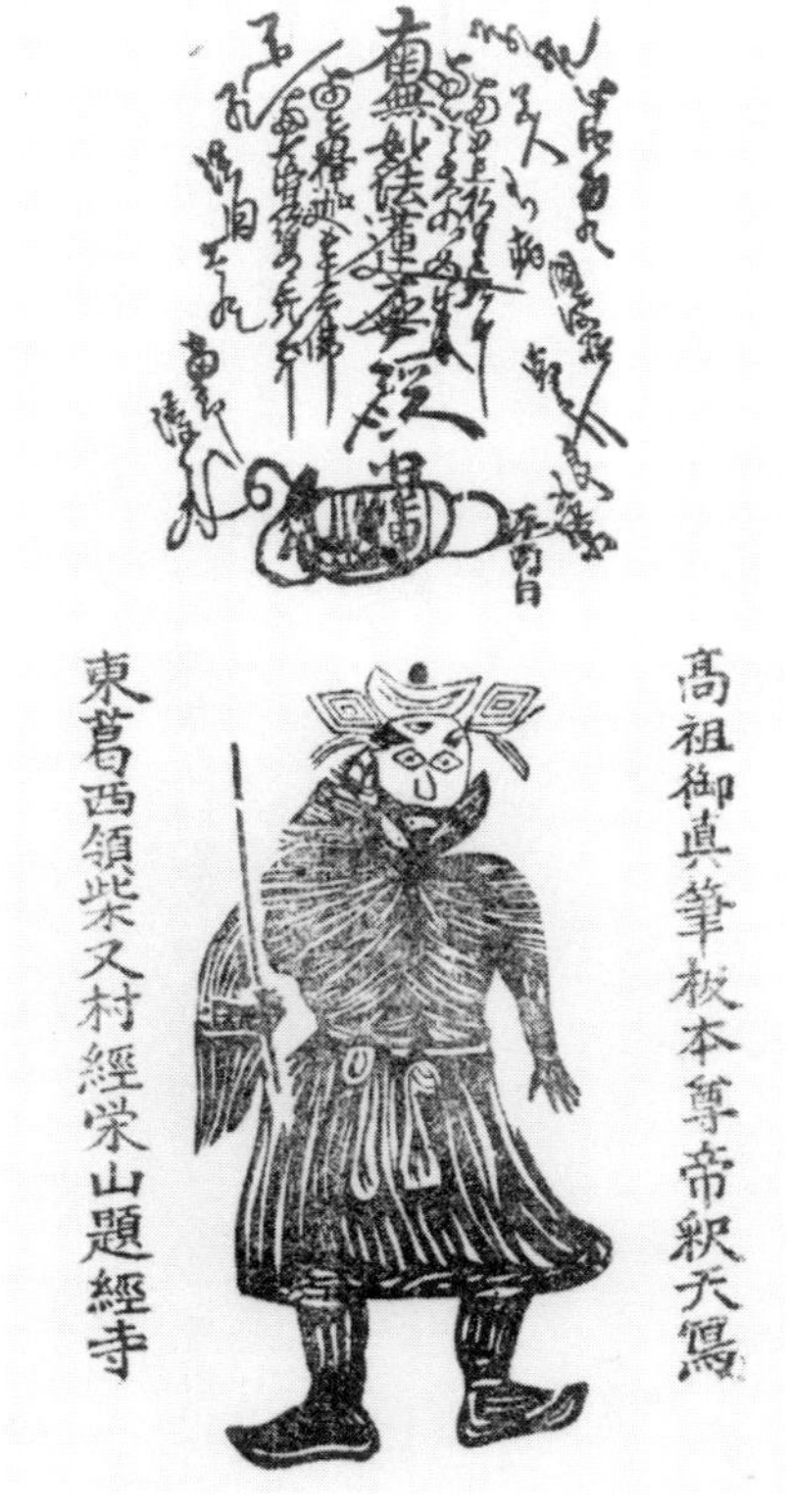

図版4　柴又題経寺　板本尊のお札
（ベルナール・フランク・コレクション）

さらにこれに庚申

信仰に結び付く概念が加わって、それが帝釈天に〃行為に対する報酬〃の査定という役割を与えているように見えるが、それもまた正典書に基づいたものであることをこれから見て行きたい。

この問題に入る前にもう一つ興味深い点を指摘しておこう。それは日蓮宗の伝統の中で、帝釈天と猿が密接に結び合わされていることである。鎌倉の長勝寺《ちょうしょうじ》は、ここもまた帝釈天を守護神とするお寺であるが、日蓮上人が敵に追われていた時に、この場所で、帝釈天のお使いという白猿の群れに救われたという話を伝えている。

裁きの神、帝釈天

さて今度は上記の寺から非常に遠ざかった日本海沿岸の一寺である。香住《かすみ》(兵庫県)にあって、その名もまさしく喜見山帝釈寺という。この寺は六世紀末の創建になると言い伝えており、現在は真言宗に属しているが、ここに大変特殊な形の帝釈天像が伝わっている(図版5)。この神像は、普通ならば武器として金剛杵、または剣を持っているはずの右手に筆を持ち、左手には登記帳のようなものを持っている。そして文官の服装をしているが、それは裁判官のものである。

この帝釈天の様相は、地獄の閻魔王を連想せずにはいられないもので、ここでは明らかに帝釈天は、衆生の行為に対する賞罰を司っている者とされていることを示すものであろう。こういう帝釈天の一面は、庚申信仰と結び付いた柴又の帝釈天の中にも見出されるのではないか、ということはすでに見た通りである。

帝釈天を人の行為の裁判官とする概念の起源は決して恣意的なものではない。それは日本ではすでに十世紀の末頃から見られるもので、九八四年に編纂された仏教教養書『三宝絵』の中に立証されている。確かに、『三宝絵』は次のように述べている。

……また経に云わく「正月、五月、九月には、帝釈、南閻浮提に向かいて衆生のつくる所の善悪をしるす。此の月には、湯あみ、いもひ（断食）して、もろもろのよきことをおこなえ」と云えり[10]……。

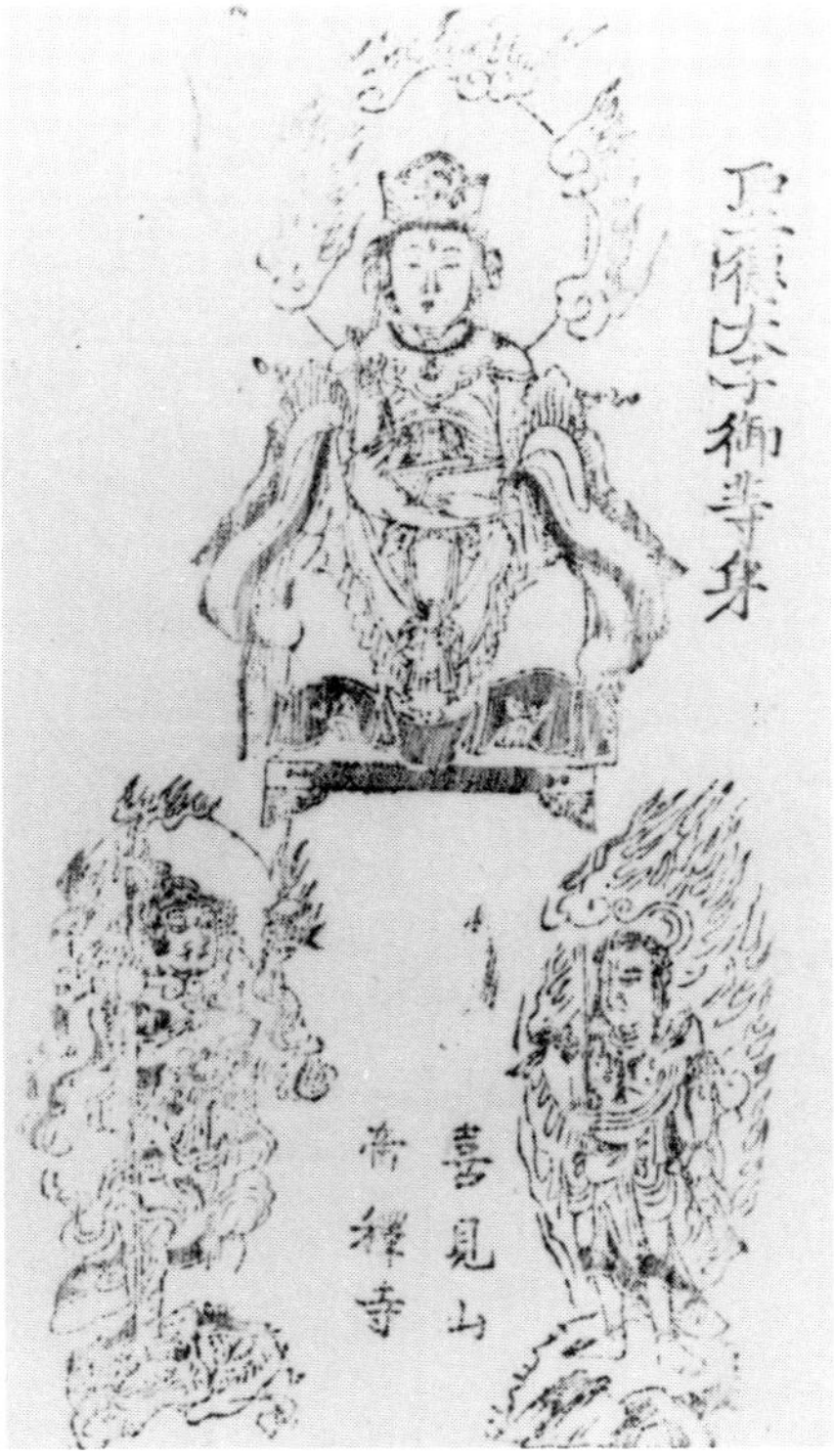

図版５　帝釈寺（兵庫県香住）帝釈天のお札　右手に筆、左手に登記帳を持つ（ベルナール・フランク・コレクション）

『三宝絵』は、これを「経に云わく」と語っているが、この経とは提謂波利経《だいいはりきょう》（Trapuṣa と **Bhallika** のために仏陀が説いた経）のことで、実は中国で書かれた偽経である[11]。なお厄日に断食をするのは中国の習慣で、庚申の日を司る概念とも関連していることである。しかしすでにインド源泉の資料の中に、インドラが四方を守護する四天王を、衆生の行為の視察のために世界中に派遣するという信仰が認められるのである。[12] その四天王の一人である広目天（Virūpākṣa）は、日本では、帝釈寺の帝釈天の持物《じもつ》と同じく筆と登記帳を手に持っていることを指摘しておこう。

香住では帝釈天は船員・漁師の守護神として、また豊作を保証する神として祭られている。ここでもまた、その善悪の採点者という一面に、豊穣の神としての一面が結び付けられているのである。同じく日本海の近くに所在する鳥取市の摩尼寺《まにじ》では全く違った、これもまた非常に重要な帝釈天信仰の一様相を呈示している。

麻尼寺の帝釈天は、お寺のお札《ふだ》では宮廷風の正装で手に独鈷《とくこ》（一種の金剛杵）を持った大変古典的な形に表わされているが、しかし実際の本像はこれと少し異なり、右手には唯の独鈷ではなく大きな宝棒を持っており、左手は胸の高さに差し出して施無畏印を結んでいる姿である。

この寺の伝承によれば、天長年間（八二四〜八三四年）に次のような不思議な事件が起ったという。八歳になるこの地方の長者の娘が不意に行方不明になった。両親が山中を探しまわっていたところ、娘はある岩上に帝釈天の姿となって現れた。そこで両親は、娘が神に生れ変ったのだと知ったという。この話は、帝釈天の統治する三十三天（忉利天《とうりてん》）は、仏教の伝承では、とりわけ女性の生れ変る所であるということを思い出せば、何も驚くに当らない。忉利天こそは、仏陀の母麻耶王妃が死後再生した所であることを思いだして頂きたい。そこはまた日本の伝説では、道成寺物語の悲恋の主人公が生れ変ったところでもある。[13] したがって恐らくこの麻尼寺の伝説も、女人の忉利天再生に関する説話群に属するものであろう。

なおこの麻尼寺は「豊穣の神」としての帝釈天の霊験を特別には主張していない。この寺の住職自身の話しによれば、むしろ人々が故人の冥福を祈るために来る寺だということである。しかしながら麻尼寺というその名前は字義通りに解釈すれば、「願望を叶える珠の寺」、サンスクリットのmaṇi《マニ》は、日本語では「如意宝珠」となり、願い通りの福を生み出してくれる霊妙な宝石を想起させるものである。

以上概観したように、種々の面を持った帝釈天の信仰が日本の土壌の各地に根を張ったのである。ある意味ではそれは全く庶民的性格を呈しながら、しかし同時にそのすべてが正統的経典の伝統と繋がっているのが認められるのである。この庶民信仰と正統的教義の融和は非常に興味深い現象であり、そしてこの方面にさらに研究を進める価値があるものと思われる。

広島県の奥にある帝釈と呼ばれる峡谷の入り口に、帝釈天を祭る永明寺《えいみょうじ》というお寺がある。この寺の帝釈天像は毀損が甚だしく、一般に公開されていない。お寺が配布するお札《ふだ》では(図版6を見て頂きたい)この像は宮廷風の装束で、上述したように願を叶える意味を持つ麻尼宝珠を飾った帽子を着けた姿になっている。右に金剛杵を持ち、左手には星のような形をした物を持っているが、住職の説明では、これはこの帝釈天が先ず山頂に不思議な光となって現れたといわれている伝説によるものだろうとのことである。しかしこの星形の起源は、恐らく鏡のモチーフの素朴な模写から生れたものであろう。あるタイプの帝釈天が左手に持っているような、例えば十四世紀以降流行した形式の、屏風に描かれた十二天図の中の帝釈天立像が持っている、多陵で縁が蓮華形になっているような鏡であろう。

鏡は人の行為を映すもので、伝統的に地獄の閻魔王の持物《じもつ》の一つとされているが、それがまた裁き神としての帝釈天に当てがわれているのは驚くに当らない。中国では十一世紀初頭に『釈氏要覧』(14)の著者によって、日本では十世紀末から、『三宝絵』の著者によってはっきりと帝釈天の持物とされているのである。『三宝絵』では次のように述べている。「まさに知るべし、帝釈の玉の鏡に照し、閻王の金のふだにしるすべし。」（これは年頭に行うべき種々の儀式について）。

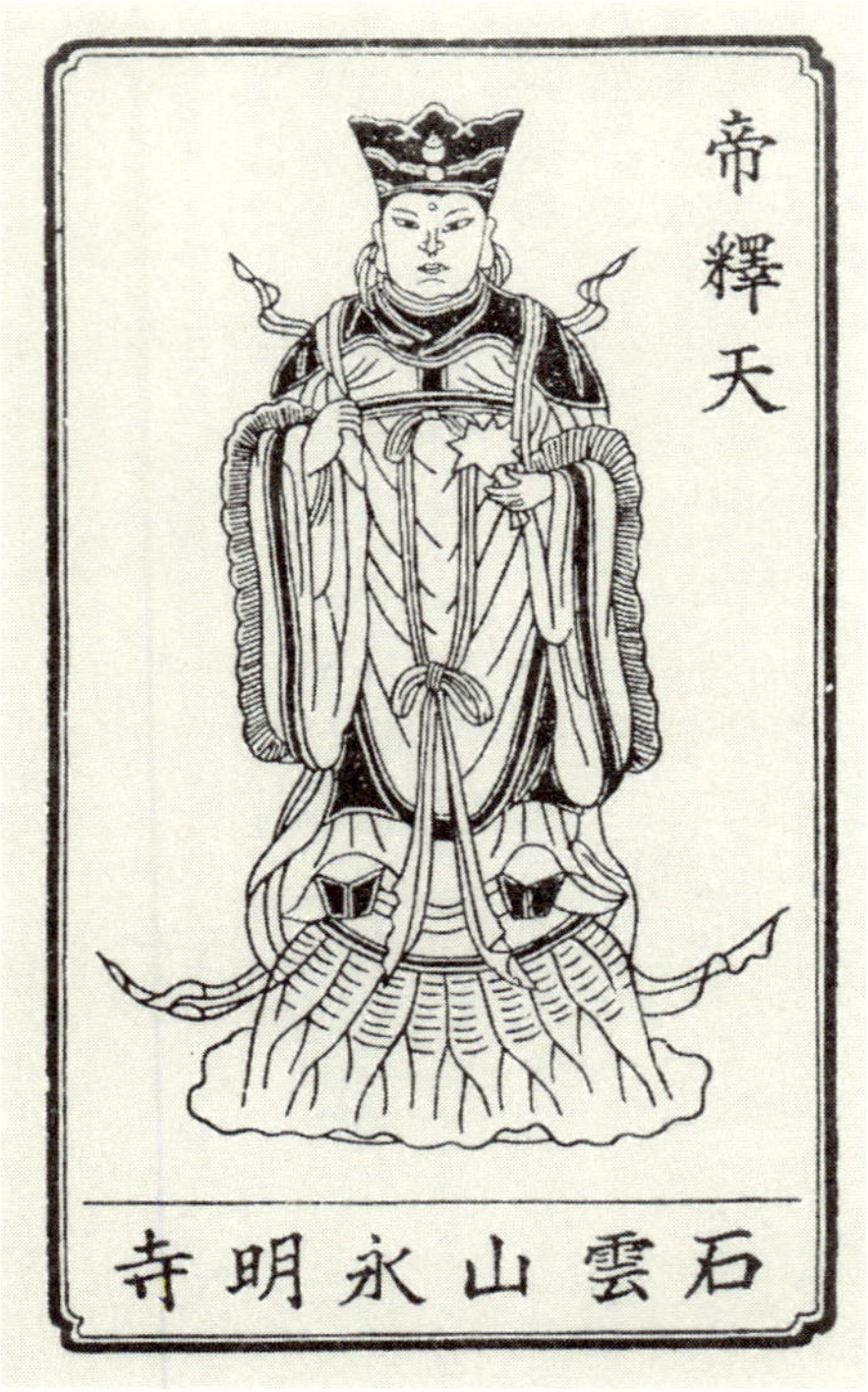

図版６　永明寺（広島県）帝釈天お札　宝珠をつけた帽子を着け、右手に金剛杵、左手に鏡を持つ（ベルナール・フランク・コレクション）

この帝釈峡の永明寺に着いた時の私の驚きを告白しよう。中国の水墨画に見られるような高い崖が寺の後にそそり立っていた。寺には普通寺名を補って山号が与えられるが、この印象的な崖に由来して付けられたのであろうか、永明寺の山号が「石雲山」

と聞いた時……私はツィマー（Zimmer）がかくも見事に描写した古代インドの神話において、インドラが雨を生じさせるために集めたという、その白雲を思い浮べずにはいられなかったのである。

第二章　日本仏教パンテオンの大立者「毘沙門天」

図版 1　兜跋毘沙門天立像　唐時代（東寺蔵）

仏教パンテオン・八百万の神・諸尊

誰でも、それがちょっとした行きずりの関心に過ぎなくても、日本の仏閣で信者の崇拝を受けている尊像の種類が、非常に変化に富んでいることに驚かざるを得ないだろう。

私はこれらの多数の神仏像を語るとき「パンテオン」という言葉を使っているが、この言葉は周知のとおり、ギリシャ語からラテン語を経て我々のもとまで届いた言葉で、元来「すべての神々に捧げられた神殿」という意味であった。それがやがて「ある神話、またはある多神教に属する神々の集団」という意味を持つようになった。(『プティ・ロベール辞典』による定義)。

仏和辞典では(『白水社仏和大辞典』一九八一年でも、旺文社『ロワイヤル仏和中辞典』一九八五年でも)、パンテオンの第一義は「万神殿」と訳され、第二義の方は、プティ・ロベール辞典の定義の大意をとって、「一神話、一宗教、一国民の諸々の神々、総ての神々」と説明されている。またはそのどちらの意味にもただ「パンテオン」と音声表記を与えている。

しかしこの最後の「パンテオン」という表記が「すべての神々を祭祀する神殿」、さらにその意味を拡げて「神と同一視されるような偉人たちを祭る神殿」という意味で、日本語として抵抗なく使用されるようになったのに反し、これを「一つの宗教体系に属する神々の集団」という意味では非常に稀にしか使われなかったようである。このような意味は一九九一年の時点で、日本語の代表的なシソーラスである『広辞苑』改訂第四版ではまだ知られていない。

以上のことから、この最も複雑多様な多神教の国である日本の言語が、我々西欧において極く自然に、「パンテオン」と呼んでいるものを言い表す言葉を持たなかったと結論してよいものだろうか？この一見突飛な問いに答える前に指摘しなければならないのは、日本固有の古い宗教である神道には、大多数の神々を指すのに「八百万《やおよろず》の神」という表現があることである。しかしこの古代の表現は、パンテオン一般をさして普通の日本語として使われるためには、明らかに必要な柔軟性を持っていなかった。

仏教の方では、――より正確に言えば、儀軌に関する各範疇の定義に非常に厳格な所伝を持つ密教においては――一見してこのような意味の拡張に遥かに適切な内容を持った言葉がある。それが「諸尊」という言葉で、マンダラを構成する各部の尊い存在の総体を呼称するのに使われる言葉である。すなわち一方では「解脱」の世界を代表する仏陀・菩薩・明王を指し、もう一方では天部と言われる神々で、解脱世界には属さないがその世界の周りを守護し、また我々が生きているこの相対的な現実世界で、安泰と福徳を保証する役目も持っている神々を指す。

ここからこの「諸尊」という言葉はさらに拡大されて、「権現」あるいは「垂迹」というような、仏教的解釈に照らし合わせて現れて来たところの神道の神々も含めるまでに拡がって行った。この「諸尊」の生れ変りとみなされた神道の神々は、諸尊起源の仏教的宇宙世界の中枢から最も遠ざかった所にいるため、尊厳さにおいては天部の神々に劣っているとはいえ、結局のところ、彼らが持っているとされている関心事と能力によって、充分に天部の神々に匹敵するものであろう。

ところがこの「諸尊」という言葉は、このように、信仰の対象となるすべての尊い存在のカテゴリーやその他の神々に適合していて、「パンテオン」という言葉にかなりよく相当するように見えたのだが、――少なくとも仏教に関しては――残念ながら専門用語としての狭い地位から脱することが出来なかった。それは『広辞苑』に出ている定義を見るだけで分かるだろう。

「諸尊」を一般語として使いにくいので、日本の専門家は仏教の礼拝対象の種々を指すのに、いつも「仏像」という語を使用することになった。しかしこの言葉は礼拝の対象を、形として現されたものだけに止め過ぎる欠点がある。確かに形像は、礼拝対象の奥深い意味を形に表したものとして重要ではあるが、しかし形だけではやはり尊体が具現している概念、象徴、記憶、連想、感情などの全貌を集約することはできない。

日本語は総称語が豊富ではなく、明治以後この種の言葉を多数外国語から借用したり、またそれを造語したりしなければならなかったことは周知のとおりである。

非常に古くから、神道と仏教を重ねた伝統の中に浸り、キリスト一神教がそこに試みたいくつかの切り込みにも大して動ぜず、他に第三の宗教との対決もほとんどなく、日本はあまり多神教というものの本質について広い視野の中で考える立場に置かれなかった。日本では、それ以上に意味を一般化せず「八百万の神」と呼び、幅広い「諸尊」と呼んで親しんで来た二つの集団を、さらに総括して「パンテオン」というような基盤のしっかりした言語をそれに与える必要を感じなかったのはこういう事情によるものであろう。

仏教の宇宙観と神々の位置

さきほど仏教がそれと認めた神々について、その起源が仏教的宇宙の中核から近いか遠いかという問題に触れたが、そこで言いたかったことは、仏教がその言行を叙述して、衆生の階級の中に正確な位置を付与しようと苦心した最初の神々は誰であったかといえば、もちろん予想出来るように、それは仏教自体が発展した地であるインド圏の神々であった。

このインド圏では、我々の世界の中心で、諸大陸の交わる点に、（我々人間は南にある大陸、南閻浮提《なんえんぶだい》に集って住んでいる）大山脈群と回状の海があるとし、その中心に巨大な中枢山、須弥山が聳えていると考えられていた。

この山は日本の図像学でよく知られている。日本人の想像ではそれがどのように映っていたか、室町時代のお伽草子の一つ、『七夕』[1]の中にその一例を見ることが出来る。また昭和時代の初め頃（一九二七年）、まだ江戸時代から出回っていた伝統的タイプの暦があって、そこにこの高く聳える須弥山の絵が掲載されていた。

帝釈天の章に記載した別の須弥山図では（第一章**図版2**）山の上空に曲線で何層かに分かれた神々の階層が描かれており、そこに住む神々はもう地上に属する神（地居天《ちごてん》）ではなく空中に住む神（空居天《くうごてん》）となっている。

ここでは空居天と、特にその中でも最も傑出した神であるブラフマー（梵天）にまで話を拡げないが、前稿で述べたように、梵天はその棲みかの位置も、その関心事が純粋な瞑想であることによっても、我々の世界から非常に遠く隔っているために、この世界に現れることはほとんどなく、特別な信仰の対象になることは、インドよりもさらに日本ではまた稀であったように見受けられる。(2)

しかし帝釈天《インドラ》については、これからの話に関係があるので、もう一度手短かに述べたい。梵天とは違い、帝釈天はその住居を空中に持っていない。地上で最も高い所、つまり須弥山の頂上に住居がある。喜見城《きけんじょう》と呼ばれる彼の都邑の中心に、一グループ八神の四つのグループの神々に囲まれて坐を占め、彼を含めて三十三天という集団をなしている。（三十三天はサンスクリット語では Trāyastriṃśa、それを音写して忉利天《とうりてん》という）。雷と豊穣の雨をもたらす神として、インドラ＝帝釈天は早くから施財神という面でとらえられ、それが日本では彼の役職の一つと見立てられて、福神の一神として良く知られている通りである。

しかしこの帝釈天をただの甘い神と見なすのは間違いだろう。実はこの神は君主的、戦闘的な本性を持ち、元来は猛々しい性質なのである。この名の中にある「帝《たい》」という字は神々の君主であることを示し、「釈《シャク》」は強者という意味を持っている。（釈はサンスクリット語 Śakra、または中期インド語 Sakka の音声表記で「強者」の意）。

彼はまた裁判者でもあるが、それは「業の原則」という仏教の観点によれば、彼が施す恩恵というのは、全て成し遂げた善業の見返りとしてのみ与えられるものだと考えるべきだろう。その逆に、彼は悪業を罰するという反面も持っているのである。そこで帝釈天は、ある月、またはある年の定まった時期に、極めて用心し、全ての犯した過ちから身を清めることを教唆する信仰の対象となった。彼が住む宮殿の前には「善法堂」という裁きの部屋があり、そこで帝釈天は特に裁判官としての役職を行使する。この役職が、日本の民衆的イコノグラフィ（図像学）の中に、裁判官姿の帝釈天として、右手に筆を持ち左手に登記帳を持ってはっきりと表現されているのを見るのは中々興味深いことである。

（前章**図版5**、兵庫県香住帝釈寺の像を参照）。

四天王の身分・その姿・装束

しかしこの辺りで話を四天王に持って行こう。その中でも特に北方の多聞天、別名毘沙門天について話すのが本章の目的である。

四天王、より完全に言えば「護世四大天王《ごせしだいてんのう》」は、世界の一切の方角を護り、そこに仏教が全く安全に普及されるよう見守っているのが役目である。この四天王という名を「天の王」と解釈したくなるだろうが、それは良い翻訳ではない。なぜならば、そうするとこの神が「天を支配する者」という意味に取られかねないからである。ところがこの「天」という語は梵天、帝釈天の名にあるように、（そしてまた「天部」を神々と訳すように）、ここで明確にして置かねばならないが、これは原語サンスクリットのdeva《デーヴァ》の翻訳で、語源的にはラテン語、フランス語のdeus《デウス》、dieu《ディウ》（神）と同類語である。古代インドではこの語は、光り輝く天上界の性質を持った上級神をさし、唯の地域的な精・霊（déités）の類では

図版 2　正覚を成就した釈迦に鉢を捧げる四天王　服装は宮廷風（ラホール美術館）（A. Foucher『ガンダーラ美術』より）

ない。そういうものは中国の仏教翻訳語ではむしろ神《shen》、日本語ではじん、またはしんとされた。

この四天はインドラ（帝釈天）の下に従属しているとはいえ、彼ら自身も王の位格を持つもの、つまり王者、マハーラージャである。しかし今述べたように、光る天界に加わっているとはいえ、天に君臨するわけではなく、各々が天空の四分の一の部分を、無限にわたって監視しているのである。したがってそれを指す最も正当な呼び方はまさに「天‐王」、お好みならば「神的な王」であろう。

インドの図像学では、四天王はほとんどの神と同様に、宝飾を着けた宮廷の服装をした姿で表されている。例えば**図版2**掲載の、悟りを開いたばかりの仏陀釈尊に鉢を捧げに来る四天王を描いたガンダーラ彫刻では、そのような姿である。

通説によると、四天王の姿が軍隊風になったのは、中央アジアの、いくつかの民族勢力が隣接した、政治的に非常に不安定な地域においてであったと考えられている。事実その四天王の格好には、イランの武具甲冑の要素が認められるものや、また中国風の甲冑も見られるのである。そのいくつかの変形がそのまま日本に伝わり、日本では日本の武具の影響はほとんど受けずに保持された。但し、これは調べてみる必要があるが、江戸時代の浮世絵などにおそらく例外があるのではないかと思われる[3]、

仏陀のいる所、そこには世界が彼を取巻いて集っているとされている。彼が中心をなしている。仏陀の座が世界の中枢となるのであって、すなわち神話的に言えばそれは須弥山そのものである。仏陀の舎利を納めているストゥーパ、または土墳は、常に中枢となる軸を備えているが、これもまたある意味で須弥山を象徴しているのである[4]。日本では仏像を置く祭壇を、須弥壇と呼んでいるのは周知のことであろう。

したがって四天王の像がこの須弥壇の周囲に置かれるのは極く当然であり、それは東大寺の戒壇院を描いた版画（図版3）に見られる通りで、この図では四天王は四隅に置かれ、法華経の教えを表す「二仏並坐」の宝塔の周りを護っている[5]。この戒壇にある実際の四天王はもちろん有名な素晴しい像であるが、その中で特に西方を守護する広目天に注目されたい。というのは、四天王の中でこの天王だけが多くの場合、武器ではない持ち物を携えているからで、ここでは前に見た帝釈天自身と同じもの、すなわち筆と登記帳という二つの持物を持っているからである。このことは、明らかに広目天は、衆

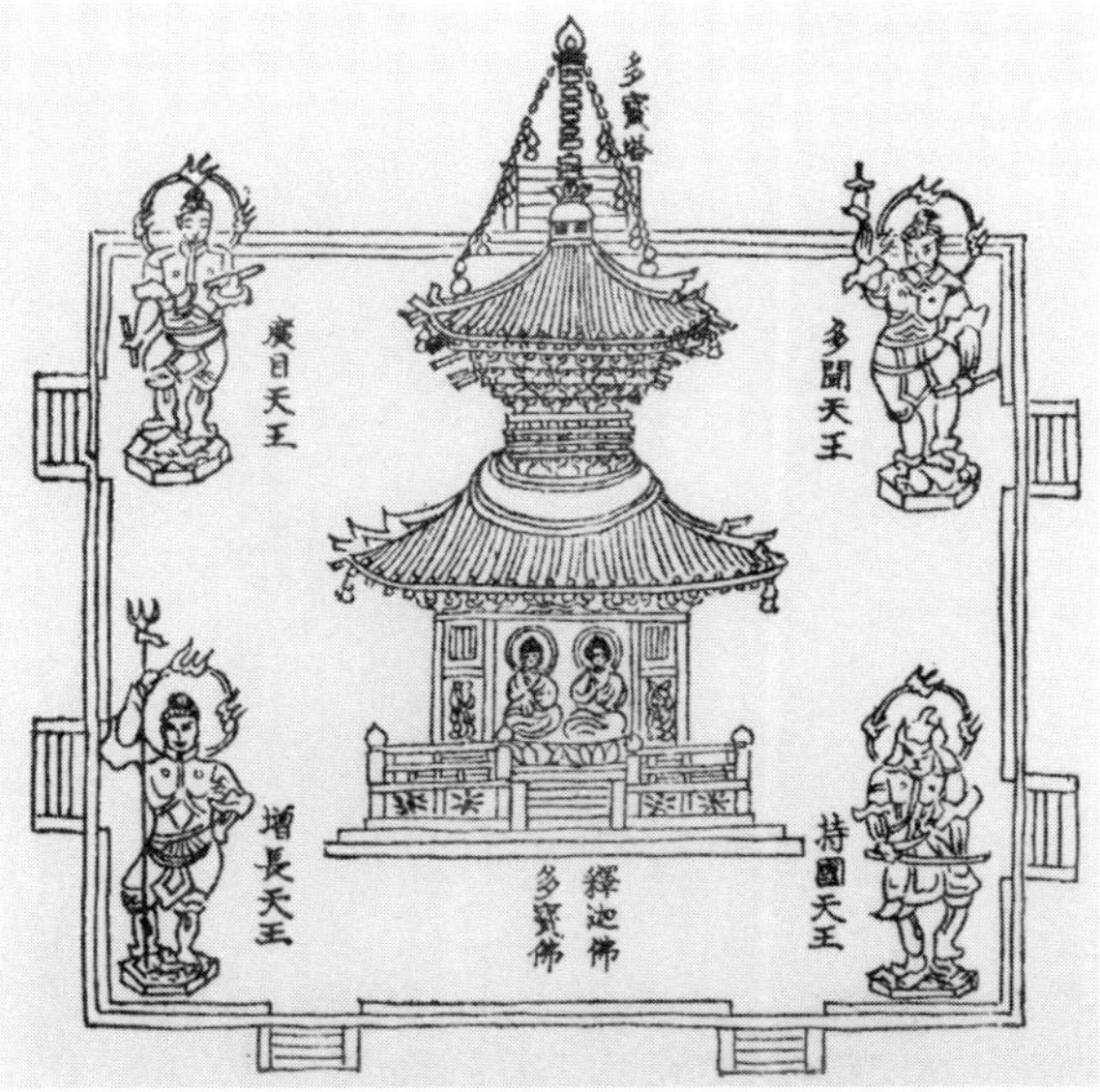

図版３　塔中二仏とそれを囲む四天王　東大寺戒壇院のお札
(ベルナール・フランク・コレクション)

生の行為を記帳する代行人として考えられていることを示している。[6] 事実ある信仰によれば、前述したような帝釈天がある時期に行う衆生の行為の査定は、四天王の協力をもって実行されるという。[7]

　さてしかし、西方の管理者がこの衆生の行為の視察に関して、彼のイコノグラフィ《像形》が示しているようにことに特別な使命を持っているということは、中国の一連の古い信仰において、西方とこの方角に在る神々が懲罰と結び付けられたり、またそれを避けて警戒する習慣と関連があるのではなかろうか。[8]

日本に定着した四天王

　四天王がいかに華々しく日本に定着することになったかは周知のことであろ

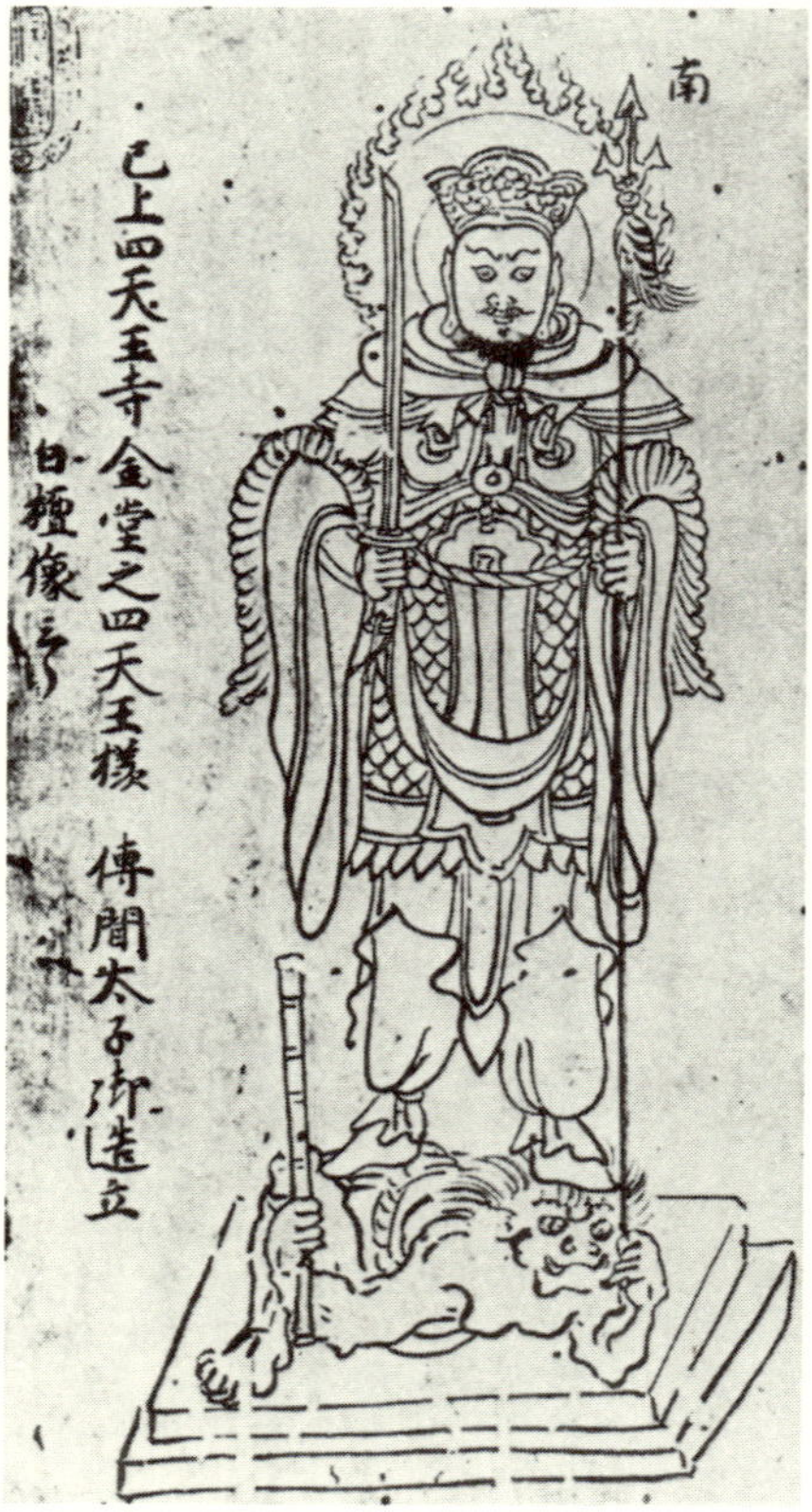

図版 4　増長天　『別尊雑記』12 世紀 白描（『大正新修大蔵経図像』第 3 巻より）

う。それは四天王が西暦五八七年、仏教擁護のために反対党の物部・中臣氏に抗して戦っていた朝廷軍を、逆転して勝利に導いた時以来である。

　戦闘が最も峻烈を極めた時、総指揮官の傍にいた若き聖徳太子が、急ぎ四天王の像を彫らせて髻《みずら》に挿し、「敵に勝たしめ給わば必ず四天王を崇める寺院を立てむ」と願をかけた。[9] それが幾度かの崩壊と再建を繰返しながらも、今日まで続いている大阪の四天王寺の起源である。

　我々は『別尊雑記』という十二世紀の大図像集[10]のおかげで、この最初の四天王寺の四天王像がおよそどのようなものであったかを知ることができる。それらの像は、幸いにも法隆寺金堂に伝存されている七五〇年頃の作の四天王像に大変よく似た姿を呈していたようである。どちらも同じように前向きで、不動不屈の印象を与える姿を示している（図版4）。

さて次に、この金堂の同じシリーズの四天王の中で、北を守護する多聞天、別名毘沙門天を見てみよう。以後この天王について話を集中させたい。

先ず彼の持物《じもつ》を見てみよう。手には、――それは右手であったり左手であったりするが――宝塔を持っている。これは仏陀の教えに抗じ難く帰依させるため、舎利という仏陀の体の代替を、彼が高々と奉じていることを意味するものである。またこの宝塔からはこの天王が施す無限の宝、すなわち仏の教えと、同時に単なる宝そのものが溢れ出るとも言われ、彼自身が、以下に述べるように財宝の大所有者として、また施財神として崇められる。もう一方の手には、この法隆寺多聞天のように槍を持つか、または護符的な宝珠で飾られた棍棒を持つ。

この北方の守護神は、常に四天王のグループにとどまりながらも、その場合は主として多聞天という名で呼ばれるが、他の天王とは異って、四天王群から自由に解放されて独立尊となり、それが極めて重要な信仰となった。そうしてその独立尊の場合は、先ずほとんど彼の第二の名前、毘沙聞天という名で知られている。

多聞天はサンスクリットではヴァイシュラヴァナ（Vaiśravaṇa）と言い、これはヴィシュラヴァス（Viśravas）の息子という意味を持つ。因みにこのヴィシュラヴァスは梵天《ブラフマー》の孫で賢者であったとされていた。他にもこのヴァイシュラヴァナは「至る所でしばしば聞く名前」、「栄えある名前」という意味にも解釈されるところから、よく知られて聞く名前「多聞天」と翻訳されたが、これにもまたいくつかの解釈がある。「多聞」と違って「毘沙門」の方は翻訳ではなく、**Vaiśravaṇa** の一変形である **Vaiśramaṇa** の音声表記である。

勝利をもたらす軍神であり、また言うまでもなく先ず北方を護る毘沙門天は、帝釈天と同じく財福の神でもあるが、これは帝釈天のようにすでにインドにおいてそうなっていた。彼が管理を任されている北方は夥しい財宝を埋蔵した土地であると考えられている。その財宝については、夜叉（**yakṣa**）と呼ばれる恐るべき精霊たちがそれを警備をしているといわれる。ところで毘沙門はこの夜叉達の王なのである。他の四天王の各々と同様に、彼には一、二の元来邪悪な範疇に入るもの達を鎮め、その上にこのような存在を世に有益なものにするという責任も負わされている。この連中の中には、夜叉の他にも羅刹（**rākṣasa**）と呼ばれる格別に恐るべき人喰い鬼の一種も入っている。

この鬼たちは邪鬼と言われ、四天王の力強い足で踏み押さえられた姿でよく知られているが、日本で想像された姿は普通、実に悪い奴と言うよりも、居心地の悪そうな様子で表現されているので、むしろ我々に好感を持たせるものだろう。(11)

ここで強調して置きたいのは、四天王が邪鬼だの夜叉だのという一団の監督を務めることになっているのは、彼ら自身がある程度そういうものの本質を有しているということである。このように、毘沙門天は前述した如くインドのデーヴァ《上級神》が具えている光り輝く厳かな全ての特性を持つ偉大な神であるとともに、彼自身夜叉でもあるのだ。(12)あるいくつかの像にはこの性質が表情に表れていて、例えば東寺に保存されている有名な唐時代の兜跋《トバツ》毘沙門像（本章冒頭掲載**図版1**）がそうであるが、これについては後述することにしよう。

平安京北方の守護から各方角の急所の守護へ

日本では、――ここではっきりと日本ではと言うのは、後述するように、大陸ではこの現象がより早く始まっていたからだが――以下に述べるように毘沙門天が独立して信仰されるようになったのは、恐らく八世紀末の数年の間、つまり奈良時代の最後から平安時代のごく初めの時期であったと思われる。

この現象の最も顕著な出発点と思われるのは、桓武天皇の延暦十五（七九六）年に、平安京の北、鞍馬山に毘沙門天信仰の場が創立された時である。この鞍馬は後に義経に武芸を授けたと言われる天狗でいっそう有名になったのだが、この天狗は隣の愛宕山の大天狗の親族とみるのが多分本当のところであろう。[13] しかし鞍馬ではこの天狗は何よりも先ず毘沙門天の化身と見られているのであり、その毘沙門天は法華経の観世音菩薩三十三変化身の教理通り、観音がこの地でその姿を選んで現れたものとされているのである。[14]

伝えるところによれば、[15] 鞍馬寺の創建者藤原伊勢人《いせひと／いせんど》は観音堂を建てようという願を立てていた。そこに夢のお告げがあり、鞍馬の大変勝れた地まで導かれ、驚いたことにそこで一軒の萱屋の中に、今まで普通日本で見馴れていた形とは異った一体の毘沙門像を見付けた。恐らく兜跋《トバツ》毘沙門であったのだろう。[16] ここには観音像を立てるつもりであったので、この発見に伊勢人は動揺しなかった。ところが新たに夢の中で、毘沙門天の侍者、禅膩師《ぜんにし》童子だという少年が現れて、その不信を咎め次のよう

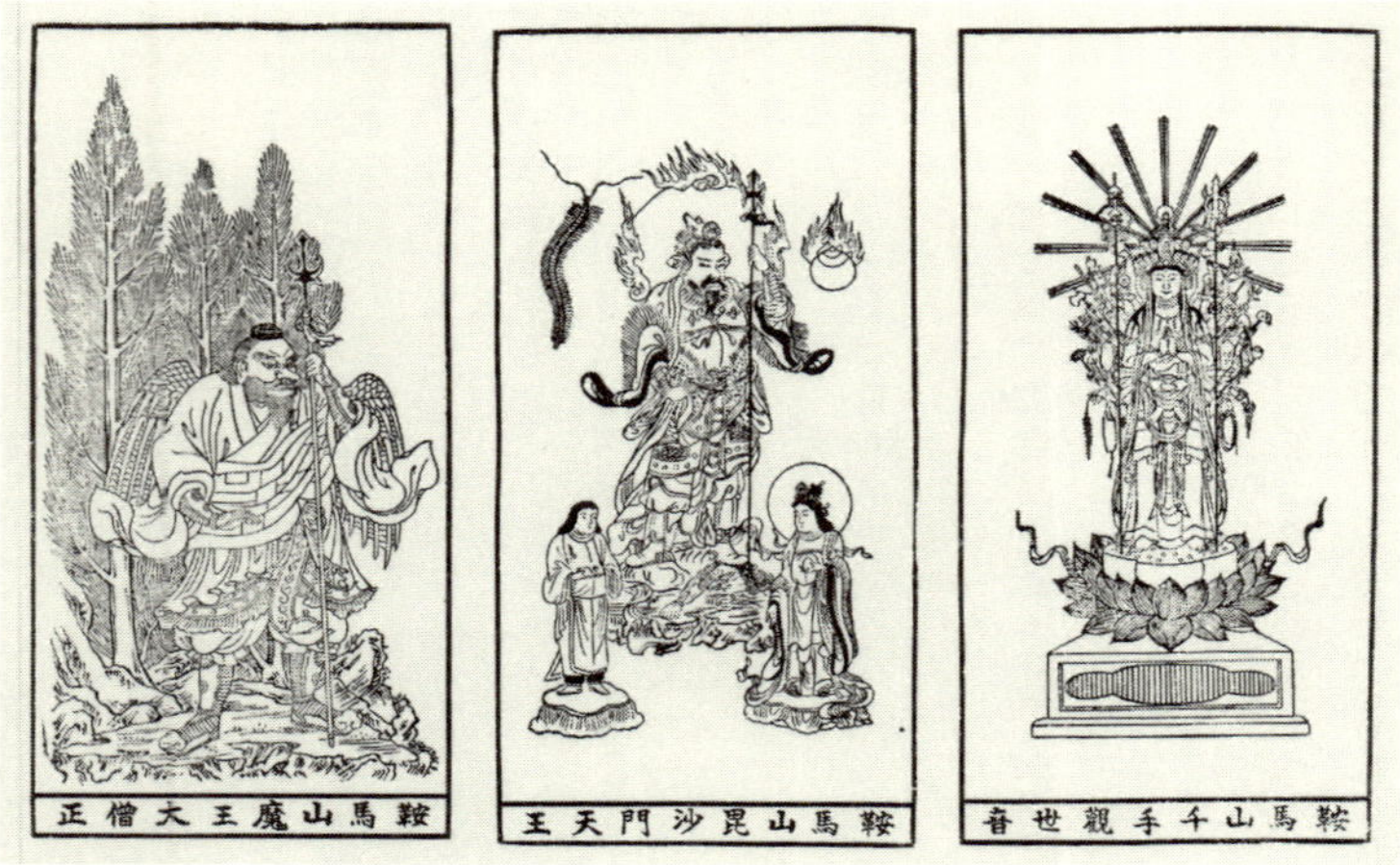

図版5　鞍馬寺「毘沙門天 三尊」お札　注16参照（ベルナール・フランク・コレクション）

に付け加えた。「観音は毘沙門也。……〔中略〕観音と毘沙門とはたとえば般若と法華との如く也」。（般若経と法華経のこと）。[17]（**図版5**）

この創建にまつわる伝説では、この鞍馬寺の位置の選択は夢のお告げによったことになっているが、しかしその選択の理由は、ここが平安京の内裏の北に位置する所だというのが何よりも重要な要素であったのは明らかである。この方角の監視に当る天王を配置することによって、その方面から起こって来る全ての攻撃から身を護ろうとしたのである。[18] ここに一つの宗教的宇宙観が、局地次元において具体的に適用されている例が見られよう。つまり毘沙門天は、単に宇宙の中枢山の上から北方地方全般を守護する者というだけでなく、この国の北方あれこれの場所を護る、ことにその首都の北方を守る神になっているのである。

このような守護は当時、朝廷が自分の領土を蝦夷の侵略に脅かされていると感じていただけに、なおさら必要だと思われていた。朝廷が坂上田村麻呂を征夷大将軍に任じるのはその一年後（七九七年）であり、彼はその任務を首尾よくなし遂げた。ところでこの田村麻呂が鞍馬の毘沙門天の崇拝者であったことは周知の通りである。[19] また観音の熱烈な信者でもあり、清水に自ら寄進して観音堂の境内を著しく拡張し、そこで戦勝を祈願させたことも指摘すべきであろう。

清水の観音を図像学的に見れば、鞍馬のように、千手観音と毘沙門天が組み合わされたものである。ギメ美術館所蔵の小型の厨子[20]の中に見られるように、中央像（千手観音）の右に置かれたこの天王は、「勝敵の毘沙門」という明白に意義を表した名をつけられている。

この他にも、田村麻呂によって東北地方に設置されたすべての要塞線上に、一連の兜跋《トバツ》毘沙門型の像が造立されて行くのだが、そのいくつかは今日でも拝観することが出来る。その中でも最も印象的なのは、岩手県鳴島《なるしま》の巨大な毘沙門天で、十一世紀後半の作とされ、天王を支えている地天も入れると四メートル七〇センチという高さである。[21]

この大地の女神「地天」は、地中から身を出して来たところなので半身像で表わされている。彼女は両手の掌に兜跋毘沙門天の両足を支えている。大地、この万物を支えることを使命とする女神は、同時に糧をもたらす者であり、慈悲深く堅固で、周知のことだが、仏陀釈尊が悟りの寸前に誘惑魔マーラに襲われた時、彼が正しいのだという証言を与えた。ここでもまた同じように、毘沙門天という偉大な闘士を、彼女は自らすすんで支えているのであり、決して邪鬼の場合のように、毘沙門天がそれを屈服させるために足下に踏みつけていると見るべきではない。

鳴島の毘沙門天は中国式の甲冑（図版6を参照）を着けているが、これと同じ型で、非常に感銘的な美しい内観を凝らした像が、日本のもう一端の地、福岡の観世音寺に伝存されている。

観世音寺の毘沙門像[22]は、これもまた十一世紀の作だが、この九州の天台宗大寺院における当像の存在を伝える文献の初見は、江戸中期以後のものである。これは残念なことで、何故ならもしこの像が実際に平安時代からこの地にあったことが立証されれば、先ず初めに北方の守護神であった、——そして先に見たように解釈が拡げられて東北地方の守護神となった——毘沙門天が、この国の国境全般にわたって、全く正反対の方角も含めた地方の守護神として扱われるようになったと結論づけられるからである。福岡は言うまでもなく、太宰府の置かれた所であり、これは一時は鎮西府と呼ばれ、国の西方——実際には南西に当るが——を鎮め治める府の置かれた所である。

しかしここでもう一

図版6　中国様式の甲冑を着けた兜跋毘沙門像の一例（ギメ美術館）

つ別のタイプの兜跋《トバツ》毘沙門が存在することに注意を向けよう。（本章冒頭掲載図版1参照）この方は中国式の甲兜の姿ではなく、冠を被り、膝まで覆うイラン様式の長い鎖帷子《かたびら》を着けている。このタイプの日本における原型は、今日東寺の所蔵となっている毘沙門天像であるが、この像は昔平安京の中央門であった羅生門の階上に安置され、そこから都全体の安全を護っていた。(23) ところがこの羅生門のあった所は都の北ではなく南端であった、ということは、毘沙門天は結局のところ首都であろうと全く別の地であろうと、全方角にあるこの国の急所とみなされている境を守る使命を担っていたという確信を、さらに強めたくなるのである。言い換えれば、毘沙門天は独りで、四天王全てに匹敵するものになってしまったのである。

トバツの名の由来と日本の武将との関係

この像自体は八世紀の作とされる中国のもので、弘法大師の請来によると伝えられる。唐代の稀な貴重な大木彫の例となっている。

さてここで兜跋《トバツ》毘沙門という謎めいた名称について説明しなければならない。兜跋の二字の義は「かぶと」と「奥書き」だが、ここでは全く音声価値しかない。このトバツが何を指しているものかと言うことについては盛んに討議されて来た。人の名前なのか、地名なのか？　いくつかの仮説の内、「チベット」を指すのだろうというのが支持されたこともあったが、著名なチベット学者ロルフ・スタン(24)(Rolf Stein)が実に納得のいく意見を呈示した。それによると、これは恐らくトルコ語のTubbat《ツバッツ》の音声表記であろうという。Tubbat はトルコ語でトルキスタン、特にシルクロードの重要な地点の一つであったコータン王国とその首都をさす言葉であった。コータンの代々の王は自らを「神の子」と名乗り、先祖が毘沙門であるとしていた。中国の伝説に伝えるところによれば、西暦七四二年、この地方への入口に当たる要塞が、西方からの連合軍によって中国から奪取されようとした時、毘沙門天がしかるべく祈祷されると、北東の空に黄金甲冑の巨漢の群が浮かび上り、その後で街の北門の上にこの彫像のような毘沙門天が現れたという。この出現の姿は急ぎ描きとられ、唐帝国全土の街や寺院に安置するためその模刻が命ぜられた。東寺にある像は、そういう模刻の一つが、その後日本にもたらされたとも考えられよう。

ここで最も我々の関心をひく一つの点は、伝承によればコータン王が毘沙門の後裔だと言われたことである。日本においては神道の神は基本的に先祖神であり（これはフランソワ・マセ［François Macé］がこの日本東洋学会で指摘した）、天皇家がその一例を示しているように、名だたる家系では神の後裔だと名乗るのはごく当然のことである。しかしこの思想は、一見して同じように広義の仏《ほとけ》（ほぼ仏教の諸尊）には結び付きにくい。仏たちは生殖よりも無常や空に関心を向けているように見えるからだろう。そうとはいえ、直ちに想起されるのは関東の平氏、将門のことである。彼には北斗七星の化身だとされる七人の影武者がいたという伝説があり、またその叔父良文《よしぶみ》とその子孫千葉氏は、北極星を神格化した妙見菩薩を守護神とし、やがて自分達を妙見菩薩の胤から出たと考えるようになった。(25)

ところで日本の伝承の中には、まさしく毘沙門天そのものに関する類似の一例があり、それはコータン王の先祖に関する信仰と遠く響き合っているように見える。しかもそれは何と見事な例であろう、他でもない、戦国の武将上杉謙信（一五三〇～一五七八年）その人である。これは実は全ての謙信の伝記が取り上げている話ではなく、私自身この話の出所を現在再び見出し得ないのだが、謙信は毘沙門の申し子（毘沙門に祈って出来た子）であったと言い、また彼自身が毘沙門の子だと称していたという。それから次のことは広く承認されているのだが[26]謙信は自分を毘沙門天の「化身」、あるいは「生まれ変わり」と考えており[27]、あるいはさらに毘沙門を完璧にその亀鑑《モデル》としていたので、遂に自分をこの神と同一視するに至ったということである[28]。彼は毘沙門の頭文字「毘の字」を、仏や神をサンスクリット文字で表す種字風に、太筆で書いた軍旗を作らせ、戦には必ずそれを本陣に打ち立てていた（図版7）。謙信の毘沙門天に寄せた特別の愛着のおかげで――とはいっても彼は他の信心を棄てたわけではないのだが――いくつかの絵画・彫刻が残っており[29]、その中には彼が日頃念持していた像の一つ、平安時代（十二世紀）の絹本毘沙門天がありその表情の輝きは強く心を打つものがある[30]（図版8）。

図版7　「毘」の字の軍旗
（上杉神社・山形県米沢市）

これより二世紀以前、もう独りの有名な武人、吉野朝の忠臣楠木正成（一三三六年没）が、彼もまた毘沙門天の申し子であったようである。こうして毘沙門に結ばれた縁を示すために幼名を多聞丸と名付けられた[31]。この子を授かるように祈願された寺は奈良の西南、大和の信貴山で、今日では恐らく日本で最も重要な毘沙門天信仰の場とされている大寺院である。

信貴山には十二世紀後半に描かれた有名な絵巻で、ここに祭られる毘沙門天の霊験由来を語る「信貴山縁起絵巻」[32]が保存されている。この「縁起」は九世紀初頭、醍醐天皇の延喜の御代に生存したこの寺の創建あるいは再建の祖、命蓮《みょうれん》上人の聖徳と奇蹟を賛える話を描いたものである。[33]第一巻に描かれた「飛倉《とびくら》」の話はあまりにも有名なのでここでは述べないことにしよう。その代り、「延喜の加持」と題される第二の巻について少し述べたい。これはいかにして命蓮が、医者も僧も誰もが癒せなかった延喜の帝醍醐天皇の病を癒したかを語る巻である。

図版 8　上杉謙信信念持仏「毘沙門天立画像」（上杉神社・山形県米沢市）

絵巻は、勅使の一行が山を越えて隠者命蓮の所へ来て、天皇の病治療のために都に同行することを頼む場面を見せて行く。命蓮は山を離れることを拒否するが、遠隔から祈祷することを約束し、病の平癒する時を予告する。

予告された時が来ると、都の方角に

向って、剣で覆った鎧を身に着けた童子が、手に剣と綱を持ち、猛烈な速度で回転する輪の後を追いながら、後方に光の尾を引いて空を翔けて行くのが見えた。忽ちの中に御殿に着く。それと同時に天皇の病は癒えた。

この童子は「剣の護法」（剣をまとった法の保護者）あるいはまた「剣鎧護法《けんがいごほう》」（剣の鎧を着た法の保護者）とも言われる毘沙門天の使者で、言い換えれば毘沙門天が発する神気である。信貴山の谷間には特別に毘沙門天を祀るお堂が献納されて、そこへは人々は病気平癒を祈願に来る。

醍醐天皇が受けた法恩を記念して、信貴山の寺は「朝護孫子寺《ちょうごそんしじ》」という名称を賜った。この名称は文法的に少し変だが同寺では、「朝（廟安穏）―（守）護（国土）―孫子（長久）寺」の省略だと説明されている。すなわち「朝廷の安全と国の守護、そして皇室子孫の長久を祈る寺」と言えようか[34]（図版9）。

図版9　信貴山毘沙門天三尊のお札（朝護孫子寺・奈良県信貴山）（ベルナール・フランク・コレクション）

民衆による施財神・毘沙門信仰

毘沙門天はこのようにして、ただ単に外敵襲来や内乱に対する守護のみならず、その他種々の災い、例えば海難[35]や、今見たように病から救ってくれる神としても考えられている。

この他にもすでにインド圏において、毘沙門天は莫大な財宝の管理者であり、かつその持ち主とされていたことは前に述べた通りである。またかの神々の長であり、偉大な施財者の帝釈天についてもすでに述べた。『今昔物語集』のインド起源の説話の中に、ある吝嗇な男が自分の財産は、毘沙門天と帝釈天という二つの富の典型にも勝る、と高言して罰せられる話があることも前述の通りである。[36]

中世を通じて、仏教信仰が次第に民衆の幅広い層に発展して行くに従い、財の神、より広く浄福の神、幸運の神としての性質が毘者門天の中に重要性を増加して行き、そして江戸時代に完成するところの七福神のグループに組み込まれることになる。

その財福というものは、もちろん各自の功に応じて授けられるものだが、しかしその人々の望みや職業にも応じることがあって、例えば数十年前にはまだ養蚕家の祈願に応じているような場合も見られた。西部日本の重要な修験道の道場である伯耆の国三徳山三仏寺《みとくざんさんぶつじ》のお札がよく示している通りである。

ここで直ちに付け加えたいのは、このような特殊な例も、毘沙門天の「十福」という教義の主旨が実際に適用されたものに過ぎないということである。これは日本の偽経と思われる「毘沙門王功徳経《びしゃもんのうくどくきょう》」[37]という短いお経の中に述べられていることである。

さて件のお経にある「十福」のリストは、仏教で良く使われる列挙の手法で数え挙げられており、先ず最も普遍的な「無量福」と言われるものから始まる。次いで挙げられる諸福は「衆人愛敬福」、「智恵福」、「長命福」「眷族衆多福」、「勝軍自在福」、「得田畑能成福」、「蠶《さん》養如意福」（ここにさきほどの話が関係する）、「値善知識福」、そして最後に仏教の最大の果実である「仏果大菩薩福」が挙げられている。

山科の毘沙門堂は十七世紀より門跡寺(38)になっている天台宗の重要なお寺だが、ここから出されている版の「毘沙門天王功徳経」は版画の口絵で飾られていて、それを拡大したものがお寺のお札《ふだ》となっている。そこに見られる毘沙門天は、大きな楕円の光輪に囲まれて座し、その前にしきたり通りお供の吉祥天と禅膩師童子《ぜんにしどうじ》が同じような光輪の縁取の中に控えている（図版10）。この三者の図像学的特徴は経典の指示通りであるが、ただ一つ、経典には全く触れられていない要素があり、それが特に我々の注意を引くのである。

このモチーフはすでに鞍馬の毘沙門天のお札《ふだ》（注16参照）でも見られたもので、何かと言うとそれは百足、ムカデである。このような好ましからぬ虫で、かの英雄伝説が伝えるように有名な俵藤太(39)が苦闘したという虫が、なぜこんな所で毘沙門天に結びつけられて描かれているのだろうか？（そしてこの例は他にも見られるのである。）

それはムカデがいつの時代からか――江戸あるいはすでに室町であっただろうか？――毘沙門天のお使いとされているのである。民俗学者中山太郎氏の言に従えば(40)、毘沙門天とムカデの組合わせは鞍馬から広まったものらしく、明治初年までは毘沙門の日とされる正月の初寅の日に、境内で生きたムカデを売っていたそうで、今日でも（その本の著作年一九四一年の時点で）鞍馬ではムカデ類を殺すのを避けるということだ。

なお昔は、特に江戸では、お寺で初寅の日に、黄色に塗ってムカデの印を押した薄い金属の小判（ムカデ小判という）を配布しており、参詣者は富のしるしとして持ち帰る習慣があった。[41] 富の典型である神とムカデの組み合わせは、もともとは言語学的なところから来たようである。これは私自身が毘沙門堂の僧から聞いたことだが、ムカデは難しい漢字で「蜈蚣《ごこう》」と書き、普通は平易に「百足」と書く。ところで室町時代の女房言葉から来た比喩的表現で、「おあし」はお金を意味していたことはよく知られている。なぜならそれは至る所好むがまま

図版 10　山科毘沙門堂　毘沙門天のお札
（ベルナール・フランク・コレクション）

に往来する天性を持っているからだ。[42]

毘沙門天の縁日が寅の日となっている起源もこれに近い理由からであると、ある解説書は説明している。[43]その引用する俚諺によれば「虎は一日に千里行って千里帰る」、これは金銭流通の理想的モデルに違いなかろう。

終りに、毘沙門の霊験信仰がいかに容易に現代社会に入っているかの例として、毘沙門のお姿とその功徳を刷り込んだテレフォンカードが次第に伝統的なお札《ふだ》の代りとなる傾向があることを指摘して置きたい〔一九九〇年代〕。

私は出来るだけ簡略に、仏教パンテオンの重要な一尊の姿を描き出そうと試みて来た。これは同じく、仏や菩薩、諸天のような他の多くの礼拝尊についてでも良いのだが、それらの諸尊各々があらゆる様相の下に、日本社会と保っている関係がどういうものかを知ろうとする試みであった。

このような研究においては資料として、文書や口頭または形象化されたもの、最も〝真面目〟にみえるものから最も平俗なものまで、最も古いものから最も現代的なものまで、最も普遍的なものから限られた一地方だけに流布しているようなものまで、もちろんそれを正しい脈絡の中に位置づけることが出来、また批判検討するという条件で、あらゆる種類の資料を参考にする必要があることを理解して頂けたと思う。さらにあまりにも一般的になっている考えに反し、この分野においては経典的、正統的、〝学問的〟と言われる事実と、民衆的事実の間には決定的な断絶はなく、むしろ虹のように暈された推移があるだけで、民衆的事実はしばしば驚くほどに、正統経典的なものの生きた鏡となって現れていることを理解する一助となれば幸いである。

第三章　仏陀

編集注記

このテキストは、ベルナール・フランクがルンビーニ旅行の帰途、『ル・モンド』紙の記者ダニエル・トラマールの質問に答えた談話の書き起しである。ベルナール・フランクは、いかなる出版にあたってもこのテキストを再点検するように希望していた。それがいくつかの点で私共が介入した理由であるが、それは主として文章体に近くするために必要と思われた個所を対象としてなされたものである。

L・F

＊

この談話の打ちとけた調子は、録音された時の状況を伝えている。それは一九九五年九月二一日から三〇日まで、ユネスコ相互文化企画部長ドウドウ・デイエンによって行われた研究旅行「仏教の路」の帰途、カトマンズ - パリ空路の機内であった。話の流れは何度も食事の給仕や、機内放送によって、そしてまた私自身の不都合な質問などで中断された。その質問を今私は心から悔やんでいる。

この旅行の全参加者が同じく感じたように、私に深い印象を与えたのは、教授の熱心さ——話しながら掌中に小さな仏陀の像を持っておられた——、その人柄の輝き、学識を易しく説明されるその態度、気取りの無さ、そしてその謙虚さであった。

ダニエル・トラマール

運命の完熟の結果、王城を出る

「仏陀」というのは人の名前ではありません。この言葉は「目を醒ました者」という意味を持つ一種の過去分詞です。ブッダ（Buddha）はbudh-という語根から来たもので、これは菩提《ぼだい》（bodhi）《ボーディ》という言葉の中にも含まれています。ブッダ、それは「目を醒ましたる者」「覚者《かくしゃ》」です。ボーディ《菩提》というのはブッダが身に具えているところの資質、つまり「真理に目を醒ましている」という資質、「覚醒《さとり》」のことで、この二つの言葉は同系の言語です。

「仏陀」の本名はシッダールタと言いましたが、これは「達成された目的」または「目的を成就したもの」という意味で、めでたい名前でした。シッダールタはインドのある殿様の息子でした。伝説では（この父を）王と言っていますが、実はシャカ族という一種の小さな共同体の藩公というようなものです。したがって厳密に言えば王ではなく、むしろ一つの同族集団の酋長だった、しかし後世の伝説が偉大な王、すなわちマハーラージャとしたのです。

これもまた伝承によるのですが、「仏陀」の父は、この息子は世を捨て、宗教生活を選ぶだろうと予言者から予告されていました。王たる者にとって、息子が俗世を離れて出家するというのは、これは災難です。家系が絶えてしまう。そこで王は、――シュッドーダナ王（Śuddhodana）といって、その意味は「清浄な粥」というのですが――、さてこの王は、予言が実現しないように、息子を実際に出家に向かわせるようなあらゆる光景から庇護させました。悲しませる事はすべて彼に見せるのを禁じました。老人を見せてはいけない、病人を見せてはいけない、もちろん死人に接するなどは以ての外です。しかし来るべきものは来てしまった。しかしそれは諦観して、止むを得なかったと言うようなものではなく、若い王子の運命が今にも熟する果物のようなものであって、それが当然来るべき完熟の時が到来したからです。若い王子自身のために、また人類のために、起こらなければならないことだったのです。したがって神々さえもそれが実現するのを願っていました。小っぽけな君主の思いつきの小細工で、この運命が実現するのを防ぎ得るなどという問題ではなかったのです。

そういうわけで、あらゆる用心をしていたにもかかわらず、さて、ある日、王子は宮殿を出て、そして一つの出逢いをしました。病人に出逢ったのです。その病人がそこに、路傍に倒れていたのか、または運ばれていたのか、細部は忘れましたが、王子は言います。「一体あれは何だ？」と、「ああ、あれは病人でございますよ」と人は答えた。言い忘れましたが、宮殿はしっかりと守られていたのです。どうして王子は城壁の外に出られたのか？　それはもちろん、神々が扉を開いたのです。扉はひとりでに開いた。さて、王子は「一体あれは何なのか？」と問い、「さああれは……、あれは病人で、私達はみんな病気に罹るのです」と人は答えます。これが最初の衝撃。数日後にまた新たに外出します。そして今度は彼は何を見たか？　王子は一人の老人を見ます。「あれは一体何なのか？」。王子の問いに「ああ、もちろんあれは老人でございますよ」と、そして「私達は皆、年をとって行くのです」と人は説明しました。これが二番目のショック。次に三番目の出逢い、――これらの出逢いを経典の用語で「四門出遊《しもんしゅつゆう》」と言います――三番目の出逢いは死です。死の発見です。すべては終わるのだ、すべては滅び去るのだと、また新しいショックでした。そうして次は最後の外出、最後の出逢いです。王子は道を遠ざかって行く一人の印象的な、晴ればれとした、自由な様子の男を見ました。そして「あれは一体何だろう？」と聞く王子に人は答えます。「あれはもちろん遍歴の修行者でございます。あのように流浪の旅に出たのは、死から放たれようとしているのです。死からの解放を探求しているのです」と。これがその四番目の出逢いでした。この時王子は分ったのです。この様に我々は病におちるのだ、我々は老いて行くのだ、我々は死ぬのだと、そうしてあのように旅に出て行くことによって、死から逃れることを希《こいねが》えるのだと、理解したのです。

ここでちょっと前に戻りましょう。この王子、彼はどの様にして生まれ出たのか？　この誕生については、数々の霊妙なる言い伝えがあります。彼の母はマーヤー（麻耶）といいますが、この名はインドで一般的な普通の名ではなかったようで、それは文字通り〈幻想〉という意味です。「幻想《マーヤー》」というのは、インド哲学のある伝統、つまりバラモン教の正真の伝統の中で非常に重要な役割を持っていた観念でした。しかしここではそれほど難しく考える必要はないでしょう。我々は幻想の中に生きている、幻想が我々を引っ張ってゆく。だからこそ我々を幻想から解放してくれる者の母は「幻想《マーヤー》」と呼ばれるのだ、「彼は幻想《マーヤー》から抜け出した者」であると。これはそれほど途方もない解釈ではありません。伝承によれば、受胎そのものがすでに奇蹟的でした。マーヤーは六牙《ろくが》の白象を見たのです。白象は素晴らしい奇瑞の象徴とされていました。六牙は仏教の六つの基本的美徳を表すと解釈されますが、これは後世につけられた解釈でしょう。ともあれマーヤーは象を見た、霊妙な、いわば幸せをもたらすお守りの様な象が一種のクリスタルの球に入って脇腹に入ったのを見たのです。そうして時が充ちて、マーヤー妃が首都カピラヴァスツ（Kapilavastu）の離宮であったルンビニー（Lumbini）の庭に散策に出かけていた時、出産の痛みを感じます。多くの彫刻によって不朽の光景となっているように、王妃は優雅な動作で花咲く樹の一枝を右手に握り、そして赤子は彼女の右脇から生まれ出ました。ここでもまた自然が穢す道からではなく、清浄な出産で、インドラ（神々の王）の出産と同様の、右脇からの奇蹟的かつ純潔な誕生であったと。そして神々が子供を取り上げ湯浴みをさせました。かくして、赤子は四方の方角にそれぞれ七歩を歩き、右手を天に向けて挙げ、左手を地に向けておろし、そしていいます。「天上にも天下にも、我こそは世界の尖端である」と。中国・日本の伝統的表現では、「天上天下唯我独尊」となっています。したがって——この霊妙なる生誕の話に戻りますが——、シュッドーダナ王とマーヤー妃の家庭に生まれたこの子供はただの子ではないというわけです。次いで七日後にマーヤー妃は死亡します。なぜ彼女は死んでしまったのか？　これは不幸にも、産後の女性によくあったような死であったのか、それともブッダを生んだ者は他の人間を生めないという理由で彼女は死んだのか？　種々異なった解釈がされて、後世の人々は盛んにこの問題について議論しました。子供は叔母のマハープラジャーパティ、別名をGautamī《ゴータミー》という、父の二番目の妃によって育てられます。父親は当時よくあったように二人の姉妹と結婚したのです。マルセル・グラネ（Marcel Granet）が一夫姉妹婚といったものです。

覚醒《さとり》への道──出家、苦行、そして「中道」の選択

さて、あらゆる不安を誘う事柄から隔離されて、大切に育てられた若者に話を戻しましょう。どうしても起こるべきであった彼の「外出」の所まで話が来ていました。この外出が必然であったのは、彼の無数の前生を通じて培われて来た長い成熟の末の果実だったからです。こうして王子は出て行く。忠実な馬飼いを呼び、気に入りの馬が来て、王子と馬、馬飼いは森に向って出発します。しばらくして森の中で、王子は自分の宮廷の装いを脱いで、それを不可触民の乞食、言ってみれば人として最も惨めな者に与え、その乞食のぞっとするような布を纏う。そうしてある師の許に至ります。この他にもその後何人かの師につくことになりますが、それらの師というのは、当時のバラモン教の師が皆そうであったように、精神を訓練するには身体を極端に統御しなければならないという考えで、非常に厳しい苦行の下に身を置いていました。そこで王子も、最も厳正な伝統的修道士たちの指導の下に、このような恐るべき苦行を自らに課し始めました。足でぶら下がったり、食事を制限したり、断食を続けたり等と、そういうことで遂に数年後、彼はすっかり生気を失い、疲れ切ってしまった。そして結局のところ何事も起こらなかった。何の進歩もなく、何事も得られなかったのです。

これら伝統的タイプとでも言うべき師の許では、彼を苛んでいる問題の解決法──いかにして人は老いを、病いを、死を逃れることが出来るか、いかにして宗教生活によって真の解放であろうものに到達出来るか、という道を見出せなかったので、この度を過した修道隠者生活を打ち切る決心をしま

す。彼は師を捨てて、食べ始め、現代風に言えば、より均衡の取れた生活を始め、それまで従っていた道を捨ててしまいました。それは大変なスキャンダルになった、「ゴータマ修道士――これが王子の修道士名でした。――ゴータマ修道士はもう駄目だ」。今日なら、研究者としてもう終りだと言われるところでしょう。「求道者としては駄目になってしまった。見よ、俗人のように暮らし始めた」と。もちろん道楽を始めたのではなく、しかし結局、彼は元気で精力的な状態でいたかったのです。こうして師達との繋りを切って「道」を探求する決心をします。その道とは後になって、彼自身が「中道」と呼ぶことになる道で、真中にある道、すなわち体を害するだけで精神的な進歩のない苦行と、もう一つのタイプの安楽な世俗的な生活の中間にある道ということです。この様にして彼独自の道を探求し始め、それがある期間続きました。

遂にある日、長い長い極度に集中した瞑想の末に、「真理に目覚める」夜が来ます。一本の樹の下に座していた時です。覚醒は一段ずつ訪れて来ました。彼は生と死、存在の果てなき循環（輪廻）には、どのように原因と結果のサイクルが繰返し繰返して生じるのか、そしてまた、どのようにして先ず生き続けようとする熱望をつくり出しながら必ず死ぬという運命をつくっているのか、ということを見出します。そうして瞑想は「四つの尊い真理」（四聖諦《ししょうたい》、又は四諦）と呼ばれる一連の思考に彼を導きます。それは「苦」と「苦の原因」と、「苦の消滅」と、苦の消滅の「道」（方法）についてという四つの聖なる真理です。

一夜の張り詰めた瞑想の後に、この四つの大きな名辞に到達するのですが、この瞑想の間、伝説では彼は魔〈殺す者〉に襲われます。「魔（Māra）」は語源的にはフランス語の「死（mort）」と同じ言葉ですが、殺すという使役動詞から来ており、またこの魔《マーラ》は、同時に「カーマ（Kāma）」という愛の神でもあるのです。誰でもカーマスートラという愛の経典を、身体の喜悦という意味での愛の文書として知っていますが、さてこの愛の神というのはKāma《カーマ》であり、またはMāra《マーラ》でもあるのです。普通愛想の良い様相の時は、どちらかといえば愛の神《カーマ》と呼ばれるのですが、しかし仏教徒はここの場合、魔《マーラ》と呼んでいます。この神はたいそう優しい場合には、弓と花の矢を持った姿で現されていて、それは西洋の愛の神キューピッドの遠い親縁に当たっているのです。さてそこで、このマーラはすっかり転倒してしまった、というのは、彼は自分の支配する世界を失ってしまうと感じたのです。この愛欲の世界、その愛欲によってこの様に回転を続けているこの世界を。そこで逆上したマーラはこの菩薩――ゴータマはすでに菩薩、つまり未来の仏陀です――を脅し始めた。先ず彼の魅惑的な娘達を送ります。美女達はゴータマを俗界の快楽に再び落そうと誘惑を試みる、ところがうまく行かないので、次いで娘達は震え上がるような恐しい姿になった。それは「聖アントニウスの誘惑」の光景に似ています。それは全く、キリストが魔物に襲われた時と同じです。しかしどうすることも出来ない。ゴータマの方は「大地」を証人に呼んで防ぎます。あの素晴らしいイコノグラフィで御存知のようにゴータマは掌を地に向けて差しのべ、「大地よ、私の証しになれ」といいます。すると地の裂け目から「大地」が現れ出て、彼が正しいのだという証認を与えた。というのは「大地」は女神です。我々を支えている大地は偉大な女神であって、他の神々一同のように、彼女もまた輪廻からの解放を待っていたからです。

「大地」が認証を与えた後で、マーラはすっかり気を落して逃げてしまう、まさにその時、決定的な光が射して、ゴータマは四つの真理を見出しました。

四大真理——苦の確認・苦の原因・苦の消滅・道

話を四大真理（四聖諦《ししょうたい》と言われる）に戻しましょう。一連の中の最初の真理は、仏教で「苦（duḥkha）」と呼ばれるものの確認です。（漢訳で苦諦《くたい》といわれるもの）。苦（duḥkha）というのは快（sukha）の反対です。快は楽しいこと。この「苦」は唯苦しいというだけでなく、後に仏陀釈尊が定義分析するように、すべて我々に不快であること。愛する人と一緒にいられない苦しみ、嫌な人と一緒にいる苦しみ。普通これに近い意味で使われる不快という言葉がありますが、それよりも反快適といった方が適切な、何かこう、常に不安な、不幸な、不満足な、心配な状態にいることです。その深い理由は、我々を幸せにしてくれるものを、我々は何も持ち続けられないからなのです。どういうわけで？　なぜなら、物事は無常だからです。どうしようもない。すべてが砂の様に逃げて行く。したがってすべてが苦である、いわば、何もかもがこの物事の非永久性ということに汚染されている、傷んでいる……。

第二の真理（集諦《じったい》）。この「苦」、この「痛み」とも時には言われますが、それには原因がある。そしてその原因が彼に見えて来ます。苦の起源、痛みの起源、それは自己を信じることにあると。我々を捕え、我々に命じ、支配し、そして存在しようとする渇きを我々に引き起こす、何か非常に強い、そのような「自己」を信じることにあると。私達はそれが続いて欲しいと思う、何時までも継続して欲しいと願う、我々を燃焼するこの存在への渇きが、同時に実は我々が（苦の中に）継続して行く原因となっているのです。渇望が我々を継続させている。なぜなら、水車を廻す水が水車の運動を維持しているように、ランプに注ぐ油が炎を維持しているように、渇望が（生命の）運動を維持しているのです。我々の存在への渇きが、物事にしがみつく態度が、実は我々に際限なく行為を為し遂げさせ、――これが「業《ごう》」というものですが――、それが生から生へと新たに我々を投げ入れて、この存在の循環の中に維持しているのです。――シャカムニ当時のここインド世界は、先ず輪廻転生（生ある者は死後もまたある生物に生まれ変わり、鎖のように生死を繰返すという考え方）を当然のこととして信じている世界であったことを忘れないで下さい。――したがって、「苦」の起源、それは渇きである、それは永続しようとする意志である、と。

三番目の真理、それは苦を滅することです（滅諦《めったい》）。もし「苦」が在るのなら、その「苦」を取り除くことを想像出来ます。彼はまだその苦が無くなった様態について考慮していないけれども、しかし何か我々が持っているものと反対であろうものを想像します。何か真の浄福を、何か、この我々に課されている無常の世界の不安な状態に対して、不変であろう状態を、想像します。ポール・ミュス*(Paul Mus) が言っていたように、「ニルヴァーナ、――話は今そこに着いたわけですが――それは何であるか分からないが、その方に向って矢印だけが引かれた」。私達に方向が示された、しかし誰も決してそれがどういうものであるかを知りません。なるほど、その状態、苦の消えた状態というのはニルヴァーナでしょう、ニルヴァーナとは、すなわち文字通りにいい変えれば「消えること」、「消滅」ということです。その状態というのは、欲望や、永続しようとする意志による供給が絶えることによって、ランプに油が注がれないように、輪（輪廻）の運動が給油されずに止まる。ランプに油が補給されずに消える、そういうのがニルヴァーナ（涅槃）の状態であろう、それはこういう比喩によってしか分からないものです。

＊訳注　ポール・ミュス　一九四六年から一九六九年までコレージュ・ド・フランス教授。東アジア文明を講じた。

第四の真理（道諦《どうたい》）。苦の消滅について考えた後は、苦の消滅への道（方法）です。苦を消し去る道とはどのようなものであろうか？　そうして彼はその道を見出します。それはいわば、輪廻の中に我々を廻し続けている運動のエネルギーが生起しないように、すべての悪い根を基で切るという、一種の生活の規範です。その生活規範を「八種道」「八正道（八つの正しい道）」「八枝道（八枝の道）」というように規定しました。また、「正しい生活」、「正しい生活の法」など、一連の言葉がありますが、総べてそれは結局、この「消滅」をまさに実現するために自らに課すべき規律のことです。

インド学者ジャン・フィリオザ（Jean Filliozat）氏は、ルイ・ルヌー（Louis Renou）氏と共に名著『インド学概論』（*L'Inde classique*）の著者ですが、元来は医者で、この釈尊の思考過程を医者のそれにたとえて説明されましたが、私はこの比較は素晴らしいと思いました。四つの名辞の中、第一段階は診断です。病気を前にして医者が最初にする仕事は、病気を見定めることです。その診断は「苦」がこの世界を御しているという確認でした。第二番目は診断の後にエチオロジー、(病因学)です。医者が病因学というのは病気の原因を探すことです。どこからこの「苦」が来ているのか？　原因は何なのか？　答えはさきほどみたように、それは存在しようとする渇きであり、自我の過信であると。第三番目、それでは目指す回復状態はどういうものか？　さて苦が消えて治癒した状態とは、御承知の通りニルヴァーナ、涅槃への到達です。そして第四番目、ではそのためには結局、どういう治療法があるか？　道は八枝の正道であると。このように診断・病因探知・治癒・療法と医者はその仕事の過程を四つに分類する、私はこれは素晴しい解釈だと思います。

この瞑想は暁になって終わりました。確か夜明けの明星が輝いて見える朝でした。その時彼は立上がります。そうして賛同者が現れ始めます。最初の信者として四人の商人が表敬に来ました。彼らはこの沙門、このゴータマと呼ばれる苦行者が今すでに仏陀釈尊である、「真理に目を醒ました者」であると分かったのです。それは確かにその様相に現れていました。そうして人々は彼の話を聞こうとし始めます。大変美しい伝承があり、それによれば、次いで四方角を司る四神がそれぞれに釈尊に鉢を持って来たと言います。金の鉢、銀の鉢、あれこれの鉢と持って来たのですが、彼はその貴重な材質の鉢を断って、一種の神通力でこれを鎔かし、素朴な一つの鉢にしてしまったと言い伝えられています。これらのことはボードガヤ(Bodhgaya)で起こりました。生誕はルンビーニであった、今第二の大巡礼地はボードガヤ、古い発音ではブッダガヤといいますが、ここでゴータマは真理に目覚めたのです。

教えを説く如来——真理そのままの如く来たもの

しかしこれからどうするか？　彼はまだはっきりと世に教えを説こうという決心はしていません。ところで仏教の古い伝統では、というか、仏教に認められて取り入れられ、その後流布した伝承によれば、ゴータマの様なタターガタ（Tathāgata 如来）と呼ばれる仏陀の他に、別のタイプの仏達が存在したと考えられ、仏教学ではそれを独覚仏（pratyeka-buddha）と定義しました。プラティ（praty）というのは「……のための」という意味であり、エーカ（eka）というのは「独り」という意味なので、プラティエーカ・ブッダは「独りのためのブッダ」「自分のためのブッダ」「ただ自分独りのためのブッダ」ということになります。この独覚仏たちは、ゴータマ仏陀と同じ真理を見出した賢者たちですが——というのは理論的にはこの真理を発見するのは不可能のことではないからです——、しかしその真理を世に教えることなく、自分自身のために取って置き、そしてそれと共に死んだ、最後まで無言のままだった賢者たち、それが独覚仏です。しかしゴータマは結局、自分はそうはなるまいと、この真理を独りで取って置くようなことはしまいと決心します。それ故にこそゴータマは「完全なる仏陀」、つまり、仏陀タターガタ（如来仏）なのです。タターガタ（Tathāgata）というのは大変神秘的な言葉で、普通それは「それの如く来たもの」（如来）と訳されます。有名なバラモン教の *Tat tvam asi*（汝はそれである）*という哲学を御存知でしょう。ところでタター（tathā）というのは「それの如く」という意味であり、タターガタは「それの如くに達した者」という意味になります。または別の解釈によれば「それの如く去った者」ともいいます。「それの如く」というのは、事物の本質そのもの通り、あるがままのものと同じく、物ごとの真実に従ったということです。

＊訳注　それ（tad/tat）はブラフマンに象徴されている本質、すなわち定義不可能な最高の真実・存在を暗示している。ルイ・ルヌー氏によればタターガタ（如来）という付加形容詞は〝それの如くに達したもの〟つまり〝それ程の智に達したもの〟で、タター（tathā）は超越的なという意味を持つ。

そうして仏陀釈尊は出発し、初めての説教をします。そこがベナレスだったのです。いわゆる法輪を回す（Dharmacakrapravartana）ことを始めた、それは彼が輪を回している印によって表わされますが、「法」が輪にたとえられているのです。こうして三番目の巡礼地はベナレスです。生誕はルンビニー、覚醒《さとり》はボードガヤ、説教はベナレス。次いで――オルデンベルグ（Oldenberg）であったか？　またはその翻訳者であるフーシェ（Foucher）だったかが美しく言い表しているように――「彼は仏陀としての聖なる役目を為し遂げた」のです。ということは長い年月、仏教の伝承によれば八十歳まで、飽くことなく衆生に彼の教理を説いた。彼の見い出した光をもって衆生を教化しました。

しかし、そうとはいえ、他の衆生もまた仏になったわけではありません。初期の仏教では人はそれほど簡単に仏になれるとは信じていませんでした。仏教で認められていた伝承によれば、仏陀というものは、いわば代々世を隔だててしか現れない――ここでいう仏は独覚仏ではありません――。無辺に遠い昔に三仏、我々の劫になってから四仏が現れたとされ、だからこの劫は「恵まれた劫」といわれます。劫というのは一宇宙期間の単位です。こういう遥かな視座からすれば、今すぐもう一人の仏陀が再び現れるということは問題にもなりません。しかし衆生が望み得るのは涅槃《ニルヴァーナ》に、そうです、まさにその涅槃《ニルヴァーナ》に、仏陀釈尊の導きで到達するということです。彼ら、というのはつまり仏教で、特に後になって声聞《しょうもん》と呼ばれる人々ですが、この人々は仏の教えを聞いて後に涅槃に到達します。しかし彼ら自身は仏陀になれるわけではない。覚醒《さとり》には到達しません。彼らは悟りに導く引き金を持っていません。しかし仏陀釈尊によってもたらされた果実、「覚《さとり》」の果実の利得にあずかることが出来るわけです。その修行の進歩の最終に達した時、この阿羅漢《あらかん》(arhat)たち――この意味はいろいろ討論されますが、「尊敬に値する者、供養を受けるに値する者」というような意味ですが――、これらの阿羅漢(羅漢とも略称される)は「覚《さとり》」を得るのではなく、「涅槃」を得るのです。というのは、初期仏教、いわゆる小乗仏教では、覚醒《さとり》は仏陀だけの特権として確保されていたからです。「真理に目覚める」ことが出来るのは全く例外の特別な人のみ。遥か海上にそれぞれ無限に遠く離れて立つ灯台を想像してみて下さい。私はこの比喩が好きですが、灯台はその回りの世界を照しますが、その灯台のある所はほんの僅かな点にしか過ぎないという情景を。

そうして遂に、長い長い生涯、彼が見出した真理を世に説くことに専念した後で――この説教はその最高段階で、人々を阿羅漢にし、涅槃に導くことが出来ます――、仏陀釈尊は、彼を完璧へと導いて来た幾世の前世からの実を取り入れる時が来たと感じました。

ここで、仏教徒が語り伝えたところの、どうして彼はこの完璧の状態に到達したか？ ということについて言及しておくべきでしょう。ではその理由は、というと、幾世に及ぶ前世を通じて、彼は次第に自分を全き放棄に、全き犠牲に導く生き方をした。彼は自分の体を虎に与え、自分の眼を呈供し、王であった時には妃も子供も財産も与えて、全くの無一物になった。いい変れば、彼はその前世を通じて完全に自我を放棄し尽くしたのです。

この前生をジャータカ（**Jātaka**）と言います。ジャータカというのは「生誕」という意味で、「前生」という意味を含んでいます。〔日本語でその数々の話は本生譚《ほんじょうたん》といわれる〕。さて、こうしてそれらのすべてが実を結んだ。そしてそのすべてが実を結んだ今、その教えをも世に与えた今、彼自身がその行為の果実を収穫するために完全に成熟し切ったのです。釈尊は今この世を離れようとしている。彼が明示した涅槃《ニルヴァーナ》に入ろうとしています。そこに入るのは彼が最初であり、他の人々に涅槃への道を、どのようにして涅槃に行くかを示そうとしています。これに際しては、悲痛な感動的な物語が伝えられています。ある弟子達は釈尊に、涅槃に入るのをもう少し遅らせて頂けないかと頼んだ、幾人かの弟子の間で対立が生じ、愛弟子のアーナンダ《阿難陀》は、釈尊にもう暫くこの世に残ってくれるよう、十分に懇願しなかったと責められます。しかし否、その「時」なのです。そうしてクシナガリー（またはクシナガラともいう）で、釈尊は沙羅の双樹の間にしとねを敷き、すべての弟子達に囲まれて、右脇を下に獅子のように横たわり、彼の顔は金色に輝やき、そして彼は行ってしまいました。彼は他界した、そこからは二度と決して帰らないニルヴァーナに入ったのです。

仏教に内在する矛盾と諸宗派の発生

さて、仏陀釈尊はこの世を去りました。ポール・ミュスが言っているように、師のメッセージを充分に理解した大弟子たちは、そのメッセージを使って、彼らもまた涅槃に到達するであろうけれども、そういう阿羅漢と同じようには進歩していないその他大勢の者たちには、その宗教の創始者をなくしたことは、ともかくも衝撃です。誰が書いたか忘れましたが、「仏教の宗教史はニルヴァーナの事件を以って始まる」と。その時までは師が彼の周りを照らし、いつも質問に答え、教えていました。これからは、いわば独りでやって行かねばならない。その時点から結局仏教史、つまり、実践方法の相違、哲学的見解の相違の歴史が始まるのです。その時点から宗派が生まれ始めます。もちろん一日でなるわけではありませんが、しかしとにかく、釈尊が残したこの教えを如何に解釈するか？ 哲学の観点から、実践の観点から、種々の説明を見出して行かねばならなかったのです。

釈尊は実際家です。彼は一度こう言いました。「重要な事は、もし誰かが矢で傷ついた時、その矢が何の木で出来ているか、誰が射たかを知るために長時間議論することではない。否、重要なのは矢を抜くことであり、治療をすることだ」と。こうしてみると、釈尊は哲学者ではなく、むしろ医者です。この観点に立ってみると、何故に釈尊の教えには互いに矛盾しているように見える要素があるのか理解できます。ことに仏教は、がに股のように根本的矛盾の上に跨いで立っているのです。一方で釈尊は我々に「貴方は非実在である」と言っています。「貴方がそれほどにこだわり、貴方を条件付け、出来得る限りのつまらない事などをさせているところの貴方の自我というもの、それは実質的に『在る』ものではないのだ。貴方は種々の合成要素で作られている、しかし貴方自身は、実際には、そういう実質としては、非存在である。（非実体である）」と。これは貴方が物事に執着し過ぎないための良い理由になります。もし、貴方を貪《むさぼ》り、貴方を「業《ごう》」(karman)の中に保ち続けるこの情熱（煩悩）が、何も真面目なものの上に拠っていないと考えれば、貴方はそれらの情熱に対してもっと距離を置ける、我々を永久に生死の繰返しに引込んで行くところの、そういう煩悩に対してもっと冷静になれるはずです。ところが他方で釈尊は、責任の教理、行為の教理、つまり「業《ごう》」の教理を発展させています。そこで釈尊亡き後、すでに早い時期に、弟子達は疑問を持ち始めました。「もし自我（私）というものがないのなら、誰が輪廻転生するのか？　誰が我々の為した行為の果実（結果）を食べるのか？　誰が言わば、勘定を払い、または、もし人が良い行為をなし遂げた場合、誰がその良い果実を受け取るのか？」ここには、明らかに矛盾があります。しかし釈尊にとって、実際にはその両方が正しかったのです。というのは、一方の「業」の教理によって、貴方には責任があると言います。そして「貴方が責任者であるから自分で自身を操作しているのだと。そういうことが二度と起こらないように気を付けなさい。もし総ての行為に結果がないのなら、言葉を変えれば、もし我々の行為が何の重要さも持たなければ、それなら多分、人間は思うように何をしてもいいでしょう。ところが全くそうではなく、『業』というのは非常に重要なものだ。良い方にか、悪い方にか、我々の行方を決定づけるのだ」と。そして他方で「しかしそういうすべての事に執着するな、いずれにしても、貴方というものは現実には存在しないものだから」と言っているのです。これもまた業に対して、（貴方を業の中に保ち続けている情熱に対して）、距離を置き、冷静でいられる理由にもなり、再び悪行に貴方を引入れる行為をしなくなる。お分りになりますか？　ここには二つの全く矛盾したポジションの取り方があり、しかしそれが同じ結果に一致するわけです。

一方で釈尊は行為（業）の教理、責任の教理を主張する。それは見かけによれば、その「行為の果実（結果）を食べる」誰かがいることを予想させるものです。他方で彼は、貴方は実在しないのだ、貴方は「自己」というものを持っていないのだといいます。そこで仏教徒たちは疑問を持った、「もし自己（私）がないのなら、もし誰も自分の行為の果実を食べる者がいないのなら、一体、誰が輪廻転生するのか？　誰が行為の結果を受け取るのか？」これは大問題です。この点について、ポール・ミュスは——この教授をまた引用しますが私が大変学恩を受けた方ですので——ガブリエル・マルセル（**Gabriel Marsel**）から借用した概念を参照にしています。ガブリエル・マルセルは『存在と行為』（*L'être et l'avoir*）という本を書いているのですが、ポール・ミュスは仏教の矛盾を次のように説明しています。「人はその〝存在〟と共に輪廻転生するのではなく、その〝行為〟と共に転生するのである」。と。我々は〝存在〟を持っていない。〝存在〟という観念からすれば我々は空っぽである。これはバラモン教と反対です。バラモン教（古代インドの伝統的宗教・哲学）では、この世界の虚しい現実の彼方に、〝ブラフマン〟（梵）という、偉大なる大存在《もの》が本源的にあるということを信じていて、それが〝アートマン〟と呼ばれる一種の実体的な本源的自我と同一であると見ていました。仏教はこのアートマンを否定します。我々はアートマンを持っていない、我々は何でもない。だから、我々は〝存在〞を持たないのだ、我々は自分の〝存在〞と共に輪廻転生するのではない。しかし〝業〞(行為)はある、そして業(行為)は我々について来る。「人はその〝存在〞と共に輪廻転生するのではなく、その(なした)〝行為〞と共に輪廻転生するのである」。これは全く明晰な表現で、どこに難しさがあったのかを理解させてくれます。

釈尊は不明瞭なところを残しました、その方が都合がよかったからです。つまり彼は両方で同じ成果を狙っていました。彼は人々の自我への確信を諦めさせたかった、彼は人々に業(行為)がもたらす結果を説きたかった。そうしてある見方をすれば、業の教理がもたらす継続性を強調し、もう一方で、アートマン否定の教理がもたらす非継続性を強調していたと言えるでしょう。しかし釈尊亡き後の、ガブリエル・マルセルやポール・ミュスを読まなかった仏教徒は、問題をこのような論法で取扱いませんでした。彼らは探求し、そうしてそこから仏教哲学といわれるものの歴史が始まりました。彼らはこのメカニズムを理解しようと努めたのです。

ある人々は、真の「自我」の代りになる一種の軽い要素を想像し、それをプドガラ(pudgala 運搬者)と名付けました。それはいわば、行為の結果を(次の世に)運ぶ一種の媒体のようなものです。それはアートマンのように実体のあるものではないが、しかし「業」がその法則に従って作用するのを可能にする小さな要素、いいかえれば、別のシステムで考える遺伝伝達のように、責任を伝達するものです。プドガラの教理は、アートマンを否定する教理の中で、「業」を説明しようと、仏教徒の一派が取り入れた考え方の一つです。

その他にもいくつかの思考体系がありました。例えば刹那派（Kṣaṇikavādin）という教理は次のように言っていました。「左様、自己というものはない。しかし事実上起っていることをよく確認してみれば、やはり責任というものは存在するのが見える。いいかえれば、同時に継続と、不継続があるということだ。不継続性というのは当然のこと。なぜならアートマン（自我）がないのだから、永久に続いて行く要素はないのだ、しかし同時に責任は伝えられて「業」が作用しはじめ、それが実行されるのはよく見られる通りだ」、と。そこで彼らは一種の瞬間的に実在するものを想像しました。そのものは、〝行為〟がその〝結果〟を生起するという仕事をして、その後消えてしまう。それは生き物が、業によって次の生命の段階に移るのに必要な、ちょうどその時だけそこに存在するものだと。この思考家達は、我々の在り方の現実を蟻の行列にたとえました。それは続いているように見える、そして続いていない、と。この教理がつまり、刹那派といわれるものです。

唯識派と龍樹の学派

その他の解決法も後に出て来ます。これは初期仏教の発展段階でも、ずっと後のことです。「唯、意識のみ」（唯識派《ゆいしき》）という派がありました。この派の人々は、世界は幻であると考えました。世界は存在しない。しかし、そうは言っても、心（思考）の中には存在すると考えました。心（思考）が世界の機構を動かしているのだと。行動のやり方の上に思考が及ぼす影響の例として、誰かが、どこかで一本の朽ちた縄を見る、彼はそれを蛇だと信じて恐怖のあまりとんだ動作をする、彼は怪我をするかも知れないし、死んでしまうかも知れない、しかし実際はなにもなかった、一本の朽ちた縄があっただけ。言葉を変えれば、我々を動かす唯一の現実は心だけだ、という考えです。そこでもちろんのこと、この派の思考体系は、必然的に意識の分類化を伴い、例えば多かれ少なかれ、汚れた状態の心や考えとか清らかな状態とか等に体系化されて行きます。これが観念派（唯識）といわれるものです。

さらに後に、龍樹《りゅうじゅ》*（Nāgārjuna）の学派というのがあって、これは「空」の学派です。龍樹にとって唯一の現実《レアリテ》とは弁証法的な現実《レアリテ》であり、それは「生きものは実在する」という肯定でもなければ、「生きものは実在しない」という否定でもない。現実というものは動いている。それは水銀のような状態です。現実《レアリテ》は常に把握不可能である。もし肯定すれば貴方は真理の外にいる、もし否定しても貴方は真理の外にいる。うまくやろうと思って「多分そうかも知れないし、そうでないかも知れないし」というような態度をとっても、もし「ああそれは肯定でもなし、否定でもなし」などと言ってみても、こうして際限なく磨きをかけて行けるけれども、貴方は常に真理からはずれている。真理は弁証法的な現実で、常にどちらともなく動いているものであると。この教理の派の人々が「中論」と呼んだのがこのことです。中道ではない。釈尊がいったところの古い「中道」ではありません。ここでいう〝中〟は、肯定からも否定からも等距離にあるもの、それはしたがって常に流動していて常に他所にあり、そして貴方が捉えることの出来ないものです。これは「空派」とも呼ばれました。その理由は、この考え方の信奉者にとって、唯一の現実《レアリテ》とは、この固定されず常に動いている弁証法的現実《レアリテ》のみであり、人はこれを呼んで「空」（śūnyatā）と言ったのです。このような考え方は極めて否定的で無味乾燥に見受けられますが、不思議なことに、論理の観点では全く破壊的なこの教理の行きつく先で、遂に、一つの神秘主義的な高揚が見られるのです。「中観派」の教理は高度に神秘主義的で、それはこの現実《レアリテ》に神秘的に参加し、神秘的に融合することによって「空」を把握することが出来るとするものです。

＊訳注　龍樹　西暦一五〇～二五〇年頃生存した初期大乗仏教の大思想家。「空」の思想を確立した。

観念派（唯識）についてですが、貴方も名前を御存知のルネ・グルッセ（Runé Grousset）――『仏陀の歩んだ跡』（*Sur les traces du Buddha*）という立派な本を書いた学者です――、そのルネ・グルッセがこの観念派について見事にいい表わした言葉があります。観念派の人々はタターター（Tathātā 如）という概念を発展させせました。さきほど、仏陀釈尊のことをタターガタ（Tathāgata 如来）と呼んだという話をしましたが覚えていらっしゃいますか？　「それの如く行った者、またはそれの如く到達したもの」、事物のありのままのように。Tathā《タター》というのは「それの如く」という意味です。そしてこのタターからもう一つの言葉、タターター「そのように在るということ」、「如」という語が作られました。もちろん、観念派の立場と、否定主義派、すなわち龍樹の弁証法主義の立場によって、著しい哲学的ニュアンスの相違がありますが、しかしそれにもかかわらず、ある程度まで、両者の間に一種の共通点とでも言うべきものが認められます。つまり（その共通点とは）どういうことか？　初期仏教の態度は主に世界を分析して思考する努力でした。――釈尊も心理分析家でした。しかしこの分析努力を越えてその先に、再びある一つの総合的な実在《レアリテ》を見出そうとし、そして、その総合的な存在にいわば神秘的に自らをゆだねようと試みることです。

さきほど観念派と、龍樹の空派において、「如《タターター》」という一種の定義不可能な、名状し難い実在《レアリテ》の概念が発展したと話しました。ポール・ミュスは、「それは空洞のブラフマン（梵）である」、と言っています。（インド正統哲学でいわれる）ブラフマンとは、充満したもの、いっぱいに充実した全体的存在です。ところがここ（空派）で宣揚されているのはブラフマンとは反対に「空」である、お好みならば「無」といってもいい、ところがこの「無」が人々を探求と、神秘的な熱中にかりたてるのです。

ルネ・グルッセはこの問題について、反対の立場の初期仏教徒を引いて見事に要約しています。それは釈尊よりある程度後のことですが、初期仏教の人々は、世界の事象を、それを構成する諸要素に分類分解していました。特にある一派などでは、すべてのもの、物質で出来たもの、心理的なもの、自己について、等々を出来る限り、それを組立てている部品に分解していい表すことに専念していました。この部品、つまり組成要素を諸法（dharma）といいます。「法《ダルマ》」というのは本来、〝支柱〟という意味で、つまり事物を支えているもの、です。そこから「法」という、道徳の法、宗教の法、社会の法などと使われるようになりました。フィリオザ氏は「法《ダルマ》」を〝事物の秩序〟〝ものの秩序そのもの〟と言っています。さてこの様な意味を現す大文字の御「法」ともいうべき「法《ダルマ》」の外に、小文字、複数の「諸法《ダルマ》」がある。この諸法は、我々が見ている世界が分析されるがままに分解分類されて、それを作り支えている部品――諸要素――になってしまったものです。言葉を変えれば、その分析的態度は、諸法という、事物を支える諸々の構成要素を通じて世界を探求しようとするものでした。ところでここに、それと反対の態度が現れて来たのです。分析をするよりも、それを越えた先に、一つの「総合」を探る。その総合により、世界に再び一つの意味を見出そうと、しかもそれを神秘主義的な道（体験）によって見出そうとする態度です。この対比を、ルネ・グルッセは次のように要約しました。「〝諸法〟は波としての大洋であった。〝如《タターター》〟というのは、大洋としての波であった」、と。「諸法」というのは大洋を波にして考えていたが、「如《タターター》」というのは波を大洋としてとらえることであった。これは素晴らしい表現ではありませんか！　世界を多様性（多数性）によって理解しようとするこの分析を通って、結局のところ、いかに統一の本源を再発見するか、この問題は我々を非常に遠くに導いて行きます。

　諸法（諸要素）を通じて世界を分析する派、これを時には現実派ともいいます。それから刹那派。また、「唯、意識のみ」という観念派。そして龍樹の弁証法派、この派は時には不当に否定主義《ニヒリズム》と言われることもありますが、しかしこれは神秘主義的否定主義《ニヒリズム》です。この様に時代を経るに応じて、仏教の中に、それでもやはり世界のあり方を理解しようと、いかに多くのアプローチが展開されたか、お分かりでしょう。そしてこういうことすべては、仏陀釈尊は横にとって置いた問題で、それについては論じていませんでした。そこで後継者たちがその問題について大変な努力をしたのです。

　初期仏教では二つの重要なものがありました。一つは「経《スートラ》」、これは釈尊が説いた言葉です。次に「律《ヴィナヤ》」があります。律というのは規律のことで、それは僧や尼僧や在家信者が、仏教徒として生きる上でしなければならないことです。それはつまり日常生活で、「八枝の正道」の教理を実践することです。ところで、哲学者と言えるような人々が現れて来ると、先行する二つの言葉――「経」・「律」――に三番目の言葉「論《アビダルマ》」が加えられました。アビダルマ（abhidharma）を、フィリオザは文字通りに〝「法《ダルマ》」に関する専門的反省〟と翻訳しています。実際にはこれは、ある人々が形而上学といい、また他の人々はスコラ学ともいうような意味を持っています。しかし単に形而上学のみでなく、その他に倫理、道徳の問題にも及んでいるものです。これはすべての「省察論の籠（容れ物）」のことで、シャーストラ（sāstra）、つまり解説書です。この発展段階から仏教はいわゆる「三蔵」（三つの籠《トリピタカ》）と呼ばれるものを持つようになります。三蔵とは「経」すなわち教理、「律」すなわち実践、「論」すなわち省察――簡単にいえば解説書――この三つです。

　こうして御覧のように、いかに釈尊の仏教であった最初期の仏教から学派（宗派）の仏教に移って行ったか。これを部派仏教ともいいます。私の友人アンドレ・バロー（André Bareau）は『小乗仏教の諸セクト』（*Les sectes bouddhiques du Petit Véhicule*）という本を書きましたが、このセクトという語は決して悪い意味ではなく、むしろ宗教の神秘性認識を含めた同じ教理のグループというようなことです。学派と言えば思想的なグループに過ぎませんが、ここでは規律があり、一緒に生きる共同体がある。いわばキリスト教における教会のようなものです。ではこの部派仏教といわれる仏教はいつ頃発達したか？

　仏陀釈尊は紀元前五世紀に生きた人です。釈尊の没後三世紀頃、部派仏教はまさに大繁栄期でした。紀元前二世紀から前一世紀にかけて、その後もさらに、全仏教史にわたって、この驚異的な諸宗派が、素晴しい経典群の源泉となったのです。仏教徒はまあ書いた、書いた、実に書きました。言語学的にみれば、古い仏教の聖典はパーリ語で書きとめられています。パーリ語は中期インド語です。しかし釈尊が話していた言葉ではなく、また釈尊はサンスクリット語で説教していたわけでもありません。中期インド語の何らかの方言で説教をしていたので、それはちょうど、キリストがヘブライ語ではなくアラム語で説教していたようなことです。後になって仏教のサンスクリット化が行われたのです。それは恐らくバラモン教の影響があったのでしょう。さらにまた、他の言語で書かれた経典類もありました。仏教はインド自体で、次いで中央アジアで、次いで東アジアやその他の地域において、多くの言語で、夥しい数の文献が書かれ、その文献がまた翻訳されて行きました。そしてサンスクリット文献も同様に、他の言語に翻訳されました。

社会状況の変化に伴う新しい欲求――大乗の菩薩

さてこのようにして西暦元年の近くに来ます。その頃になると、さまざまな要因を持ったある動きが起こって来ました。これから大乗仏教について話しましょう。

西暦紀元が始まる頃、仏教社会が変貌して来て、そしていわば新しい願望、新しい要求が生じて来ます。特にあげられるのは経済的変化で、いくつかの新しい階級が現れて来ました。例えば商人階級で、彼らの多くは仏教徒であり、その人々にはただ熱心に祈り願う対象が必要でした。しかし、ポール・ミュスが言っていたように、「農民の仏教はアシュヴァゴーシャ（Aśvaghoṣa）の仏教ではない」。アシュヴァゴーシャというのは仏教哲学の大思想家の一人です。王が仏教に願い求めるのは、その王国が侵略されないように、人々がそこで安泰であるように、その治世が栄えるようにといったことです。それが王の仏教です。農民は、良き仏教徒でいながらも、彼らの願うことは収穫が良好であるように、家畜が死なないようにということです。そしてもちろんのことすべての人々が皆それぞれに、家族が幸せでいられるように、病気に罹らないようにと願います。商人はいい商いをしたいと望みます。ところで、商人は、仏教修道僧団の支えの一つでした。商人達は海に出て行き、海上に大きな財を持っていて、守護されたい、無事に船が港に着くようにと願っていました。忘れてはならないのは、事実、仏教は神々の存在を信じていた世界から出て来たことで、決して神々の存在、神々の威力、場合によっては恐るべきその一面を否定しなかったことです。そこで、こういう人々はみな、神々の加護を願っていたし、神々は喜んで仏陀に仕える人々を保護します。神々自身から気を配っていた。古い昔から神々は釈尊の回りに注意を払っていた、と言われます。そして釈尊が生まれた時には、神々がその手で彼を取り上げたと伝えられました。そしてその時から、神々は善良な仏教徒を守護すると。神々の信仰——福の神、あの神この神、戦の神でさえ、仏教社会を破壊しようとする悪人から王国を護る——というような、神への信心と、僧団との間に作られた一種の同盟のようなものがありました。仏教僧団は信者によって維持されている。そしてその信者達は欲求を持っている。そこで仏教は精神的な糧を与えつつも、これら在家信者の欲求に応じる義務があります。しかし普通の在家信者は修行を積んだ聖者になることを望み得ないし、涅槃など敢えて望もうとは思いません。在家信者が願っているのは、良い条件に生まれ変わりたいということです。このようにして僧団の周囲に種々の人々が集まり、いわば〃熱烈な信心祈願の対象を求める〃大きな背景が発達して来ました。これは非常に重要な社会的要素です。仏教の社会学的基盤が拡大して来たのです。

　初期仏教において根本的に重要なのは修道院の僧団です。初期仏教は僧侶、尼僧の宗教で、一般の在家信者はそこでは主として仕えるためにいました。もちろん信者たちは願望を持っており、だからこそ僧たちは彼らを祝福し、幸福であるように努力します。しかし今や、その在家信者が次第に強い要求を持ち始めたのです。そして彼らの要求の中に、新しい型の仏教徒像、それはもはや僧侶ではなくて在家仏教徒であるところの典型像が作られて行きました。在家信者が益々重みを加えて来て、それが教理の面に現れて来ます。ますます、仏教的慈悲というものは今や、僧の救済よりも、一般信者を救うことの必要性にいっそう重きを置いていると言われ始めます。僧達は非常にしっかりした人達だから、自分達でどうにか出来る。決して彼らを無視するわけではないが、彼らはそれほど助けられる必要はないのだ、彼らは自身で自らを助けることが出来ると。事実、在家信者たちはもうただ単に、良い収穫を得られるように、家族が守護されるようにと願うだけではすまなくなった。彼らは真実に救済されることを願い始めたのです。こうして拡大して来た彼らの望みはますます大きくなった、というのは、これから崇められるモデルはもはや阿羅漢ではない。なぜなら阿羅漢というのは古い仏教における完全な修行僧だから。在家信者は（仏教的慈悲の）典型を新たに作り出さねばなりませんでした。そしてその新しい典型、それが「菩提薩埵《ボーディーサットヴァ》」（菩薩）です。

　さて人々は、シャカムニ（釈迦牟尼）が仏陀に成り終えたその以前には、何か別者であったと考えたのです。では彼は何者であったのか？　菩薩（bodhisattva）であった。sattva《サットヴァ》というのはフランス語のêtre（生存するもの）——sat——という意味で、sat はラテン語の動詞 esse（存在する）と同じ語根です。ボーディサットヴァ《菩提薩埵》——略音写して菩薩——というのは真理に目を醒ます素質を持った者、覚醒《さとり》の天性を備えた者ということです。シャカムニはその実践（行い）によって、覚醒《さとり》に到達する資格を得ていた者であった。ところが今シャカムニは仏陀になった。仏教徒はその後長い間——それは今でも終わったのではなく——非常に遠い未来にはシャカムニの後継者が現れるだろうことを待っていたのです。釈迦仏以前にも、長い宇宙時間の昔に過去仏がいたとされたことはすでに話しましたが、それならば、未来のある時期にまた新しい仏陀が現れるだろうと。その未来の仏陀を人は菩薩と呼び、その名前も知られていて、弥勒《みろく》（Maitreya 友愛）と呼ばれました。そしてシャカムニがクシャトリアという一種の武士貴族の家に生まれたのと同様に弥勒はバラモンの家庭に生れるだろうとされました。しかし彼が現れるのは極めて遠い未来のことです。仏教徒にとって「弥勒を待つ」というこのテーマは非常に重要なものでした。ことに東アジアにおいてこの思想は絶大な役割を果たしました。未来仏を待つ。何時彼が現れるか？　これは一種の救世主《メシア》待望信仰です。これがいわばシャカムニ後の初期仏教の菩薩でした。

そこで、また、さきほどの話に戻りますが、しかし今や、人々はますます強い要求をもつようになる、ますます夢を持つ、人々は救済されたいと願う。ここから一つの思想が展開します。つまり「一人の菩薩では充分でない——しかも量り知れない未来に現れるというような一人の菩薩では。否、そうではないのだ、仏の教えは実に慈悲深いもので、実際には、菩薩は至る所にいて、我々は仏教の慈悲に囲まれているのだ」と。そして菩薩は一人ではなく、十人の菩薩、百人の菩薩と果てなく挙げられ始めて、我々は菩薩に取り囲まれます。こうして、初期仏教では聞いたこともなかった何人かの偉大な英雄が現れて来ました。

例えば観音（Avalokiteśvara）です。アヴァローキテーシュヴァラという名は大変理解し難い名前です。この語はいくつかの語が融合して形成されているようです。先ず**iśvara**《イーシュヴァラ》、これは「尊い方」というような意味で、ことにヒンドゥー教の崇拝対象として非常に重要な言葉。また、**avalokita**《アヴァローキタ》は「下方を観る」という意味です。また他に**svara**という語、これは「音」という意味です。とにかくも、中国語にはいくつかの方法で翻訳されており、（主として**Guanshiyin**, 略して**Guanyin**と発音する）日本では観世音《かんぜおん》、略して観音《かんのん》といいます。その意味は「世間の音声を聞いている方」となります。しかし結局この**Avalokiteśvara**と一語に眺めてみれば、衆生に目を向けて、「聞き届ける目ざしを下界に向けている尊い方」という意味に理解出来ます。「観世音菩薩」は大乗仏教の全精神を体現している驚くべき大ヒーローです。もちろん他の菩薩もあります。

菩薩の特性というのは、世の人々を救おうとすることで、その誓願を立てたことです。菩薩の道はその誓願に基づいたものであり、その大誓願によって——ここが全く根本的な、新しい要素ですが——他の衆生がさとりを得るまでは、自らのさとりには到達しまいとそれに身を投じる。つまり、他の衆生を自分と共に連れて行けない限り菩薩の状態で留まっているということです。なぜならさとりの世界に入ってしまえば、その時から必ず涅槃の方に、苦の消滅の方に向かって行きます。この世界を離れます。したがって仏陀になってはいけない、もし仏陀になれば、ある期間の末に、シャカムニと同じようなことをする、つまり、行ってしまう。と、こういうのが、とにかくある段階における教理でありました。

こうして、菩薩はこの苦しい痛みの世界に留っていよう、この六道と呼ばれるところの、人間・神・畜生・餓鬼や修羅などと、業の結果によって輪廻の中に生死を繰り返して行く衆生と共に、救うべき衆生のいる限り留っていよう、と誓いを立てる。それこそが菩薩の教理です。

また菩薩というのは、シャカムニがそのいくつかの前生において若い王子だったのと同様に、世俗在家の者です。だから商人であるかも知れないし、低い階級の人でさえあり得ます。それは何でもいい、また王子かもしれないし、必ずしもそうとは限りません。これこそ大乗仏教の英雄です。私は観音菩薩を例として話しましたが、これは仏教の慈悲の絶対そのものです。人間事《ごと》ではない、英雄事《ごと》としての慈悲だと言えるでしょう。しかしその他にも菩薩はいます。例えば観音菩薩が何よりも特に慈悲のヒーローであるとすれば、文殊菩薩は智恵の英雄、絶対的な智のヒーローです。それはもちろん深い慈悲の面を妨げるものではない、なぜなら、智恵無しの慈悲も、慈悲無しの智恵もあり得ないからです。智を顕現する文殊菩薩と、慈悲を顕現する観音菩薩、この二菩薩が大乗仏教を代表する二大菩薩です。他は省略しましょう。

ところで、なぜこれを大乗仏教《マハーヤーナ》（Mahāyāna）といい始めたのか？　それはこの運動の人々が自分達の運動にこの名をつけたのです。Yāna《ヤーナ》というのは車のこと、人が乗る乗り物のことです。自分達をマハーヤーナ、「大きな乗り物」、または「偉大な進行手段」、と呼んだ、それは「大きい」「広い」「立派な」「寛大な」と理解すべきです。その全部の意味がこの言葉の中に入っています。その結果、彼らは軽蔑を込めて、古い宗派の観点を信奉する人々を小乗《ヒーナヤーナ》（Hīnayāna）と呼び始めました。Hīna《ヒーナ》は「小さい」という意味で、ほとんど「けち臭い」とさえとれる言葉です。そこでこう呼ばれた人々は大乗に対して誇りを持って、自分達を上座部（Sthaviravādin, またはパーリ語で Theravādin）すなわち、長老、純粋に伝統的教理を保持している者と呼びました。この人々は大乗の人々を「反主流派」であると、厳正な人間からみれば全くうさん臭い「変革者」であると見なしたのです。

宇宙観の発展——宇宙には無数の世界が存在する

さて、大乗仏教は発展しはじめます。どのように発展するか？ すべての面にわたってです。ことに神秘主義において発展します。大乗仏教は高度に神秘主義的です。また、哲学的探求の意味でも、そして宇宙観の見地においても著しい発展を遂げます。釈尊は我々の生きている世界についてしか語ってはいず、宇宙の細部にわたっては説明しませんでした。しかし釈尊の没後、すでに早い時期に、仏教徒は世界について——もっとも部分的にはバラモン（波羅門）教徒が認識していた世界観に基づくものでしたが——彼ら独自の描写をし始めました。

世界は一つの、須弥山《しゅみせん》という偉大な山を中心にして存在している。須弥山にあるいくつかの階層には、何々という神々が住んでいる。須弥山の中腹では四神が、北に南に東に西にいて、それぞれ世界を守っている。彼らがいるのは真中辺りの高さである。頂上には三十三神の天というのがあって、そこには我々の親愛なる摩耶夫人*が生れ変わって住んでいる。ここまでの神々は、すべて——しゃれではないが——地に足をつけた神々である。その上には空中の、天球の階層に住む神々がいるが、その一部はまだ我々のように欲望によって行動する世界に属し、そこでは欲望と欲動が彼らを支配している。それからさらにまたその上の、果てないほどの上空に——これらはみな垂直に、全くとてつもない距離とされている——、もう欲求には支配されないけれども、まだ形を持った神々がいる。そこは梵天《ブラフマー》といわれる神々の階層で、大梵天そのものと、彼を取巻く追随神たちがいる。その神々は瞑想と禁欲の状態の存在である。彼らは非物質というのではなく、肉体を持っているのだが、すでに欲望というものを知らない。ブラフマー神（梵天）というのは極めて純粋な存在で、バラモン教徒にとっては絶対的存在です。仏教徒はそれを大いに脱神秘化しました。というのは、仏教徒は梵天も実はあらゆる衆生と同じで、果てなき輪廻の中に回っていると考えます。ただ梵天は全く秀でた「業」を持っているので卓越した地位を持っている。そこでもちろん彼は自分をたいそう重要な者だと思い込んでいる。ところで御存知のようにインド人は、劫という宇宙的期間があって、その劫の果てに世界は消えると信じていました。そしてある時が経てば世界は再び現れる。一劫の終りに世界が消え去る時、一番最後に消えるのはブラフマー神である。そして世界が再び形成される時、最初に再び現れて来るのはブラフマー神である。ブラフマー神《梵天》は決して自分無しで世界を見たことがない。そこで彼は自分が世界を創造するのだと思い込んでいた。フーシェ（Alfred Foucher）はそれを「自分の啼き声が太陽を登らせると信じているシャンテクレール**のように」と美しく喩えています。ブラフマー《梵天》神の瞑想の大テーマの一つは、この完全に無意味な自分の創造性についてである。仏教徒はおよそこの様にブラフマー《梵天》神を見ていたのであって、つまり彼らはブラフマー《梵天》神をちょっとばかりからかっていた、同時にそれはバラモン僧に対してだったのです。とはいえ、ブラフマー《梵天》神はすべての禁欲の神のように、非常に清らかな汚れのない神であり、常に自分を清めている神であることには変わりありません。彼自身、禁欲修行者の守護神となっています。

またさらにその上方に、神々の住む天球があり、その神々は「無色界《むしきかい》」（形の無い世界）と呼ばれる世界に住んでいる。今までのところ、欲界があり、その上に形あれども欲は無しという世界（色界）があったが、その先に形さえもなく、純粋に「気」だけの、純粋瞑想の世界（無色界）があると。仏教はこのように、いくつかのバラモン教の中にあった純粋瞑想の神に関する概念を取り入れました。しかし、この無色界は、未来の運命に関しては全くの袋小路です。この様に上昇して行くことによって輪廻の世界から抜け出すのではないと。

*訳注　この談話はルンビニーで「麻耶」について講演した後に行われたのでこのように親しみを込めて「notre chère Māyā」と語ったのだろう。

**訳注　シャンテクレール　エドモン・ロスタンの象徴的夢幻劇の中で主役の雄鶏。

お分りになりますか？　世界の最も高い階層にまで行くこの一種のピラミッド形になった宇宙観。

これが須弥山世界といわれるものです。想像してみて下さい。須弥山は、巨大な独楽《こま》が、水上に、空中に、風の上に回っているようなもので、そしてそれが宇宙の中にあると。しかしこの宇宙観がさらに拡大した時、「須弥山世界がただ一つしか無いなどと考えられるか、そういうものが無数に有るのだ」と言われ始めました。世界は、みな同じモデルで出来た無数の世界で成り立っているのだと。それならばこの無数の世界の中に、当然我々の世界と同類の状況が有るはずだ、つまり、救いの菩薩がいる世界があって、その菩薩に我々は祈願し、救けを求めることが出来る。「業」というのは何か非常に強いものだから、もしある神性に向って祈願すれば、きっと救いに来てくれる、神性と我々の間に繋《つな》ぎが生じるから、というのです。貴方は多分、大乗仏教は菩薩の宗教に過ぎなくなって、ブッダはもういないのではないかと思われるでしょう。しかし実は、無限に世界があるのだから、無限に解決法がある。「真理に目覚める」可能性が無限にある。そしてこの無限の世界の中には、たとえ我々の仏陀シャカムニがここにはすでになく、今我々は無仏の世界にいようとも、他の世界が東に、西に、南に、北にあって、そこには活発に説教している仏陀たちがいると。

西方の清浄世界の阿弥陀仏、東方の浄瑠璃世界の薬師仏

そうしてここに現れて来たのが特に西方にある清浄国土の仏陀阿弥陀（Amitābha）の教理です。阿弥陀は諸仏の中でも最も人々に親しまれた仏陀です。東方には阿閦《あしゅく》（Akṣobhya）という重要な仏がありましたが、しかし西方の仏の信仰がさらにより重要なものでした。この仏は太陽の沈む方にその仏土が

あると言われます。そしてこの日没の地に向って瞑想すると、日没の光、水、鏡などと続くイメージと一連の瞑想の末に、遂に阿弥陀、すなわち「無量の光に輝く者」が、その強烈で支えきれないほどの輝きの全光の中に見えて来ると言われます。そしてこの、阿弥陀自身が清らかな国土（浄土）と呼んだ――極楽とも呼ばれる――地で阿弥陀の傍に再生するには、精神を阿弥陀仏に集中し、阿弥陀の上に瞑想を凝らし、信頼を込めて「南無阿弥陀仏」と繰返し彼の名を唱えなさい。すると、それによって強い絆が生じて、人は死後確かに阿弥陀の傍に往って生まれ（往生）、その傍で悟りを得ることが出来るのです。そうするとこれは、ある対象を熱烈に信じ讃仰礼賛する宗教で、「もう仏教ではない」と言えそうです。しかし決してそうではない。なぜならそれでもこの段階においては、とにかく〝業の原則〟が我々をそこに往生させるのです。我々が思考をこの阿弥陀の世界の方に差し伸べたから、この仏陀の傍に往って再び生まれ、光明を得ることが出来るのです。

大乗仏教はこのようにして新しい宇宙論の展開をみます。誰かが美しく表現したように、「ブッダで散りばめられた」宇宙。仏たちが到る所にいる。我々の傍に、現在そこにいて、我々を救おうと働いている菩薩たちだけでなく、仏たちが別の世界にいてくれる。その世界にはすべてが途方もない速さで届く、ちょうど今日のコミュニケーションの世界のイメージではありませんか。遠くの世界にいる仏たちとのコミュニケーションが即座に行なわれる、我々の祈念を仏の方に差し向けるだけで充分で、いわば彼らに繋るわけです。しかしすでに初期仏教の中に（この思想があり）、フーシェ氏が次のような興味ある話を語っています。それはある銀行家の話だったと思いますが、死の際にこの男は自分の心をある家の方に向けた。そして実際に彼はその家に再生した。理由は彼の最後の思考がその家に向かって、その家に方向づけられていたからである。その家に彼は新たに生れた。それは「業」の結果である、と。それは阿弥陀に関しても同じことで、阿弥陀仏を念じ、そうして俗に「阿弥陀の極楽」と言われる「清らかな幸せの地」に再生します。この地は実際天国の麗しい宮殿や、鳥、樹木、菩薩、天人達と共に描き出されています。幾つかのお経によって麗しく描写されているこの仏土は、中央アジアの芸術、中国・日本の芸術の中に著しい役割を果たします。

さてもう一尊の尊格について手短かに話しましょう。というのもこれは重要な仏で、しばしば三尊形式で見られるからです。それはバイシャジャグル(Bhaisajyaguru)、(治療のための師、薬の師)です。バイシュヤジャの意味は〝薬〟〝治療するもの〟で、グルは御存知のとおり〝師〟という意味です。中国語に「薬師(Yaoshi)」と翻訳され、日本では薬師《やくし》ですが、まさに治療の先生、医師としての仏陀です。すでに古フイリオザ氏が釈尊の思考過程を医者の診療過程にたとえたのを覚えていられるでしょう。すでに古い伝承の中で、釈尊自身がある時期、自分の一名を「大医子」と言ったと伝えられています。確かに仏教がもたらしたのは、非永久、すなわち無常という究極の病に対する処方です。仏教が、無常・再生・再死・果てなく繰返される輪廻、という究極の病に療法をもたらすという思想の延長で、何時とははっきりしないのですが、しかし阿弥陀の教理が現れた後で、ほとんどインドの外側、ヒンドゥー化された中央アジアの辺りで、「薬師」と呼ばれる、医師としてのブッダの観念が現れました。類型学に関して言えば、薬師仏はかなり阿弥陀仏を敷写ししています。したがって薬師は、彼もまた衆生を救おうという誓願を立てた。しかも薬師は阿弥陀の仏土に匹敵するような仏国土を持とうと誓ったので、それは非常に美しくて純粋な瑠璃《るり》の世界（浄瑠璃《じょうるり》世界）である。その仏国土は全く青の世界で、青い光に満ち溢れ、東方に在る。これより古く、やはり東方に仏土を持つところの別の仏陀が現れていましたが、結局この薬師が東方仏としてほとんどそれに取り替ってしまいました。薬師仏は、日本でも中国と同様に、信仰上非常に大きな位置を占めます。医者たる仏陀！　いかに人々がそこにしがみついたかお分りでしょう。病気を治して下さるお方です。人々は病いの平癒を祈願して彼のために寺を建てました。薬師仏は、いつもとは言えませんが、しばしば手に薬の壺を持っています。

　この阿弥陀仏、薬師仏という仏たちの特性はどういうことか？　それは「仏陀」を〝他所〟に、別の世界に求め行くことなのです。しかしこの〝他所〟と我々は、それが生きている間にしろ、死を挟んだその先にしろ、いわば高速のコミュニケーションが可能と言えましょう。阿弥陀の場合はその傍に生れ変るのは死後です。薬師はそうではない、この現世でこんなに直接に引き受けてくれます。しかしながらそのどちらも、この仏達は〝他所〟にいます。ところで弥勒の信仰というのは、いなくなってしまった、そして再び見出そうと探し求めている「仏陀」を、「時」の中に、つまり未来という「時」に探し求めることでした。ここ、新しいこの信仰では、仏陀を〝他所〟に求める、「時」または「空間」の中に。このようにして人々は探し求めるのです、ニルヴァーナの宵に我々から取り上げられてしまったあの「仏陀」を再び見出そうと。

法華経の革新的テーマ——釈迦仏の無量の命

しかしここでもう一度後戻りをして話さなければならないのは、その間、大乗仏教の初めでもごく早い時期に——源泉は阿弥陀信仰よりもなお古いとさえ私は思いますが——、まさに大乗の根本信仰の一つと考えられるある信仰が現れて来たことです。その信仰とは、大乗仏教の全文献の中でも恐らく最も重要であろうところの文献、妙法蓮華経の中に展開されている信仰です。

「サッダルマ《正法》プンダリーカ《蓮華》　スートラ《経》」(Saddharmapuṇḍarīka Sūtra)、ビュルヌフがフランス語に「善き法の蓮華経」と訳し、また他にも「正しい法の」あるいは「妙法の」「蓮華経」とも訳されました。**dharma** は「法」、**sat** は善い、正しい、真の、という意味で、**saddharma** は「正しい法」。**Puṇḍarīka** は開いた美しい白蓮です。妙法蓮華経はかなり長い期間にわたって成立しました。最初の編纂が始まってから終るまでに恐らく一世紀、あるいはそれ以上経っています。先ず韻文の部分が編されたと推定され、次いで散文の章が出来、さらにいくつかの章が付け加えられました。結局のところ、サンスクリット本では二十七章が伝わっており、四世紀の有名な翻訳者鳩摩羅汁《くまらじゅう》の漢訳では二十八章があります。

これは並はずれて挑発的なテキストです。この説教は釈尊の説教の地として最も有名な地の一つ、マガダ国の首都王舎城《おうしゃじょう》(Rājagrha) に近い霊鷲山《りょうじゅせん》で行われたと説定されています。すでに小乗仏教で、あるお経は霊鷲山で説かれたと言われていますが、ここは実際に釈尊が居住した所でした。しかしこのお経の中で釈尊が言ったこととされているのは、もちろん彼が実際に、歴史的に言ったことではない、なぜならこの経典は釈尊が没してから何世紀も後になって成立した経典ですから。ではこの経典は何を語っているか？　さてそれは莫大な群衆の大集会の描写から始まります。典型的な大乗の集会で、無数の菩薩や神々や魔物たちが、仏陀釈尊を取り巻いて集っている。そこで世尊*の白毫**から光の奇蹟が起る。仏陀の印である額の白毫が光輝を発し、諸々の世界を照します。世尊がこういうことをする時は、何か非常に重要なことが起ると人々は知っていた。世尊はすぐに、これから全く信じられないような、ほとんどスキャンダルとも言われそうな事を明そうと告げる。その時聴衆の一部は「何だこれは？」と言って立ち去ってしまう。人々は何か全く伝統を断ち切ってしまうような事が起るだろう感じ、古いタイプの聴衆は前置きの数語で、世尊はでたらめを言おうとしていると、言葉を換えれば、彼は少し狂ってしまったのだと感じる。間もなく世尊は一連のたとえ話に入ります。交互に論証の部分と譬喩の部分があり、譬喩はたとえ話で、理解を助けます。論証の部分は教理の説明で、譬喩はたえず繰返されて教理を支え、理解させます。

＊訳注　**世尊**　神格化された釈尊の尊称。フランス語では **le Buddha** となっているが、漢訳法華経にならって世尊と訳した。
＊＊訳注　**白毫**　仏の眉間にある旋毛のかたまり。仏の三十二相の一つ。

法華経はフランスでは一八五二年より、ビュルヌフ（Burnouf）によって翻訳されて知られることになりました。ビュルヌフはフランスにおける最初の大インド学者で、ホジソン*という人から送られて来たネパール原本からこれを翻訳しました。ビュルヌフの仕事は大変な称賛に価するものです。というのは、彼はこの経典を辞書なしで翻訳しました。私が辞書なしでというのは、バラモン教サンスクリットの辞書しかなかったということですが、したがって仏教をフランス語で表現するために必要な用語を作り出したのです。実に天才的な人でした。

＊訳注　ホジソン（B. H. Hodgson）　十九世紀前半、イギリスのネパール駐在公使で、サンスクリット諸仏典を蒐集した。なお、この談話が収録された翌々年一九九七年、ジャン＝ノエル・ロベール氏により、鳩摩羅汁の漢訳法華経が初めてフランス語に翻訳された。

法華経そのものは大変秀れた文学性を持った、極めて美しいテキストです。そしてこの中には古い仏教の見地からすれば、全くスキャンダラスな二つの根本的な思想が入っています。それがまず冒頭から激しい対立を引き起した理由です。それはある意味で仏教僧団を破壊しかねないものでした。法華経の中で釈尊が明らかにする考えを、彼は非常に巧みに明かして行きます。それは法華経自身が言うところの、インドでよく知られた「巧妙な手段」「方便」（upāya-kauśalya）という方法です。教えを説くために、正面からの衝突を避けて、言いたいことを具体的に理解させる助けとして、遠回しに比喩の修辞法を用いることです。ここには「巧みな方便」として多くの具体的な説明が出て来ます。例えば、自分の子供達の病いを治したい老医師の話があります。しかし薬はまずい。子供達はその薬を飲もうとしない。子供達は病に冒されているのだから治さなければならない。父親はそれが恐しい病気だと知っているのだが子供達は薬を飲まない。そこで父親は姿を消して、彼が死んだと思い込ませた。子供達は父がいなくなった後で、「ああ、あんなに親切だったお父さん！　いなくなってしまった今、私達はどうすればいいだろう。もし、せめて医者であった父の思い出に、私達に残してくれた薬を飲んでみれば……」と、そして彼らは薬を飲んで、病気は治った。その時父親が再び現れた。この話の意味は？　貴方はきっと驚嘆されるでしょう。それは、仏陀釈尊は真実に涅槃に入ったのではなかったということです。彼がこの世に現れ、説教をし、涅槃に入ったのは虚構の仮のことに過ぎない。実は、まだ彼は常に我々の傍にいる。なぜならば、彼は量り知れない寿命を持ったものだから。仏陀釈尊が覚醒《さとり》を得てから信じられないほどの劫（宇宙的な無限に近い時間の単位）が過ぎ去った。そして彼が真実のニルヴァーナに入るまでにはまだ莫大な時間があるだろう。

この思想をまた別の形に現した話として「化城《けじょう》の譬え話」があります。秀れた案内人が大勢の人を困難な場所に導いていた。人々は疲れて、もう嫌だと思っていた。荷物を降して止まり、もうそれ以上進みたくなかった。その時巧みな案内人（導師）は、同時に神通力を持っていたので、策をこらして麗しい幻術の都城を出現させた。その町で人々は疲れを癒し遊び、再び力を取り戻した。そして人々が力を取り戻した時、案内人は「さあ、この旅の真実の目的地に出発しよう」と言う。さてこのように、と世尊は語ります。「今まで私が説いたところは、この我々が過した休憩所のようなもので、仮のニルヴァーナであった。それが必要だったのだ。今私は真実のニルヴァーナをお前達に教え語ろう」と。

そして全部がこういう風です。さてこうして、想像を絶する釈迦如来仏の無量の長寿についてのテーマが語られます。彼はディールガアーユス（dīrghāyus）、すなわち文字通りに、限りない長寿を持っている。彼が悟りを得たのは量り知れない昔であったし、彼が真実の涅槃に入るのは量り知れない未来のことであろう。したがってそういうことであれば、釈迦仏は我々に返されることになります。彼はまだ我々の傍にいる、なぜなら彼は実際に涅槃に入ったのではないのだから。言葉を換えれば、将来に、未来という「時」の中に彼を探し求める必要はない、「他所」に探す必要もない。彼はここにいる、私達の傍に、常に住んでいられるのだ。

お分りになりますか？　この法華経の教理もまた、仏陀釈尊が亡くなってより、仏教徒につきまとって離れない問題、つまり、如何にして再び「仏陀」を見出すか？　という問題に、どのように一つの解決を呈しているかということを。解決は、弥勒のお陰で、再臨として「未来」に再び戻ってくるだろうということ、阿弥陀仏のような教理のお陰で「他所」に求めること。そしてこの法華経では結局もっと良い、なぜなら仏陀は「ここ」にいる、即座にいる、それを知るだけでよい。そこでいろいろの譬え話が語られます。「隠された宝玉」というのは次のような話です、「一人の友が、彼の友人の衣服の裏に宝玉を隠しておいた。しかしその友人はそれを知らない。彼は不幸で哀れな暮しをしていた。友が着物の裏に計り知れないほど価値のある宝石を縫い込んでくれてあったのに」。いつもこの同じテーマです。すなわち、如来仏釈迦が真理に目醒めてから量り知れない時がたち、そして彼は常に我々と共にいる。これが法華経の説く最初の全くスキャンダラスな命題です。もちろん、古い仏教全般に比べてですが。

第二の革新的テーマ――女性の成仏・全衆生の成仏

第二の全く呆然とするような、スキャンダラスな命題。世尊は先ず最も秀れた昔の弟子達――迦葉《かしょう》や大羅漢たち――に、「お前達は真理に目醒めるであろう」という説教を始めます。大弟子達は初めは何のことだかよく解からなかった。涅槃《ニルヴァーナ》は約束されているけれども、しかし悟りではない。悟り（真理に目醒める）、それはただ仏陀釈尊だけのものだと。世尊は「然り、まさしくお前達は悟りを得るだろう」という。そうしてそこから大きく展開して行きます。「お前もまた悟りを得るだろう」と、先ず一連の大弟子達に予言が授けられます。次に暫くして、これは初期仏教が女性に対してとっていた偏見を知っていれば全く途方もないことですが――例えば阿難陀《アーナンダ》が尼僧の修道制度のために懇願した時、どれほど大迦葉《かしょう》に叱られたことか*――、信じられないことに女性の悟りが予告されるのです。しかもそれが何劫という果てのない時間の末ではなく、「ここに今、*hic et nunc*」です。そしてここがさらにまた逆説的で――キリストの言った「見よ、後になる者が先になり、先になる者の後になることあらん」（ルカ伝福音書十三章三十節）に少し似ていて――誰が先ず悟りの予言を受けるか？　人間の小さな女の子でさえない。それは龍の小さな女の子（nāgī 龍女）なのです。御存知のようにナーガ（nāga）というのは小さな龍、水の精ではありませんか。それは蛇、蛇の精のたぐいです。彼らは非常に強力な生き物で、そのために人間以上の力を持っているとされています。しかし宇宙論的階級の中では人間のカテゴリー（趣）の下にある動物のカテゴリー（趣）に属しているという意味で、彼らは人間以下のものです。ところでその時、海底の龍宮にまで説教に行っていた文殊菩薩が現れた。ナーガは海に棲み、海のもの、水棲動物です。つまり、人間に説教するだけでなくナーガ達、いわば動物たちにも説教を心がける。文殊菩薩という智恵を顕現するこの大菩薩が、わざわざ海底まで出かけて行って、龍宮で法華経を説いた。そこで誰が一番に理解したか？　八歳の小さな龍女だった。彼女は一気に真理に目覚め、菩薩となり、すぐ後に仏となります。その時即座に彼女は体の状態を変える、なぜなら、こればかりはどうにもならない、仏教の必要条件で、菩薩は男性です。たとえ女性に化身することはあっても、根源的に菩薩は男性です。頭頂の隆起や、あれこれという菩薩の体の記述があって、その三十二の菩薩の相の中に生殖器が記述されており、それが男性のものなのです。言葉を換えれば、菩薩は必須的に男性です。しかし、それまで女性は男性として生れ変わるためには果てない努力の生涯を運命付けられていて、男性に生まれてやっとそこから新しい経歴の道が開けるとされていたところが、さて、ここでは、言わば直ちに彼女は性を変える、性転換が行われる。一瞬のうちに性の転換と悟りへの到達が同時になされる。続いて彼女の至福の仏国土が述べられます。そこで美しいのは、この小さな龍女が先ず一番に予言を受けたのですが、しかし釈尊を育てた叔母や、昔の妃ヤショーダラの様な立派な夫人達、尼僧の修道院をつくり、全仏教僧団の中でも最も尊い女性達がそこにいて、彼女達は申し分なく慎しみ深いから何も言わないけれどもちょっとばかり寂しそうにしていた。釈尊はその寂し気な様子を見て言います。「もちろんですとも、貴女方も確かに悟りを得るでしょう」。こうして彼女達も悟りの予言を授ります。ここはとても美しい場面で、この待っている間、彼女達は控え目ではあるが、同時に「こんな事が有り得ましようか、世の中逆になっている、この小っぽけな、人間でさえないものが先ず予言を授かって、私達はまだ何も頂いていない」と考えているのがわかります。しかしすぐその後に願いは満たされる、釈尊は彼女達を長く待たせはしませんでした。

＊訳注　大迦葉　釈尊の十大弟子の一人。阿難陀は釈尊のいとこで彼も十大弟子の一人。釈尊の没後、その教えを編集するため二人は重要な役割を持ったといわれる。

さてこの様に全衆生のために「悟り」を。総てのものに、女性にも、最悪人にさえも悟りを。悪魔のマーラを除いて（しかし魔《マーラ》そのものも間接的に挙げられている）、釈尊のいとこで釈尊の敵でもあり、いつも魔《マーラ》にそそのかされて最悪の嫌がらせをし、殺そうとさえしたデーヴァダッタ（Devadatta）にさえも悟りを。デーヴァダッタという名は「神が与えた（天授）」という意味ですが、仏教の伝説では釈尊のいとこで、常に魔《マーラ》に影響されて仏陀釈尊を妨害しようとしていたと伝えられています。実際のところは、最近、ジャイナ教＊関係の労作を基にした研究によって、デーヴァダッタは非常に立派な宗教人であり大修行者であった、しかし釈尊とは信仰上対抗関係にあったということが明らかになりました。彼は釈尊より強硬派だったのだと思います。そして仏教徒はデーヴァダッタの少し頑固な融通のきかない聖徳をすっかり隠蔽してしまって、この対抗者を遂に完全な悪者にしてしまいました。彼は実に仏教におけるユダとなってしまったのです。しかしここではこのデーヴァダッタもまた悟りを得るだろうと予言されます。

＊訳注　ジャイナ教　紀元前六～五世紀頃に成立したインドの伝統的宗教。特に不殺生を説き、厳格な禁欲主義で知られる。

すべての者に、一人も残さず、すべての者に約束された悟り、これこそ実に大乗仏教の精神が最大限に拡大されたものです。そしてその他に、シャカムニ自身が量り知れない時間の後に悟りを得たということから、釈尊の前に次々と現れる求法者各々にも、悟りまでの期間の長さを予言し、次いで涅槃《ニルヴァーナ》に至るのにどれほどの時間が流れるかも予言されます。言ってみれば、みんながそれぞれ自分のメニューを持つことが出来たわけです。

宝塔の出現——涅槃ずみの仏が釈尊の教えを称えること

もちろんこういうことはみな、全く唖然とすることばかりです。ところでどうしてそれが真実だと立証できるか？　さてそれは奇蹟によって立証されたのです。初期原始仏教で、シャカムニの言うことが真実であると保証するために、大地の女神が地中から立ち現れたと同様に、今もう一度、大地から奇蹟が訪れます。世尊を取巻いて大会衆が集っている前に、大地が割れて塔が現れます。宝玉で装飾された麗しい塔が空中に上昇して来て停止した。やがて人々は塔の奥から聞えて来る声を聞いた。それは量り知れない昔から涅槃ずみの——こういう表現で失礼ですが——一人の仏陀です。涅槃ずみなので本来は話してはいけない。しかしこの涅槃ずみ仏は一つの誓願を立てていた。そして今や、そのいわゆる本願力によってそれが果たされようとしている。その願というのは——願は奇蹟を起こすほどの力を持っているのです——法華経が再び説かれる時が来れば、その説法をする仏陀に、彼が正しいという保証と、支持と、証明を与えるために現れ出ようという願であった。ここは遠い太古にすでに法華経が何度も説かれていたと思わせぶりに語られています。そして、その〔新たに法華経を説く〕仏陀がシャカムニです。

その時会衆は塔の中から次のように響く声を聞く。「それは麗しいことです。それは善いことです。今貴方が説いている法は。おおシャカ尊者よ、私はここにそれを保証するために来ました」。この法華経を基に立てられた大宗派の一つである日蓮宗では、シャカムニを教法仏、もう一方の仏陀を証明仏と呼んでいますが、私の好きな表現です。

そうして奇蹟はさらに続きます。シャカムニは空中に昇って行く。この場面は「キリストの変容」に比べられるもので、中央アジアや東アジアのイコノグラフィ（図像表現）の重要なテーマの一つとなっています。しかしインドのイコノグラフィに見られないのは不思議なことです。ともかくも、塔は空中に浮んでいるので世尊は高く上昇する。そしてその指で塔の重いブロンズの扉を開けるとそれは城壁の扉のような音をたてた。その時涅槃ずみ仏の姿が現れた。この仏陀は多宝仏（多宝如来 Prabhūtaratna）といわれ、「多くの宝」というような意味を持つものです。宝とはつまり説教がもたらす宝のことだと言いますが、そういうことはともかく、確かなことはここに言われていること、——確かというのは、とにかく数ある異本の中の一つにおいて書かれているということですが——塔は地の奥から出て来たことであり、大地は宝石の埋っている所、つまり宝物がある所という考えです。

この仏陀、多宝仏は瞑想の姿で、——結局ミイラのような姿でしょう——塔の中に坐していた。そしてシャカムニ仏を自分の横に坐するように招いた。シャカムニは彼が開いた扉から塔の中に入り、多宝仏の隣に坐った。こうして会集は塔の中に二仏が並んで坐っているのを拝むことが出来た。御覧になっているはずですが、これは中国・中央アジア・日本のイコノグラフィに最も有名なテーマの一つで「二仏並坐《にぶつびょうざ》」といわれる形です。やがて会衆も空中に昇らせてもらう。この所が「キリストの変容」に非常によく似ています。会衆一同が雲に乗って二仏の回りに上って行く。中国北魏の芸術に見事に表わされた例があり、二人の仏陀が当時の文人の清話のように表現されています。二人は長椅子に坐り、いかにも話し合っている様な手振りをしています。それはまさに法華経の中でも最も驚異的なシーンでしょう。その後やがてこの夢幻の出現は消え吸い込まれて行く。

法華経の中にはその他にもいくつかの章があります。中でも有名なのは観音菩薩について語る観世音菩薩普門品で、そこでは観音菩薩が衆生を救うためにそれぞれに適した姿形をとり、三十三身に変身すると説かれています。ここでもまたいくつかの女性の形が挙げられています。女性を帰依させるために女性の姿になる。波羅門《ばらもん》女を帰依させるためには波羅門女に、同じく子供の姿に、龍を帰依させるには龍の姿に、神には神の形で、というように。この三十三身の列挙から、三十三間堂と呼ばれる京都でも最も美しいお寺が造られることになり、またこの三十三という数字が極めて重要な数になっているのです。

さてだいたい以上が、人々に明らかに新しいタイプの希望をもたらした法華経のあらましです。大乗仏教について話すのはこの辺で止めますが、時代順序としては多分、阿弥陀とその極楽浄土について、また、薬師如来の浄瑠璃世界について話す前に、法華経について話した方が良かったと明確にしておいた方がいいでしょう。しかしこの救済論――普通そのように呼ばれます――この救済者の宇宙的体系が次第次第に展開して行くのがお分りになりますか。これをみた後では、大乗仏教ではこの数多くの仏陀や菩薩が祭壇に並び、それを数え切れない神々――諸天・諸天女――が随行して取り囲んでいるのを見ても驚かれないでしょう。その他にも何人かの阿羅漢もそこに加っています。というのも、初期仏教は決して忘れられたり軽視されたりはしていません。唯、確かにこれほどまでに（初期仏教を）越え出てしまった大乗仏教の横ではそれはやはりちょっとか細く見えます。

仏教に入ったヴェーダの基底思想、マントラ（真言）

さて金剛乗《こんごうじょう》（Vajrayāna）（衆生を悟りに運ぶ金剛の乗物）の話が残っています。前兆とでも言いますか、その源は非常に遠い昔、インドの古い聖典群であるヴェーダの時代に溯ります。このヴェーダの基本思想の一つに言語の持つ創造主の力、造化の力、すなわち「マントラ」の信仰がありました（マントラは〝聖なる呪句〟で、〝真言〟と漢訳された）。マントラは我々の論弁的言語のように事物を描写する言語ではなく、事物を指令する力を持つ言葉です。言葉が事物を支配し、守り、生み出し、主張し、事物を確立する。その言葉を言う時、言葉とものとは一体なのです。だからもしマントラを誤って口に出すと大変恐るべきことになる。あたかも電気をよく知らない者が強力な電気器具を始動させるようなものです。火傷をする。したがって真言《マントラ》は誰でも取り扱っていいものではない。その言葉は世界を造る、しかしそれを破壊することも出来る。マントラはこうしてヴェーダ思想、バラモン思想の基底にあるものです。初期仏教においては真言《マントラ》の役割は非常に限られたものでした。釈尊が呈示したかったのは「四つの真理（四諦）」とそれに続くような、熟考、省察の進め方です。したがって他の干渉が入るのを好まなかったのです。彼は決して神々を軽視せず、神々に呼びかけ、敬意を表しています。しかし、この終りなき生死の繰返し、つまり輪廻から逃れる秘訣を見出したのは神々ではない、それは釈尊です。したがって、彼にとっては、神々、マントラ、そういうものはすべて外部の補助手段です。それが仏教の中に現れる場合は、——比較的古い伝承の中で、釈尊が彼の手助けをした商人にお礼として、星座の神に請願する真言《マントラ》を教えたという話が伝っていますが——それはくだけて言えばちょっと呪《まじな》いのような分野に限られていました。特にそれは治療師の力のように使われていました。例えば「大孔雀の呪」という真言《マントラ》があります。

孔雀というのは、ガルダ（金翅鳥《こんじちょう》）が蛇類やナーガの敵であるように、蛇の敵です。つまり一方（孔雀、ガルダ）が太陽の精であるのに対して、ナーガの類は水性の精であり、火と水のように対比される。そこで「大孔雀明王聖呪《だいくじゃくみょうおうせいじゅ》」というのは毒蛇に噛まれた傷に極めて有効であるとされ、またそれは身体を犯す毒に限らず、精神の毒を癒すにも役立つといわれます。したがって真言《マントラ》は（仏教の中にも）現れていたのですが、しかしそれは医方とか、お守りとして外側にあるものでした。決して教理の中心ではありません。

大乗仏教においてマントラは次第に重要性を持ちはじめます。法華経にはマントラが混ざっています。時々、神々（諸天）や羅刹でさえ――羅刹は非常に強力なものです――、師ブッダが法華経のしかじかの章を説くのを聞いて感激し、全く帰依して、言う、「では、この経を奉じる者、この経を信じる者、これを確固として実践する者に対してもし迫害しようとしたり悪をなそうとするものがあれば、我々は信者を助けに来よう。我は神（天）なにがし、我は羅刹なにがし、強力な陀羅尼《ダラニ》（真言のさらに展開したもの）を保持するものであるからそれを明かそう。かくして法華経を実践する者は、それをもって危機には助けと出来よう」と。ここではまさに、陀羅尼や真言は、信者がより安全に教えを実践するために助けに来るというように見られます。さらにまたある真言は智恵を与え、最高の覚醒《さとり》への到達を助けるとさえ言われます。覚醒《さとり》への道においてさえ補助手段となるのです。真言《マントラ》は以前に比べて著しく重要性を持って来ました。

マントラの仏格化――真言は経典の全真理を包蔵する

次に仏教が本当に古いヴェーダ思想に追いつかれる段階が来ます。言葉そのものが宣揚され、神格化される、と言えますが、しかし神格化というよりもさらに仏格化されたのです。真言は仏陀の教えの全真実を包蔵している、とされます。そうして単なる普通の説教の域を越えて、時に真言乗《マントラヤーナ》（真言の乗物）と呼ばれるこの仏教の経典は、やがて諸々の真言と、また、真言の展開であるところの儀式をもたらして行き、同様にイコノグラフィ（図像）も提供して行く。というのはイコノグラフィというものは、これも同じく、経典のみでなく真言そのものを形に現して展開したものだからです。それが次から次へと増幅し、複雑化し、洗練されて行きます。そこには恐らく対抗意識のようなものもあったのでしょう、それまで為されて来たより、いつもさらに良くしようと試みられて行きました。こうして新しい多くの菩薩が現れて来ます。真言菩薩とでも言いましょうか。

北インドでは七世紀の前半に、南インドにおいては同じ七世紀の後半に、この真言《マントラ》の教理によって、大乗仏教がインド仏教の中に勢よく浸透し始めます。この教理はまた、恐らく少し遅れてと思いますが、金剛乗《ヴァジュラヤーナ》（金剛の乗物）とも呼ばれるようになります。なぜか？　これから話しましょう。真言乗と金剛乗、それは二つの少し違ったものですが、とはいえ大変よく似た同系のものです。この教理は、「真言《マントラ》」——これは言葉ですが——、それと手の所作である「印相《ムドラー》」というような補佐を使って並々ならぬ典礼儀式を発展させて行きます。ムドラー（mudrā）は文字通りには「印璽」という意味で、御存知のように舞踊の動き、手の仕草なども意味します。印璽と同じように印相《ムドラー》は、いわば一つの事に、それが本物であるという確認を与える、そしてそれを完全に能動させることになります。印相《ムドラー》は儀式においては真言《マントラ》と非常に厳密に組合わされます。印相は造形表現された像においても同じように、何々の印はこういう意味を示すというようになっています。例えば

阿閦《あしゅく》または釈迦像の印相としては、魔《マーラ》を降伏させた印（降魔印《ごうまいん》）、また別の形では瞑想の印（禅定印）、また別の形に恵みの印（与願印《よがんいん》）、説法をする形の印（転法輪印《てんぼうりん》）というように。もちろん司祭者（行者）が

結ぶ動態の印相も同等の価値を持っています。しかし、図像表現にみられるよりも遙かに多くの印相があり、大部分は秘密で行者だけが知っているものです。

真言は「言葉」であり、印相は「身体」の所作である。残っているのは「精神」です。さて精神の方は、何と言えばいいか……三昧（samādhi）、すなわち精神の集中、「瞑想」を助ける役目を果たします。これをフィリオザ氏は確か「精神・心の安泰の境地」と言っていたと思います。それは仏教徒が瞑想の実践によって入るところの深い境地で、この深い境地の中で、人は同時に精神的、身体的に種々のことを実現する、なぜならこの世界の中は、精神のことが我々を取巻く現実の上に強大な力を持つところであり、そしてその世界では身体と精神の間に断絶がない、心と体が完全に一体化した世界だからです。

「印契」「真言」「観想」。身、口、意。つまり行為（身に印を結び）と言葉（口に真言を唱え）と意《こころ》の集中というこの三部（三密業）がこの世界の中で、非常に複雑な儀式作法を伴って行われます。ここでは儀式作法が極めて大切である、というのはそれが、言葉による表現、仕草による表現を伴ったすべての所作を入念に、順序通りに実行するのを可能にするからです。

以上のこと総てが交わった点において、同じくマンダラ（曼荼羅）の実践があります。マンダラは、一時的な材料で、清められた土地の上に彩粉でもって作られたり、または消滅しない方法で、絵画として描かれたり、彫刻で造られることもあり、そこを行者が、言わば精神的に巡れるようになっている。または肉体的に巡回することも出来る。なぜなら心身は一体になっているから、もちろんこれは中に入れるようになったマンダラの場合ですが。

マンダラは社会学者が大変重要視しているところの「石蹴り遊び」に少し似ています。石蹴り遊びでは天に到着するようになっていますが、それと同じようにマンダラでは一区間から一区間へと辿りながら、その各段階（各尊）が次から次へと（行者と）一体化し、一種の霊的行程、秘儀伝授の道を体得出来るようになっています。次には逆に辿って反対の側から出るというように、終点がありません。イタリアの有名なチベット学者トゥッチ（Tucci）が書いた『マンダラの理論と実践』という大変立派な本を御存じですか？　先ず英語に、次いでフランス語に翻訳されましたが、トゥッチはこの問題について熟考を重ね、ことにユングの思想を参考にして考察を進めています。

真言、印契、観想、曼荼羅、儀礼、イコノグラフィ（図像、形像）、荘厳《しょうごん》。こういう仏教のすべてをまたタントラ仏教（密教）と言います。それを今話しましょう。タントラというのは儀軌に関する文献類のことです。経典《スートラ》が教理の文献類であるのに対して、タントラはむしろ実践作法を記した文献です。インドとチベット世界におけるタントラ的仏教については多く語られています。もっともヒンドゥー的タントリズムと仏教的タントリズムがあり、そこでは仏教とヒンドゥー教が非常に近いものになっています。そしてこのタントリズム（密教乗）を通じて、仏教儀礼の中に、ヒンドゥー教を源泉とする幾多の信仰実践が入ったことは明らかです。特に観喜天《ガネーシャ》や、英知の神である弁才天《サラスヴァティー》、その他種々のヒンドゥー教における神々も呼びかけられました。初期仏教においてはこれらの神々については実際上語られていません。こうして密教におけるパンテオン（諸尊の世界）は膨大で、あらゆる類の神々、また、鬼や醜悪な容姿の魔物類にも祈請します。

釈尊は初めから我々に、悲しみや苦しいことに対しても、良い楽しい情景に対しても同様に、平然として自らを制御することを教えていました。初期仏教では「悪い感情（煩悩）からは遠ざかっていなさい」と説いていいます。しかし大乗仏教ではすでに、我々に親しい般若心経やその他のお経でも、「空はすなわち色なり、色はすなわち空なり」と言っています。この同一性、この相反するものの一体化、この相反するものを超越するということは、まさに大乗仏教の、とりわけ般若経の根本的態度の一つです。しかしタントラ仏教〔密教と解釈する〕ではそれよりさらに大きく先に進みます。「煩悩即菩提」（菩提《ボーディ》＝真理に目醒める＝悟り）、すなわち菩提は煩悩の真った中にある。なぜなら、菩提（悟り）が一方にあって、煩悩というのは別の所にあると信じる者は、対立する二つの意識の重みに打ちひしがれる。実は煩悩と菩提（悟り）、それは同じことだと知るべきで、唯それをどのように処理するか、どのように見るかという方法が、人が悟りへの道にあるか、または世俗的なはかない諸事にしがみついているかによって違ってくると知るべきである。そこで密教における諸尊の形容の多くが醜悪な相を表すことになります。つまりその醜悪さに打ち勝つのみならず、その恐るべき力、または醜悪性を、より強固な悟りを得るために使わなければならない。ちょっとそれは、恐るべき瀑布を堰き止めてその力を使うようなものです。すべてを荒し回り、すべてを破壊する瀑布にはどれほど強大な力があることか！

しかしもしそれを堰き止めれば、ダムを見て下さい、どんな力になることか！　まずそれと同じようなことで、こうして恐ろし気な諸神の像が作られ、幾多の魔物や醜悪なもの達も呼びかけられてマンダラの中に入り、円満相の菩薩や諸天の前に並ぶことになったのです。これがなぜこの様なパンテオンが展開するかということです。

諸尊の世界の配列――中央にあって遍く輝く大日如来

しかしそれだけではない。このパンテオン（諸尊の世界）が秩序を持たなければなりません。なるほど、このままでは全く雑然と見えます。ここで密教は極めて体系的な態度で、大乗仏教の中に大きく展開していることを再び取上げます。大乗仏教はすでに仏陀の世界を整理していました。東方に一仏、西方に一仏があり、その各々の仏が我々にもたらす霊験や恵みについては枚挙されています。しかしこの仏達は少々、言ってみれば自分達の一隅に離れ離れに住んでいられる。それに反してタントラ仏教（密教）の方は、宇宙的かつ精神的マンダラというようなものを構成します。東には阿閦《あしゅく》仏がいる。南には宝生《ほうしょう》仏、「宝玉より生れたもの」、が恵みを表す与願印《よがんいん》を結んでいる。西には阿弥陀仏、この仏は瞑想の姿でいる。北には不空成就《ふくうじょうじゅ》仏、「すべてを容易に成就し、その成果が空しくない」という仏が施無畏印《せむいいん》「何も恐れない力を施す」という印を結んでいる。このように彼らは四方の方角にいます。しかし四方だけではなく中央があって、この仏教は、いわば〝調整と統合〟によって展開して行きます。四つの方角にいる仏たち、つまり四方仏は一つのグループにまとめられ、再びそのグループの一員として中央より等距離に配置される、その中央とは古いストゥーパ（塔廟）の中軸として考えられます。初期仏教におけるストゥーパは、初めは釈尊の墳墓でした。しかしそれは同時に神秘的観点からは、世界の中枢須弥山と同一視されます。さて、こういう古い思想のすべてが再び立ち現れ、変貌し、今ここに我々が問題にしている中央としてのストゥーパとは、唯単なる記念碑的、奉納的な塔廟としてのストゥーパではなく、真に世界を象徴する、仏教的世界を象徴する塔であり、私達がこの旅行で見たような〝智の眼（仏眼）〟を印した塔です。そこで中枢は中央仏を現す、それが大日如来《ヴァイローチャナ》（Vairocana）です。この名前は **vi-** という「発散」を意味する語根と、**ruc** という「輝く」を意味する動詞から来ています。ヴァイローチャナ、それは「あらゆる方向に光を放つもの」、「あらゆる方角に輝く者」（毘盧遮那《ビルシャナ》、大日如来、大遍照如来）です。天頂の太陽のように、正午の太陽のように。東方でもなく西方でもなく、一方ということがない、彼は中央です。その光は至る所に拡散する、それは同時に遍く行きわたる仏教的慈悲の、完全なる平等の表現なのです。蓮華の古い象徴もまたそれであったのです。八葉の蓮華はすべての方向に同様に開き、その中心は開いた花弁の先から等距離になっているでしょう？　それと同じ様にストゥーパ（塔）の軸になる中心、その軸の上方——というのはそれは天頂だから——、そこは究極の統一、仏教世界の至上の統一を象徴する、それこそが大日如来です。しかし、しばしば現実には、大日如来はマンダラの中で五仏が一緒になっている場合その中央に描き表され、または祭壇上に他の仏像の横に並べられてみられます。時には阿弥陀仏の横に、薬師仏の横に見られる絵もあります。一尊だけ離して取上げられることもありますが、しかし結局、理想的には何といっても大日如来は中央の、天頂の仏陀で、したがって彼は中央に現されるものです。

　さてこのように、唯一の仏陀釈尊から出発して幾多の仏陀の姿に拡散して行った仏教世界が、再び帰一するのが見られます。「仏陀の複数性」[*]という論文を御存じでしょう？　人々は一仏の仏教から多仏の仏教に移って行ったのです。そして今度はあらゆる方角に拡散したこの仏陀の姿が、ただ一つの姿に再び統合される。そこに唯一の「仏陀」、本質としての、根源の「仏陀」がある。私は根本仏、あるいは「汎仏陀」という言葉を使います。汎とは総体という意味です。大日如来、それは汎仏陀、総体としての仏陀であると。

＊訳注　Jean Buhot, « La Pluralité des Bouddhas. Les principaux personnages du panthéon bouddique », *Bulletin des Amis de l'Orient*, décembre 1923.

そうして二大経典が日本仏教の中に——先ず中国では唐代の末頃に、続いて日本仏教の中に——到達しました。その一つが大日経で、それはヴァイローチャナよりさらに偉大な、まさに絶対の究極に高められた大ヴァイローチャナ（大日如来）を宣揚するお経です。この大日経の大日如来の完璧なシンボルとなっているのが蓮華です。蓮華はすでに話したように、仏教の大変古いシンボルですが、ここ、大日経の中でそれが称揚されています。蓮華は根源的、母性的シンボルで、我々に、仏教の慈悲というものは母胎のように我々を支えているものだと、そうです、言ってみれば、それは我々を平等に差別なく悟りへと導いてくれる、また我々は仏陀の本性（仏性）を自分の中に生れながらに、同じ様に分かち与えられているということを示しているのです。我々は皆同じように仏性を持っている、それこそが大日経が蓮華を中心シンボルとして説いていることです。

しかし実際のところ、皆が心得ているように、もの事はこうは行かず、我々はみな同じ様に悟りに到達するものではありません。そこで、そういうことを見て理解していた唐末の中国人と日本人は、全く見事な方法で二つの大教理を組合せました。すなわち七世紀初頭に北インドで起った大日経の教理と、そして金剛頂経《こんごうちょうきょう》、文字通りに「ダイアモンドの頭頂（智）の経」という二つの教理です。金剛頂経の方は南インドの方で少し遅れて発達した教理で、この経典は、大日如来を中心とした教理よりさらに進展した密教の形を表し、そのシンボルが金剛（Vajra）なのです。金剛《ヴァジュラ》は他にもこのタントラ仏教全般の中で広く用いられているシンボルです。金剛というのは、神々の王インドラ（帝釈天）が手に握っているもので、それは雷であり、稲妻であり、超越的、電撃的武器である。しかしそれは光であり、ダイヤモンドであり、存在する物質の中で最も清浄なもの、絶対の光である。ということで遂に金剛は「絶対」のシンボルとなります。この金剛という言葉を「金剛乗」、つまりダイヤモンドの乗物、雷光の乗物という意味に使い、この思想と儀式の形をそのように呼んで、極限にまで発展したこの密教の教理を真に把握し、実践することを目指しているのです。

こうして日本では、二つの大マンダラが一対にされました。すなわち、大日経を基にした大慈悲「胎蔵曼荼羅」と、金剛頂経を基にした「金剛界曼荼羅」の一対です。胎蔵マンダラは東に置かれる、なぜならそれは物ごとの始源、生れながらの本性を表しているからで、もう一方は西に置かれる、それは前者が平等のマンダラであるのに対して後者は差違のマンダラだからです。両マンダラは、どのように我々は皆「真理に目覚めて仏となる」という本性を同じように具えて生まれながら「悟り」に着くにはそれぞれの違いがあるかを示しています。なぜなら我々は同じように才能を授っていない、いや多分、同様に授っていても、我々の行いや訓練の相違で、その潜在能力を同様には発揮しない、ある人々は他の人々より早く、より強固に悟りに到達する。そして結局すべての人がそこに到着するとしても速度が同じではない。いい変えれば平等と同時に差違・差別があります。我々の周囲を見まわしてみても、総ての衆生はその尊厳と貴さにおいて平等であるというのは真実ですが、しかし日常の現実では、実際上平等ではない、人々の理解の仕方には違いがあり、したがってその進歩に相違があるのも真実です。そういうことがすべて考慮されているわけです。したがって悟りの実現は同じではない。しかし同時に、それは同じ現実自体がそのままその始点と終点にあり、また東と西にあるものだと、確かに言われています。それこそがこの二つの経典が教えているところで、この二経典は結局一つである、それは二つでありながら一つであると言われます。

この他にもう一つ別の密教の形態があります。それもまたインドで、しかし少し遅れて現れたのもので、それはヒマラヤ地方に発展していった密教です。しかし私はそれについては余り詳しくないのでうまく話せません。お許し下さい。それはネパールタントリズム、チベットタントリズム、モンゴルタントリズムの源となるもので、特徴として、ある種の性的象徴を強調したところがあります。シャクティの信仰ではない――シャクティはヒンドゥー教で使われる言葉です〔シヴァ神妃をさすことが多い〕――シャクティ信仰ではなく、般若（Prajñā）、「慧」の信仰によるものです。つまり、各仏陀は女性の反対身を持っているという信仰です。唐時代の密教の中に、実はすでにそれは存在していました。しかし中国人は儒教の影響でひどく羞恥心があり、こういう面には一種の検閲のようなものが作用して、結果的に唐の密教では——それが遂には日本に伝わるのですが——、すべての性的な概念は内奥化され、昇華されています。それはまた非凡な美しさです。ところがヒマラヤ密教ではそれがもっとありのまま、生々しく残っており、司祭者が、女性形の彼の般若《プラジュニャー》、智慧としての女性と現実に合一するという実践さえありました。タントリズム（密教）の大伝統におけるこの最後の形態が現れるのは大体九世紀、十世紀の頃、それともすでに八世紀に起こっていたかも知れません。しかし前に話したところの初期密教というのは、唐時代の中国に渡った後、インドでは消えてしまい、また、中国で猛烈な迫害の下に消えてしまう前に日本に伝えられて、そこで継承されました。日本では、九世紀初頭に着いてから、インド・中国に反して、大変な人気を博します。弘法大師空海という卓越した天才が、中国において受取ったこの教えを日本において発展させたのです。弘法大師は、最後の中国人大高僧から後継者として認められ、この教理を持ち去る最後の者となり、そのすぐ後でこの教えは危機を迎え、一世紀後にはほとんど消滅してしまいました。したがって日本が唐の密教の保管者であり、初期大密教の証人なのです。

そういうわけで、次の世代の密教はヒマラヤ地方に発展して行きました。御存知のようにこれはインドでは根絶されてしまいました。しかしヒマラヤ、チベット、モンゴル地方では大きく発展し、「元」の中国征服時代にモンゴルを介して再び中国に入って来ました。今日、北京の寺院で見られるのは、中国モンゴル仏教でラマ教と言われるもので、チベット仏教の一部の系統に属する仏教です。言うまでもなく、この最後の形のタントリズムはチベットとその他の伝統の中で、それ自体大きく発展し、広大な歴史を持っています。しかし、そこはもう御勘弁下さい。私はこの辺で止めて、誰か他の方にきいて頂くとしましょう。

第四章　麻耶《まや》——仏陀の母

図版 1　釈迦誕生　ガンダーラの浮き彫り　カルカッタ博物館
（A. Foucher『ガンダーラ仏教美術』より）

周知のとおり、麻耶というのは謎の存在である。その名前からして、古代インドにおいて普通一般に使われた女性の名前ではなかったようである。この名前は、文字通りには「幻覚」を意味するが、これは昔から多くの疑問を引き起こしてきた。ブッダ、つまり「全くの明晰状態を体現する者」が、それ自体、当然、「幻覚」から抜け出て来たものであるという答えは、一見十分なようだが、多分単純すぎる解釈であろう。

仏典の中に語られた麻耶と釈尊のエピソード

伝承によれば、(シャカ)菩薩、つまり未来の(シャカ)仏陀は麻耶——またはMahāmāyā《マハーマーヤー》、すなわち大麻耶とも、Māyādevī《マーヤーデーヴィー》麻耶夫人とも呼ばれるのだが——の中に、六牙の白象の姿をとって入った。彼女はそれが自分に降りてくるのを夢にみて、完全無垢のまま受胎したのだった。この白象はインドラ(帝釈天)の乗っていたアイラーヴァタ(Airāvata)という象を想起させる。それから釈迦が生れ出たのは、通常のところからではなく、母親の右脇からである(図版1)。ここでもまた、インドラの場合と同じように、仏陀の受胎と生誕は清浄無垢なものとして描かれると同時に、この純潔がふさわしく神聖モデルに合致したものとして描かれている。

麻耶が息子の生誕の七日後に死んだことも周知のとおりである。出産の後で母親が死ぬという、そのこと自体は不幸なことにさして稀ではない。しかし麻耶の死に関してはいくつか別の解釈も行われた。その中でも特に、ブッダを生んだ女は別の人間を生むことが出来ないというものがある。このテーマに関しては、アルフレッド・フーシェの『仏陀の生涯――インドの文献と遺跡による(1)』の記述を参考にされたい。

最も一般的になっている伝承によれば、麻耶は没後、須弥山《しゅみせん》の頂上に居を構える神々の許に生まれ変るために赴いた、とされている。そこはまだこの地上の世界に属する所であり、インドラ神を中心に、四方角に八つずつ、合計三十二の宮殿が集っている所で、したがってそこに住む神々を、インドラを含めて、三十三天（Trāyastriṃśa 忉利天）と呼ぶ。これはかなりよく受け継がれてきた仏教の伝承の一つで、ことに日本の仏教にはよくみられるものである。すなわち、女性は欲界（Kāmadhātu）と呼ばれるインドラの楽土で、まだ欲望のもとにあるとされている世界の領域に再生するということである。麻耶はこの神聖な場所に生れ変り、そこから常に息子を見守っていた(2)。

長阿含経《ちょうあごんきょう》のような古代仏教のテキストを集成した経典の中には、仏陀の涅槃に際して諸天、すなわち梵天や帝釈天や、その他の神々が、荘重体詩の形でもってその悲嘆を表したことが書かれているが、その中に麻耶も登場している(3)。しかしそこではただ彼女の声だけが表明されるのであって、自らは下界にまで降りては来なかったようである。それに引きかえ、より後期の大乗仏教に属する麻訶麻耶経《まかまやきょう》の中では、麻耶はこの事件が起った時、釈尊の弟子の一人、アニルッダの知らせを受けて、自ら空から降りて来る逸話が語られている(4)。しかしすでに遅く、仏陀釈尊は七日前から金の棺に臥していた。彼女が涙にぬれて到着した時、仏陀は合掌して起き上がり、彼女を迎え、仏教の教えにもなり、慰めにもなる言葉をかけた。この話は玄奘の『大唐西域記』、クシナガラの条にも取り上げられている(5)。この逸話はこれから見るように、仏教図像学の伝統に大きな影響を与えた。

ただここで付言して置きたいことは、仏陀涅槃の場面としてはこの「出金棺」のタイプの他に、より古い伝統に合致し、より流布している別の表現形式があり、それによれば、唯、仏陀は蓐《しとね》に横たわり、そのまわりを取囲む悲歎にくれた、あるいは悲しみを堪え忍ぶ多くの会衆の中に、麻耶は雲に乗って空から降りて来たように描かれている。このように麻耶は自身の死から息子の死まで、長い年月の隔りがあるにもかかわらず、また、彼女自身の生の条件が変化しているにもかかわらず、息子の運命を常に注意深く見守っていた母として語られ、描かれているのである。

逆に釈尊の方も、母の行く末を心配し、ある伝承では、彼女の所まで赴いたことがあると伝えているが、これはそれほど驚くに当たらないだろう。この点に関する信仰は、かなり早い時期に受け入れられている。増一阿含経《ぞういつあごんきょう》という、また別の古代仏教の経典集にこの逸話が入っていて、そこには、釈尊が早逝した母に自分の説教を聞かせることが出来なかったことを悔やみ、仏法を説くため、忉利天の母のところまで昇って行ったと語られている。彼はそこに一安居《あんご》の間〔雨季の間、外出を避けて隠り、修行に専念すること〕、すなわち九十日間逗留していたということである。通説ではこの出来事は、彼が悟りを開いた後の十六年目であったとされている。(6)

この九十日が終って、仏陀釈尊が神々の所から再び降りるときのことは、「天界からの下降」(deva-avatāra) の逸話として有名であるが、この時一つの奇蹟が起きる。それが起きた場所の異名によって、「サーンカーシャの奇蹟」とか、「カピタの奇蹟」とか呼ばれているもので、その奇蹟とは次の様なことである。釈尊が降りようとした時、各々、金・銀・水晶で出来た三列の階段（三道宝階）が現れ、釈尊は、梵天と帝釈天に付き添われてその階段を下降した。[7] ある後期の伝承は、この逸話と、仏陀の最初の像の話を結び付けている。それは師釈尊が隠遁で不在の間、いかに下界は悲嘆にうち沈んだか、そしてある王がいかにしてその悲しみを癒すために、崇高なる原形に似せた像を造らせたか、次いで仏陀が下界に降りて来た時、自分が涅槃に入った後、この像が彼の代理となる使命をいかに吹き込んだか、というようなことを伝えている。[8] この逸話には多くの異文があり、かなりの数の研究対象になっており、筆者自身も興味を持つものであるが、この論の主題をはずれるのでこれに止めておく。

ガンダーラ美術から日本に至るイコノグラフィの継続性

では今まで取り上げたいくつかのテーマ、すなわち「釈迦誕生」、「仏涅槃に際する麻耶の下降」、「麻耶再生の地へ釈尊の上昇」、「釈尊の天界からの再下降」というテーマが、インド世界とはかくも遠く隔たっているにもかかわらず、仏教図像学の伝統がとりわけ忠実に保存されてきた日本において、どのように表現されているかということを見てみよう。

まず「釈迦誕生」の場面の表現をみよう。比較のためにアルフレッド・フーシェの『ガンダーラ美術』に収載されているもので、カルカッタ国立博物館に保存されている浮き彫り彫刻を見て頂きたい（**図版1**）。この彫刻の意味をよく理解するために、釈尊の若年を説くラリタ・ヴィスタラ（Lalita-vistara）と呼ばれる、物語りを振返って見よう。[9]

麻耶はルンビニの庭を散歩している。ヴァイシャーカ（四月〜五月）の満月の時期である。彼女は樹から樹へ、茂みから茂みへと歩を進めているうちに、一本の枝ぶりのよく、美しい葉と蕾と素晴しい芳香を放つ花のついた樹の前に到る。その木は彼女に身を屈めてお辞儀をする。伝承によれば、この木は沙羅、あるいはいちじく、或はアショカであるとされた。この赤い花の咲く美しい木、アショカという名は文字通り「炎無し。苦無し、また、苦の種なし」という意味を持っている。王妃は自分の方に垂れかかっている一本の枝をつかむ。その時、赤子が彼女の右腰から生れ出てきた。それがこの**図版1**に現されている場面である。この浮彫りでは、神々は前列にいて赤子を受取っているが、軽く腰をかがめているのがインドラである。赤子の頭には光輪があり、手は合掌している（**図版1**参照）。

下方にはまた、生れて直ぐに四方に七歩歩き、右手を挙げ左手を下げている子供の姿が小さく彫刻されているのが見える。そこで彼は有名な言葉を宣べる。「Aggo 'ham asmi lokassa」我は世界の先端なり、（すなわち、世界の頂きである）と。この言葉は

図版2　摩耶夫人像　法隆寺金仏のうち釈迦誕生群像の一体（東京国立博物館）

図版3　釈迦誕生　「釈迦八相図」部分（MOA美術館・熱海市）

中国語に翻訳され、「天上天下唯我独尊」という形で日本に伝った。これは次のように理解されなければならない。この言葉によってシャカ菩薩は直ちに自分を神々の上位に置いたのである。なぜならば、神々自身が到達し得ない悟りに、彼は到達する者であると。同じ情景を表したものとして、日本に保存される最も古い彫刻は、法隆寺にあった小さい金銅仏群像で、明治九（一八七六）年寺院から天皇家に献納された四十八体仏の中に含まれていたものである。現在は東京国立博物館に保存されている。この、二体の神にかこまれた麻耶の群像は、おそらく七世紀後半のものであろう。韓国美術の影響の跡が見受けられる。麻耶王妃は広い袖の宮廷服を着て、右腕を挙げていて、その袖から赤子が出てくるところ

図版４　「釈迦金棺出現図」　11世紀後半（京都国立博物館）

である。ここでも赤子は合掌して、その頭頂には仏陀の身体的特徴、三十二相の一つとされる隆起があることに注目されたい（図版２）。

同じ場面を描いた非常に美しい絵が熱海のMOA美術館に所蔵されている（図版３）。これは鎌倉時代の作品で——大体十三世紀頃——四幅になった掛物の内の一つであるが、この絵は同テーマの図像学上の一貫性を示している。

さらに同様の一貫性は寛文六（一六六六）年に刷られた大衆版の版画、「訂校釈迦八相物語」にも見られるものである。しかしこの版画で面白いのは、作者が図像学の伝統に注意を払わずに、赤子が現れるところを、麻耶夫人の左袖にしてしまったというところだろう。

次に「仏陀涅槃時の麻耶の下降」のテーマが、日本でどのように扱われているかを見ることにしよう。先ず、日本で涅槃図と呼ばれている最も典型的な表現形式を見よう。仏陀釈尊は伝承の通りに、右脇を下に、手枕をして、沙羅双樹の間に横たわっている。僧侶や俗人、諸天や鬼、魔物など、いろいろの者が仏陀を取巻き、さまざまな感情を表している。深く瞑想する者もあれば、激しく悲しみを露呈する者達もいる。仏陀の肌は、この臨終に当って金色を呈している。有名な例としては、涅槃図の日本における最も古いもので（一〇八六年）、絹本、2m66×2m71の大画面で、高野山金剛峯寺に伝存されているものがある。(10) この絵の右上の方を良く見ると、麻耶が空から降りて来るのが見分けられるだろう。彼女は、中国宮廷風の豪華な装束に身を包んでいる。

涅槃に際する麻耶降下図の別のタイプとして、旧松永コレクションに属していた有名な絵で、現在は京都国立博物館所蔵の「釈迦金棺出現図」と呼ばれるものがある（図版4）。前画と同様大画面で（1m60×2m29）、同様に十一世紀後半に描かれたものである。

この絵では、釈迦牟尼は金棺から目も眩むばかりの姿で現れ出で、光背には、お経の中にしばしば述べられている通り、数多くの小さな仏の姿が描かれているが、その仏達は、仏教の教えとその真理の普遍性を証明しているものである。仏陀釈尊の傍には、彼の僧衣と風呂敷のような布が見え、その中には彼の托鉢の鉢が入っている。仏陀の前には麻耶が携えて来た供物が置かれている。長い柄の付いたシストルム（khakkhara がらがらに似た楽器）、すなわち錫杖を右手に持って画面の右手に立っている女性が麻耶である。雄大かつ神秘的な絵で、様式としては宋美術の影響を受けているものである。

今度は仏陀が母の許へ上昇する逸話を表す図に移ろう。実を言うとこの上昇そのものを描いた絵は

図版 5　釈迦如来三十三天への昇天の図　「清涼寺縁起絵巻」16 世紀（清涼寺・京都市）

稀である。それに反し「帰途の降下」の方はそれよりずっと多く存在する。しかしここに一つ、仏陀が非常な早さで、ジェット機のように尾を引く雲に乗って昇って行くのが見える上昇図があるので挙げよう。それは「清涼寺縁起絵巻」の一部で、永正十二（一五一五）年に狩野元信によって描かれた作品である（図版5）。この画家はそれまでむしろ中国の様式を踏襲していた風景を、ある程度日本化した人として知られているが、須弥山の頂に、雲に霞んで見える三十三天界の宮殿の屋根に注目されたい。次に「天界からの下降」（deva-avatāra）と言われる帰途のテーマはどうであろうか。「上昇図」よりも「下降図」が画家達に好まれたのは、このテーマには特別に画想をかきたてるインスピレーションの源があったからだということを先ず指摘しておこう。それは前述したように、仏陀が降りようとした時、あの高価な材質で出来た三列の階段が現出したという逸話

図版６　ガンダーラ浮き彫りに見られる三十三天より仏陀が三道宝階を下降の場面（カルカッタ博物館）（A. Foucher『ガンダーラ美術』より）

を語る興味深いテキストの存在である。ある出典に拠ればその複数の階段はインドラ（帝釈天）自身が作らせたとされ、釈尊は中央の階段を、ブラフマー（梵天）とインドラ（帝釈天）は両脇の階段を降りて来る。

この降下の場面が、ガンダーラ美術の中でどう表現されているか、これもまたロリアン・タンガイ〔ガンダーラ芸術の重要な発掘地の一つ、現パキスタン北部〕から出た、カルカッタ博物館所蔵の浮彫を挙げておこう。ご覧のように階段は非常に急で、縄梯子のようにさえ見える（**図版６**）。

これに反し**図版７**に挙げる十三世紀末の日本の絵では、お寺の階上に上るためによくあるような本物の階段で、こちらの方が確かに降り易いであろう。この絵は身延山久遠寺に伝存の仏伝図の一つ、「三道の宝階」である。

図版７　図版６と同場面の日本における表現　「釈迦八相図」13 世紀（久遠寺・山梨県）

以上見て来たように、インド仏典の中の叙述に始まり、ここに検討したガンダーラ芸術に表された形、そうして日本の図像学的表現まで、驚くべき継続性が認められるのである。しかし筆者は、このような継続性が非常に興味深いものであるとはいえ、それだけを強調するものではなく、最後にある一点において、日本の麻耶信仰が、インド世界のその信仰に比して独自の発展をしたと思われる点を強調しておきたい。

麻耶は子供を守る〝聖母〟として祭られなかったか？

かつて、フーシェの著作の中の一つの考察が私の注意を引いた。彼はその著『仏陀の生涯』の中で、「仏陀の母はカトリックの聖母マリアのようには、特別の信仰対象にはならなかった」と書いている。

図版 8　訶梨帝母（かりていも）倚像　13 世紀（園城寺〔＝三井寺〕大津市）

そして続けて次のように述べている。「アジア仏教圏の人々の崇拝を常に受けている永遠の女性の化身、そしてその東アジア的姿は、ヨーロッパ人に彼らの聖母子像のタイプを想起させ、意外とするのだが、実は麻耶とは全く別の女神である」と[11]。

ここにいう別の女神とはそもそも一つではない。この神はいくつかの姿に具現されている。基本的にはそれには二つの姿があって、第一がハーリーティー（訶梨帝 Hārītī）という女鬼神である。彼女は釈尊の当時は、自分の子供達を養うために、王舎城の子供達を捕獲していた。しかし仏陀に帰依し、逆に子供の守護神、子授けの神となった者で、懐に幼児を抱き、多くの子供達に囲まれた姿で表わされている。

このハーリーティー（訶梨帝）は日本では主として鬼子母神の名で知られ、すでに八世紀から大衆性を獲得し、多くの形像が作られて来た。その一例は園城寺の訶梨帝母《かりていも》であるが、これはたいそう優しい姿でマドンナ風に子供を抱いた様相の十三世紀の像である（図版８）。もう一つはまだ鬼性が残っている様相で、金沢真成寺の鬼子母神像のお札《ふだ》に見られるように、どことなく恐ろし気な歯を見せた姿に表されている（図版９）。彼女が手にざくろの枝を持っているのに注目されたい。種のいっぱい詰ったこの赤い美しい実は、母性の生殖力の象徴となっている。

仏教におけるマドンナ役を務めて来たもう一つの重要な神性は女性化された形の観音菩薩である（子安観音、子育観音などといわれる）。ことに白い陶器で作られた像は有名で、この制作は十六・十七世紀から中国で盛んに行われ、その後東アジア全域に拡がった。

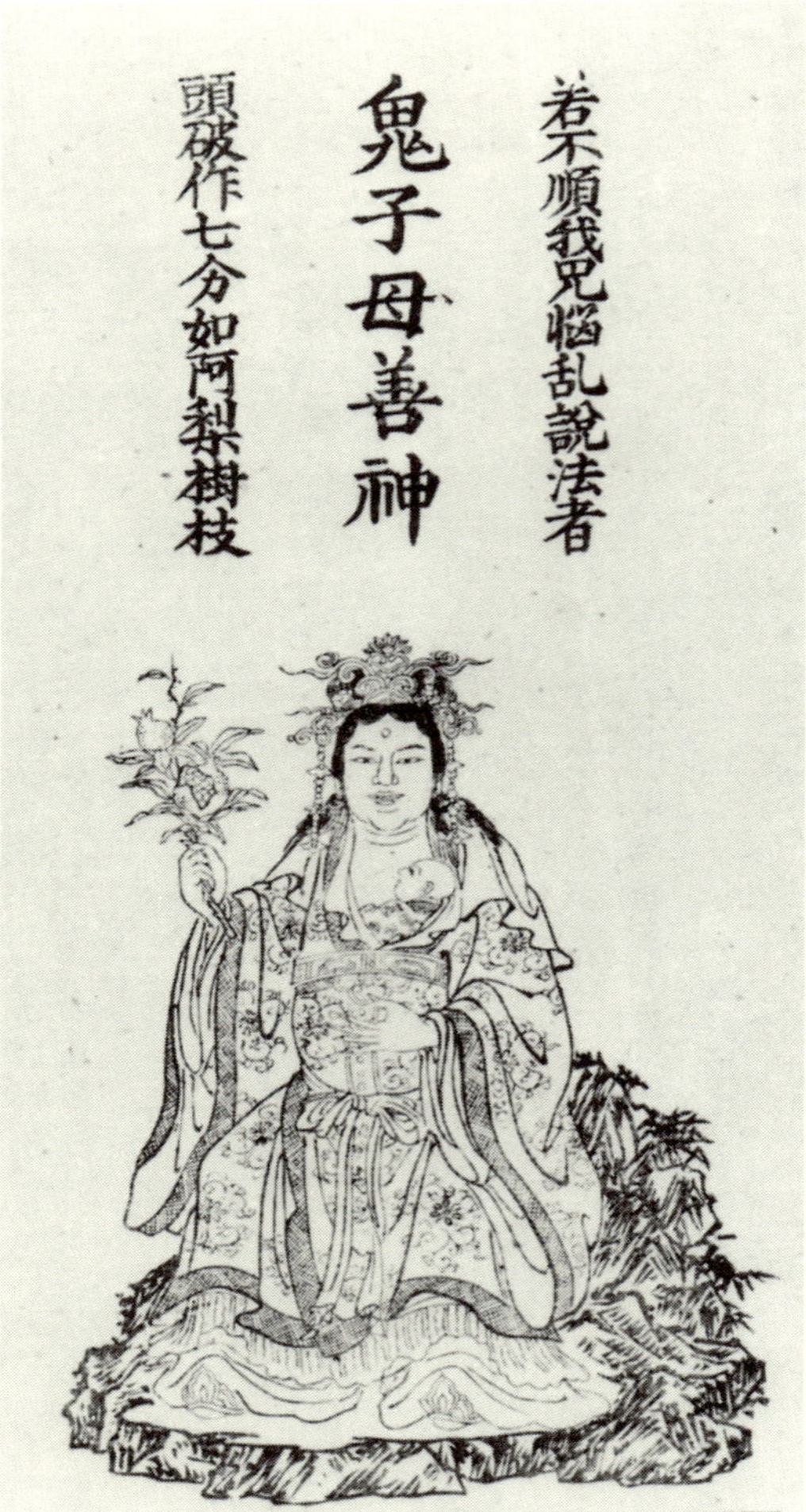

図版 9　鬼子母神のお札（真成寺・金沢市）（ベルナール・フランク・コレクション）

鬼子母神や子安観音を祭っている日本の寺では、寺印を押した腹帯を提供している。似通った慣習がキリスト教の伝統の中にも存在することを、比較として記しておくのも興味があろう。例えばフランスのブルターニュ地方にあるカンタン寺院（Basilique de Quintin）には、十字軍の時代に中東からもたらされた女性の腹帯の一部が保存されていて、それが聖母マリアの腹帯の聖遺物とされている。ここに巡礼する妊婦は、自分の腹帯を、霊験あらたかと言われるこの聖遺物に触れさせることが出来るという。詩人ポール・クローデルはこの伝習について、一九一一年に友人ジャック・リヴィエールに宛てた手紙の中で語っているが、これは日本に見られる信仰に大変似通ったものと言えるだろう。

さて筆者は、フーシェの麻耶に関する叙述のせいで、仏陀の母がこの種の信仰の対象になっているとは想像もしなかった。ところがある日神戸地方の地図を眺めていた時、偶然この街の後の山並みに**Maya-san** と呼ばれる山があり、それが麻耶山を意味しているのではないかと思われた。少し調べてみると、この山に忉利天上寺という寺があることが分った。忉利天上寺は文字通り、三十三天界の上寺という意味である。もう疑いようもなく、これは仏陀の母麻耶を本尊とする寺である。

案の定、調べてみると、そこにはこの地方でよく知られた寺があり、寺伝では真言宗の開祖弘法大師が九世紀初頭に中国から請来したと言われる麻耶像が祭られていた。少なくとも寺ではそのように語られている。とにかく確かなことは、麻耶を本尊とする寺がこの場所にすでに存在したことは十四世紀に書かれた軍記物『太平記』の中に立証されているのである(12)。

そこで次の日本滞在の機会に——一九七三年——その場所に行ってみた。そして寺を訪れたが、残念なことに、くだんの麻耶像は秘仏として厨子にあり、拝見出来なかった。しかし住職は私のために、この寺の麻耶像のお札《ふだ》を一枚探してみると約束してくれた。というのは現在は版木が磨滅しているため、新しく刷ることは不可能だったからである。こうして後に手に入れたものが、**図版10**のお札《ふだ》である。この麻耶夫人はすでにみた伝承どおり、花の咲いた枝を持った右手を挙げている。しかしこの絵

図版 10　忉利天上寺　「摩耶夫人」像お札（神戸市）（ベルナール・フランク・コレクション）

で最も注目に値することは、通常の麻耶像のように赤子は彼女の右脇から、あるいは日本の古い像にみられるように、袖から出ているのとは異って、今いくつかの例で見たように、幼児を胸に抱いた、仏教における聖母子像のように表現されていることである。

ここでは麻耶は、言うまでもなく先ずブッダ釈迦牟尼の母として祭られながら、唯、仏母としてのみならず、総ての母親の祈りを聞く母となっているのである。それはこの寺の境内に入ると直ちに分るであろう。そこには安産を祈り、さらに子供一般の守護を祈願する女性達を迎える幟がはためいている。

筆者は、仏教圏全域を通じて麻耶夫人を本尊とする崇拝信仰が不在である、と信じたあのアルフレッド・フーシェがすでに世になく、この心を打つ例外がこうして日本に存在するのを、彼が確認できないことを大変残念に思う。

第五章　愛染明王——愛・怒・色

図版 1　絹本着色愛染明王像（宝山寺・奈良県生駒市）

「正覚《さとり》」を妨害したマーラ（殺者）はすなわちカーマ（愛の神）

シャカ菩薩が悟りに到達するのを妨げようと、先ず恐るべき軍団を送って脅し、また他方では自分の三人の美しい娘をさし向けた悪魔に、仏教の経典では普通マーラ、「殺者」という名を与えているのは周知のことである。実はこの悪魔はたいそう重要な神で、多くの文献ではこの神は天空の第六層目で、そして欲界（欲望に動かされている世界、**Kāmadhātu**）の最上部にあたる「第六天」を支配していると述べている。この「第六天」に住む者は常に喜楽の中に生きていて、そこは――ジャン・フィリオザが指摘しているように、[1]――地獄の苦しみの対極と言える所である。しかしマーラ神は単にこの「第六天」という天空層の主であるのみならず、実はその支配する所は「欲界」の全域にわたっていて、そしてここで指摘しなければならないのは、彼自身がカーマ神、すなわち欲望または愛であり、「愛《カーマ》の神」は、「殺者《マーラ》」の別名だということである。この神は生み出す力、そして結局は破壊してしまう力、それによって生と死のサイクルを永久に続けている力を体現しているのである。同様にしてこの神には、アルフレッド・フーシェの表現によれば「生命の精」、または人間においては「本能」とも言うべきものが認められ、それが修道僧たちに〝悪の精神〟と見えたのではなかろうか。彼らはこの神を最悪の者という意味の**Pāpīyān**（波旬《ハジュン》＝魔王）と名付けた。これはヨーロッパで、誘惑者の古い呼び名「現世の王者」、つまり悪魔を想起させるものである。[2]

バラモン教の伝統においてもまた、カーマ神は妨害者と見なされていた。カーマは、禁欲苦行中のシヴァ神の邪魔をし、その不遜のためにシヴァ神によって灰にされてしまったと伝えられている。この神のイコノグラフィ《像容》はギリシャ・ローマ文明におけるエロス＝キューピッド神と同類の形で、つまり赤い肌色をした美しい若者として表わされ、弓と花の矢を武器とし、マカラという一種の海獣を標印《しるし》としている。[3] 弓と矢はマーラ神が釈尊を襲った時に手にしていた武器であったと言われているが、その矢は地に落ちて花に変った、――ある説では詳しく、蓮の花になったと言い伝えている。[4]

密教の根本的な尊容絵図の一つである胎蔵マンダラの中に、「他化自在天《たけじざいてん》」――（他者が創った快楽を自由に楽しむという神々）、つまりさきほど述べたところのマーラ神が王者となっている欲界の最上層、第六天に住む神々――の代表格が、同じように弓と矢の持物を持って描き表されている。そして、それを囲む二人の侍者が、それぞれに蓮の蕾（未敷蓮華《みふれんげ》）を持っている。[5]

信者達にとってはカーマ神というのは、魔羅《マーラ》という名でもって我々に敵対する最も手ごわい力を人格化したもので、仏法の敵とされ、各人が日常生活で常に警戒していなければならないものとうつっていた。

「rāga《ラーガ》」――この言葉についてはまた後にふれるが――これは三毒という言葉にまとめられている根本的な三つの煩悩の第一番目である。フランスの宗教学者たちはこのラーガを「愛」または「淫欲、魅惑、貪欲」と翻訳するとだけ言っておこう。二番目の毒、「dveṣa《ドゥヴェーシャ》」はそれと全く反対の意味を持ち、「悪意、憎しみ、怒り」と翻訳される。第三番目は「moha《モーハ》」で、これは「無知、誤り」または「馬鹿、愚か」と訳されている。この三毒は普通、漢字で貪《とん》・瞋《じん》・癡《ち》といわれ、第一は「貪欲《とんよく》（lobha）」という意味の方に、第二は「怒り（krodha）」という方に解釈される傾向がある。

周知のように、大乗仏教の師僧たちは仏教的思考を深める努力をする中に、ついに、すべての物事を分けて考えることを捨てよと教えるに至った。なぜなら物事の判別的見方は二元論の立場にしか立つことが出来ないからと。こうして彼らは、絶対的真理においては煩悩と悟りは同一である、「煩悩即菩提」と唱え、煩悩と解脱そのものも同様であると、またさらに輪廻（samsāra 生死の繰り返し）と涅槃《ニルヴァーナ》の同一性を唱えるに至った。維摩経[6]を初めとする「空派」の経典の中で強く表明されたこの同一性は、中国の天台宗、またそれを受継いだ日本天台宗によって再び取上げられ、そして展開されて行った。[7]

密教ではこの問題に関しては、明らかにこの考えが基底になるのだが、それをさらに大きく先に押し進めたのである。つまり密教によれば、煩悩が持っている絶大なエネルギーを、個人利益（自利）の狭量な枠から引離して、衆生一般に等しく（他利）に適用すれば、そのエネルギーは悟りを成就する力そのものとして現れて来るだろうと。

大日経疏は中国の一行阿闍梨《いちぎょうあじゃり》（七二七年没）がインドの師僧善無畏《ぜんむい》の説明によって大日経を注釈した書であるが、次のように述べている。

「通常、仏教は、慈《じ》を以って瞋《しん》（憎しみ、怒り）を対治し、無貪《むとん》を以って貪《とん》を取り扱ひ、正見を以って邪見を治すと教える。しかし今私は、より大きい怒り（大忿瞋《だいふんじん》）を以って怒り（瞋）を除き、より大きい貪欲《とんよく》（大貪《だいとん》）を以ってすべての貪欲（一切貪《いっさいとん》）を除くことを教える」。

面白いことにこの注釈書がここで列挙を中止しているのは、少し困惑したのであろう、でなければ同じ考え方を進めると、少くとも「癡」（愚）を除くには「大癡」（大愚）を以ってする、となるのだが。それは言わずに結論として

「此れすなわち最も解し難く、信じ難きが故に、人は〝異様なことだ〟というのである」。

と述べている。(8)

「すべてのものは本来清浄である」——理趣経の思想

二元論の妨げから解放された信心業の真っ只中でこのように認められた煩悩、特に愛欲の中心的重要性は、不空《ふくう》によって翻訳された小さな密教の経典の中で完璧に表現されているのが見られる。それが般若理趣経（智恵の案内）といわれる経典で、日本の真言宗で平常よく使われているお経である。なおまた不空自身が『理趣経釈』という非常に明快な注釈書をも書いている。（『理趣経釈』は『大正大蔵経』のNo. 1003に収載）。

このお経（理趣経）は、至上の仏陀とされる大日如来が、欲界の最上層の神々の宮殿で説教をする場面を描き出している。そこはすでに述べたように、マーラ神、別名カーマ神が支配している所である。大日如来はそこで、「すべてのものは本来その性質は清浄である。（一切法自性清浄《いっさいほうじしょうじょう》）(9)」という教理の十七点について説明する。その中で最も重要な五つの点を次に挙げよう。

第一は「妙なる結合の清浄性」（妙適《みょうてき》）、これは言い変えれば性的結合のことで、そこでは極限の喜び

の中で、各自が個人的な差別を滅する。二番目は愛の過程の出発点に戻り、「愛欲の矢の清浄性」(欲箭《よくせん》)、第三は「接触の清浄性」(触《しょく》)、第四は「愛念の絆の清浄性」(愛縛《あいばく》)、第五は「完全なる所有の清浄性」(一切自在主《いっさいじざいしゅ》)、これは言い変えれば欲を満たした誇りの心の清浄である。これらの語にはそれぞれに同名の瞑想《サマーディ》があり、行者がその清浄の瞑想に入ることによって真の自由解脱に導かれると説く。神林隆浄はその著『理趣経講義』(9)において、「妙適《みょうてき》」とは、我と他、あれとこれというようなすべての差別を無くし、自利のための智恵と、他利に向けられる慈悲との最終の出合いを意味していると説明している。「欲箭《よくせん》」は単なる色欲の想いではない。それは「大慈悲」の矢である。「触《しょく》」は自由解脱に導くために衆生を抱くと解釈すべきであり、「愛縛《あいばく》」は悟りの入口まで衆生を放たず保つためであり、「一切自在主《いっさいじざいしゅ》、(所有の慢心)」というのは、大日如来の本性の実体を把握した時の、無上最高智の慢である、と。

密教の二大絵図の一つである「金剛界マンダラ」の中に、「理趣会《りしゅえ》」と呼ばれる一郭があり、その中に五人の菩薩グループが描き現されていて、この五菩薩が以上の妙適・欲箭・触・愛縛・慢それぞれの清浄の瞑想段階を現している。各菩薩は各々異った色と持物を与えられているがここでは省略して、その中のいくつかだけをみることにしよう。

先ずその中央は「妙なる結合(妙適)」のテーマを体現して「金剛薩埵《サッタ》」という尊格が描き現されている。これは「ダイアモンドの如く清浄堅固な存在」という意味で、古いところでは釈尊の護衛に金剛杵《ヴァジュラ》を手に持って随伴したとされる執金剛《しっこんごう》(金剛手ともいう)を、密教において最高にまで宣揚した形の名称である。ここでは金剛薩埵《サッタ》は、清浄な「悟りの本来の心」を体現していると言われ、彼の肌色の白はその清浄性を現している。左手には金剛杵《ヴァジュラ》の柄が付いた鈴――これは目を醒ませる、すなわち悟らせる道具――を持ち、そして右手にも金剛杵を持つが、どちらも先端が五枝に分かれた形（五鈷）の金剛杵で、これは仏陀の智慧取得の五つの段階を象徴するものである。ここでは明らさまに表に出ていないとしても、この二つの持物が持っている性的シンボルは結合を表していると付言しておこう。

次に東にあるのは「欲金剛《よくこんごう》」、または「意生金剛《いしょうこんごう》」と言われる菩薩である。それはこの段階では、愛欲は意中にのみ生れていて外には表れていないと説明される。この菩薩の肌の色は赤で、「それは矢を放とうとする激しさを現す」。持っている一本の矢は、それによって菩提心を標的としているのである。西に位置するのは「愛金剛」で青、この色は「愛欲の充実」の色とされている。この菩薩はマカラという海獣を飾った幟を持っているが、この海獣は大洋の水を飲込むほど貪欲で、ここでは抑え切れないほどの慈悲の渇きのシンボルと言われる。(11)

このように、弓と矢、赤い肌色、海獣マカラの飾りがついた幟という、さきほど挙げたバラモン教のイコノグラフィ《図像学》におけるカーマ神の特徴となっている諸容相が、ここに再び見出されるのである。

以上、非常に簡単でまたもちろん非常に不十分ながら、愛染明王（Rāga-vidyārāja）、略して愛染王、または愛染金剛とも呼ばれる尊格が生れた来歴を要約した。

周知のように、明王《みょうおう》（vidyārāja）は密教独自の範疇《カテゴリー》である。明王というのは要約すれば、密教における同じような神秘的な語句の中でも最高とされるダラニ（呪文）を人格化したものだということである。

この言葉自体が示しているように、それらの文句は「ヴィディヤー（明祝）を具え持っているもの」、すなわち漢字「明」が言い現すところの明晰さと、内的外的なものすべてにわたって威力を持つ霊的実在《レアリテ》を持ち具えているものである。この最も古い密教思想の中に根を持った「明王」の観念は、七世紀から八世紀にかけて最終的な形に成立し、高度に体系化された密教と共に、一時期、唐時代の中国に入ってさらに発展した。そうしてここで明王の観念は、頑固な衆生を改心させる手段として「怒り」の助けをかりるという考え方に結び合わされて現れて来た。それは五大明王というグループの成立によって頂点に達した。この五大明王の主席となっているのが不動明王で、この明王は、すべての者を悟りに導こうとする汎仏陀大日如来の意志を、忿怒の形で体現しているのである。

愛染明王の形姿とその十種の徳

さて愛染明王はこの五大明王のグループには入っておらず、それにまた、胎蔵・金剛界二大マンダラのどちらにもその名と姿を探すのは無駄である。愛染明王の解説と、その描写の源となっているのは瑜祇経《ゆぎきょう》という経典で、これは超秘儀的な観想に関する文献であり、金剛智《こんごうち》（六七一～七四一年）が翻訳したとも、また別説によればかの有名な諸法総合の不空（七〇五～七七四年）の翻訳になるとも言われているお経で、弘法大師によって九世紀の初めに日本にもたらされたお経である。(12)

実はこの瑜祇経《ゆぎきょう》第五に「愛染明王品」(13)という章があり、愛染明王の像容の基本としてその後定着して行くイコノグラフィの規定全般がくわしく述べられているのである。それによれば身体は赤みをさして、多くの場合鮮紅色から深紅色に及ぶ赤で、「日の輝きの色」といわれる。そして「熾盛《もえさかる》の輪の中」に座している。その顔は忿怒の表情で、頭上にはたてがみを鋭く立てた獅子の頭を戴く。(14) 忿怒相は明王では普通になっている相であるが、インドの古伝話プラーナの中では、カーマ神の弟がクローダ（怒り）であるとしていること、(15) また、イタリア、ルネッサンス時代の有名な著作(16)の一節が、愛の神（キュピドン）を怖い顔の「炎の子」と言い表わしていること、をここで指摘しておくのも興味のない事ではなかろう。しかし愛染明王においては、忿怒と赤色は慈悲の激しい結果を表しているものに外ならない。赤はまた彼が座している蓮華の色でもあり、この赤い蓮華は、諸願を満たすというシンボルの、宝物が溢れ出ている宝瓶の上に乗っている。(17) 獅子頭の冠に話を戻すと、この頭には五枝になった鉤《かぎ》が頂上に着いていて、これは愛染が持つ能力の一つ、捕獲という能力を意味していると付け加えておこう。(18)

愛染の一般的な形は、瑜祇経の詳述するところによれば六臂を持っている。瑜祇経の中では愛染明王は金剛薩埵《サッタ》の化身とされていて、それはさらにその向こう側で、金剛薩埵《サッタ》がその化身であるところの大日如来の化身だと考えられているのである。したがってその主臂は金剛薩埵と同じように左に鈴を持ち、右に五枝に分れた金剛杵《ヴァジュラ》（五鈷）を持つ。次の第二手は左手に弓を持ち、右手には金剛杵と同じ意味を持った一本の矢を持つ。最後の二臂の一方は何も持たず空いているのは、修法の目的に従って選んだ物を持物《じぶつ》とするためであり、もう一方の手は邪念を打ち払うように、蓮華の茎を振り上げている。『覚禅抄《かくぜんしょう》』(19)によると、密教の師僧、天台智証大師が中国から持ち帰ったモデルから出た変形の愛染では、弓は水平に持たれて、天空に向って引きしぼられた形になっている。（天弓《てんきゅう》愛染）。

「随意に持物《じもつ》を置けるように空けてある手」でも分るように、各々の持物《じもつ》の形に、その時々の修法の目的に関係する特有のシンボリズムを認められることになる。『愛染王紹隆記《あいぜんおうしょうりゅうき》』(20)という十三世紀中期をわずかに降ると思われる説話集は、愛染王の徳を十種挙げているが、その中の最後の二種だけが超世俗的性格を持つもの、すなわち「発菩提心」と「西方往生」である。その他はすべて現世利益の領域に関するもの、すなわち、長寿・病除癒・栄官殊勝・福徳・愛甚深・悉地速疾・伏敵・除災難となっている(21)。

その中の「悉地速疾《しっちそくしつ》」(速やかな成功)の最も有名な例として残り、それまで普通は僧侶の私的なことに限られていた愛染信仰(22)に、平安貴族が熱中することになった起源は、成尊《せいぞん》(23)の修した愛染法であったらしい。当時の成尊は真言宗小野流の副長官で、未来の後三条天皇の側近僧侶であった。二十年以上も皇太子の地位に止まり、藤原氏から屈辱的な扱いを受けていた皇子は、彼らの監視を取除きたいと熱望していた。成尊は師の長者仁海《にんがい》から教わった七日間の愛染修法を、その目的のために行ったところ、しばらく後に——治暦《じりやく》四(一〇六八)年四月——後冷泉天皇が病になり、やがて崩御された。そうして後三条天皇の御代が始まり、政治的な刷新が画されたということである(24)(**図版2**)。この事件は決して妖術として非難されなかったし、藤原氏と後冷泉天皇の不幸な権力の定着化は、この場合、明らかに正義の敵とみなされたと解釈しなければならない(25)。(図版2は法勝寺様愛染明王の図。後三条天皇の子、白河天皇がその御願寺に安置した像様を伝える。詳しくは注24を参照)。

図版２　白描愛染明王（仁和寺・京都市）（『大正新脩大蔵経図像』第６巻別紙より）（注24参照）

鎌倉時代における奈良の最も著名な僧の一人、叡尊《えいそん》[26]の観点もこれとそれほど違ってはいないだろう。文永五（一二六八）年と弘安四（一二八一）年の蒙古来襲に際し、日本を救う一役として叡尊はいくつかの寺院で連続して護国の修法を取り行った。ところで叡尊には日頃の礼拝尊の一つとして愛染像があった。この愛染は一二四七年に彼が彫らせたもので、今日でも西大寺の最も貴重な寺宝とされている像である。[27] 叡尊の没後数年、あるいは十年近く後に書かれた小文献に記録された伝承[28]によると、その祈祷の一つであった弘安四年、岩清水八幡大菩薩の寺院で行われた七日七夜にわたる修法の後で、一本の鏑矢《かぶらや》が、叡尊が祈祷していた堂をゆるがして飛び出し、光を放って朝敵全滅のために西に向ったということである。ここに「神風」

伝説のヴァリエーションの一つを見ることができよう[29]。ところで、この文献の記述によると、この矢こそ、聖人が日頃崇拝していた愛染明王の矢であった。この矢は今日では愛染明王の手に戻っているが、専門家の見るところでは、この像のもとのままの矢であるらしいという[30]。しかし筆者が一九五五年頃西大寺を訪れた時にはこの矢は欠除していて、矢はフビライの船団に向って海に飛び発ったと説明されたのを記憶している*（**図版3**）。

図版3　手に鏑矢を持つ「愛染明王像」（叡尊旧蔵）（西大寺・奈良市）（『奈良六大寺大観』西大寺）

＊原注　筆者はその後この説明が新しくはないことを発見した。鎌倉時代にすでに『異国襲来祈祷注録』（注28に挙げた出版本のそれぞれ四五七～四五八頁と四〇四頁を参照）は、運命的な神風の原因は叡尊の矢であったことを述べた後で、「その故に今日、この愛染は矢を持っていない」と言っている。同様のことはまた江戸時代――一七九一年に書かれた――『大和名所図会』巻三（東京・一九一九年版・一七八頁）にも明言されている。「かの明王持物の矢うせて、永く見えざりしとなり」と。〔この原注は興味深い内容のため、巻末の原注ではなく段落末の原注として示した。次頁も同様。（訳者）〕

「敬愛《けいあい》」を取得するための修法というのは、専門用語で言えば、サンスクリット vaśīkaraṇa が意味することに相当し、それは人を自分の意志に従わせる、自分の欲望に追従させることである。『愛染王紹隆記《あいぜんおうしょうりゅうき》』はこれについて、ここに言う「愛」はより広義に解釈するべきで、あらゆる種類の行為を含むものだと強調している。* 当時の社会（十三世紀中期）は明らかにまだ、江戸時代のように、愛染明王の像容からまさしく恋愛に関している部分を見抜き出すことを思いつかなかったようである。

＊原注　『愛染王紹隆記』の「五、敬愛甚深」の項は、瑜祇経に言うとして、「愛染王心真言」に関し次のように述べている。「この真言はそれを見るものに父母の、夫婦の、子の心を引き起し、何事も良き結果に導く」。また続けて愛染王の効験によって取得した愛の成功話の二例を語っている。先ず堀川天皇を生んだ白河天皇の中宮（藤原賢子）が、白河帝の寵愛を得たのは愛染王の慈悲を信じたお陰であったとし、もう一つはあまり推奨できない例ではあるが、美福門院が覚鑁《ばん》上人に迫って、彼女のために愛染王の修法を行わせたといっている。その効力は彼女をして、鳥羽天皇の側で完全に目的を達成させたというほどのものであった。その続きは周知の通りである。美福門院は崇徳天皇を譲位させ、我が子（近衛天皇）を皇位につけるのに成功した。そして後にはさらに、近衛天皇の崩御の後は、崇徳天皇の皇子の皇位継承を妨げて、それが保元の乱（一一五六年）の原因となった。しかし『紹隆記』はこの二例を引用しながらも、次の点を強調しておく必要を感じたようである。「愛の成功とは男女のことだけでなく、すべて各々、僧俗にかかわらず、貴賤にかかわらず、仏・神の世界まで、速やかに愛されて、願いが果たされる」のだと。

愛の縁結び――「神ならば出雲の神、仏ならば愛染明王」

室町時代、十五世紀の頃から、幸若舞の歌詞(31)の中に、愛染と神道の縁結びの神――特にそれで知られた出雲の神(32)――とを並べて語るようになった。「神ならば出雲の神、仏ならば愛染明王」と。この言い回しは十七世紀の文学に広く取り上げられて行った。(33) こうして貞享三(一六八六)年に書かれた西鶴の『好色一代女』では、愛染は今やすっかり遊女達の守護神とみなされている。老いによって容赦なく容貌の衰えた女主人公が、愛染に対して恨みを述べている。(34) このようにして愛染明王はカーマ神の源そのものに立ち帰り、最もロマンチックな恋愛から最も奔放な愛欲に至る、愛の世界のパトロンとなり、またさらに快楽の世界全般の、言い変えれば花柳界や、演劇や舞踊など芸能界でも同じく、その守護神となったのである。今でも四天王寺の別院勝鬘院《しょうまんいん》で毎年初夏に行われる「愛染祭り」に、大阪芸者の見事な行列が見られるのはその証しであろう。この愛染祭りを詳しく研究した飯島吉晴氏は、ここの恐るべき顔の愛染は、彼に祈願するものに美しい容貌を与えるという信仰があること、また醜い顔の者は「愛染さまに見限られた」という表現があることを指摘している。同氏はまた九州博多地方では、俗に愛染明王は愛敬《あいぎょう》さまという名で呼ばれていることも報告している。(35)

二十世紀前半に、愛の神としての愛染の人気復活に強力な寄与をしたのは、川口松太郎のメロドラマ『愛染かつら』(36)である。連載小説として昭和十一(一九三六)年から昭和十三年にかけて発表され、その後松竹映画に、有名女優田中絹代によって演じられた。この小説は主人公の浩三とかつえが、ある愛染堂の前に植えられた、恋人たちを永遠に結ぶ効験があると言われる古い桂の樹の下で、どんな試練にも堪えようと愛を誓う話である。ちなみにこの樹は赤い花が咲くことを指摘しておこう。場所は東京谷中の永法寺という寺の境内とされている。この寺は実際にある寺だが、しかし実名は「自性院」(37)と言う。ここでは今日でも、川口松太郎にアイデアを与えた桂を誇りとしている。

こうして川口松太郎のインスピレーションの源となった愛染桂はこの樹一本だったと思われるだろう。したがって、信州の別所温泉の有名な北向観音《きたむきかんのん》も、またその愛染桂を誇っていると聞いた時は驚いたものである。筆者は実際に行ってみて、なるほど、愛染堂の傍に桂の大樹があり、その樹に愛を誓う多くの紙札が結んであるのを見た。この寺の説明では、この桂が川口松太郎に最初のアイデアを与えた樹であろうということである。しかし別のより古い説では、この樹は寺そのものの縁起にまつわる伝承の中に現れていて、初めにはこの地に霊現した観音伝説に関連していたということである。(38)

もう一例はさきほどふれた祭礼が行われる大阪の勝鬘院であるが、ここを訪れた時、この寺にもまた愛染桂があること、しかも二本あることが分った。一本は非常に古い樹で、戦災で焼けたために幹だけしか残っていないが、もう一本は松竹映画が出た機会に植えられたまだ若い樹である。(39)

したがって、谷中の愛染桂は唯一の樹ではなかったのである。愛染明王と、この赤い花の咲く桂の樹の効験とを結び合せた、まさに一つの伝統があったのである。川口松太郎はどうやらこの伝統を再び取上げたに過ぎなかったようで、彼が有名にしたために、伝統が再び広くよみがえったのだろう。

全く局地的なことだと思うが、同じような愛染椿というのが――この樹も赤い花をつけ、その上葉は常緑である――大阪南郊の貝塚、水間寺《みずまでら》のお堂の前に立っている。(40) この地は西鶴が『好色五人女』の第一の物語で末代に名を残した悲劇の恋人、「お夏・清十郎」(41)の思い出にまつわる地だということを指摘しておこう。

以上のような各地の愛染堂で、主色となっているのが赤と白で、参詣者が買って行く品、例えば小さな守り袋とか、縁結びの糸なども同じく赤と白になっているのはもちろんである。この二色は密教ではそれぞれ慈悲と、純粋な悟りの心、(菩提心)を象徴し、またその最も重要な表現となる二大マンダラ、胎蔵と金剛界の色でもあるが、ここでは女性と男性を示しているものである。[42]

さて最後に、まさしくこの学会〔日仏東洋学会〕のテーマにより一致すると思われる点について述べたいと思う。それは江戸時代中頃に現れたらしい信仰で、愛染明王を特に染色職人と呉服商の守護神とする信仰である。この信仰は、日本人が——中国人もそうだが——よく好む、ある言葉に同音の別意味を持たせてそれを実用するというしゃれから来ている。よく理解するために、簡単にサンスクリットの **rāga** とその語幹 **RAÑJ-** の関係をふり返ってみよう。この語幹には「色付く、彩られる、特に赤く、燃えるように」という意味があり、次にそこから「……に感動する、喜びを感じる。または……に惚れ込む、傾く」という意味を持つ。**Rāga** 自体は「色付ける、染めるという行為。色、染、赤。次いで、情熱、愛欲、……に思いを込める」という意味になる。[43] この「ラーガ」は、中国仏教用語でいくつかの文字に翻訳されたというのはすでに述べた通りだが、それが「欲」または「貪《とん》」と訳される場合は取得欲、専有欲という意味が強くなってくる。「ラーガ」に相当するもう一つの言葉「愛染《あいぜん》」は、あい(愛)とせん(染)、染には布をそめる、浸み込ませる、浸す、次いで病にかかる、悪習に染まる、汚染、等の意味があり、そして……に浸る、……が浸み込む。愛染はしたがって、文字通りに、「愛の浸透、浸潤」である。

愛染と藍染──染色業者の守護神となること

いつからともなくこの愛染王《あいぜん》の染《ぜん》を「そめ」と読むことが思いつかれ、一見不自然な混種語「あいぞめ」という言葉に至るのだが、日本語にはすでに古くから、意味は違うとしても確かに二つの「あいそめ」という表現があった。「会初め・逢初め」と「藍染」である。

逢初めの方は言うまでもなく、「愛の縁結び」としての愛染明王のイメージに全くよく合っていた。しかしここで興味があるのはもう一つの藍染の方である。藍は、──「至高の青」と最近ある展覧会の主催者が呼んだ──その濃い青さのために高く評価されているのみならず、健康にも良いと言われている。ちなみにフランスの薬方でもこれは刺激剤、解熱剤として使われている。夏の浴衣にも欠かせないのは周知のことである。江戸時代には、藍は染色事業に最も重要な材料であったので、──今日でもそうであるが──染物屋は紺屋と呼ばれていた。

種々の現存する資料から推察すると、その時代は経済的な大発展が特徴とされる十八世紀初めの十年位の間であったと考えられるが、その頃染色業者は、宗教的・世俗的愛を体現しつつもまた自然に藍染めの仕事の保護者とも考えられるその愛染明王を、守護神にしようと思いついた。そうしてその守護神を崇めるために「愛染講」を組織したのである。ところで、布の浸しや濯ぎの必要から、この業者たちは川の近辺に住むようになっていた。そこで興味深いのは、愛染を染色のパトロンとして信仰する習慣が確立した愛染堂は、しばしば藍染川《あいぞめ》といわれる川の近辺にあることである。京都伏見がその一例で、ここでは愛染信仰が明治の神仏分離まで、この地の大稲荷と結びついていた。[44] また上記『愛染かつら』でふれた東京谷中の例、越後小千谷《おちや》の例が挙げられる。ここには愛染明王を本尊とする有名な妙高寺がある。[45]

赤が愛染明王の色、その名を持つ樹の花の色、そしてまた上述したようにその供え物の主色であるにもかかわらず、こうして二番目の色、紺色がそこに加わることになった。少くとも「あいぞめ」として崇める伝統が確立された愛染堂ではそうなったのである。

京都の染色業者が旧暦十一月二十六日（十二月の下旬に当る）、愛染お火焚という祭りを取り行うことが知られている。[46] これは翌年中の仕事に美しい色が得られるようにと愛染に乞い願う祭である。大阪の勝鬘院で住職が説明されたところによると、この地方にあった愛染講は講としての活動は止めてしまったそうであるが、しかし境内には恋愛を初め、諸事に良い成果をもたらすと言われる霊水があって、染色の際にこの水を加えると素晴らしい色合いになると言われているそうである。[47] 飯島吉晴氏はその著で、今でもいくつかの地方では染色業者の愛染信仰が続いている例を挙げている。筆者としては、江戸の伝統を継ぐ東京でそれがどの程度存続していたかを知りたく、出来る限り愛染明王の寺を訪ねてみた。

十年程前から興味を持ち始めた結果、新宿区には今日でも、神田川が引き寄せた相当数の染色業者が集っていることがわかった。一九八二年にこの地の染色協議会主催で行われた染色文化展（一九八二年、新宿文化センター）に際して作られた地図によっても、その集中ぶりがわかるものである。戦前までは、四谷若葉に所在の愛染院に、この地域の業者によって営まれていた講が置かれていた。しかしこの寺は戦争で破壊され、その再建後にはこの慣行は復活しなかった。(48) 幸いにも筆者はこの講の責任者であり、また東京の染色組合の長でもあった当時八十五歳の小林重雄氏に会う機会を得たのだが、同氏の話によれば、以来、この講の関係者は、東京及び近郊の同業者と同様に、板橋区の日曜寺という、江戸時代からこの信仰の中心となっていた寺に参詣するということであった。日曜寺、「日のようにかがやく」愛染の明るさによった名前の寺である。(49)

日曜寺は先ず正徳年間(一七一一～一七一五年)にささやかに建てられたが、次の享保時代(一七一五～一七三五年)に大規模に再建されたと言われている。おそらく享保の末頃であったろう、というのはこの再建は、徳川吉宗の次男宗武(一七一五～一七七一年)の寄進によるものだったからである。宗武は多くの点で非常に重要な人物であった。将軍家の補佐と、相継者を出すために新しくつくられた御三卿の一つ、田安家の祖となる栄誉を持った人物である。また歴史学者、文献学者として、さらに歌人としての活動も知られており、国学の主唱者賀茂真淵の強力な後援者であったことでも知られている。非常に興味深いことに、宗武の愛染信仰の証しがパリのギメ美術館所蔵の愛染像から発見された。おそらく西大寺の愛染像の模刻ではないかと思われる像中に納められていた願文で、宝暦六(一七五六)年の日付がある。(50)

宗武は日曜寺を田安家の菩提寺とし、今でも同寺は宗武の四男に当る有名な国政家、松平定信(一七五八～一八二九年)の筆になる額を大扉の上にかかげている。そもそも当初からか、またはその後そうなったのか、それは明らかではないが、同寺は関東八州の染色業の総鎮守として認められるようになった。現在でもなお日曜寺はこの役割を持つことで知られ、その愛染講は極めて盛んである。住職田口孝義師からの直接の話によると、この講は単に染色に限らず、より一般に何らかの形で、すべての繊維類の生産・流通にかかわる人々に支持されているということである。織維工場、呉服商、大小の卸問屋等で、一九八二年にはおよそ千に近い企業が寺に登録されていた。この愛染堂に祭られている愛染明王本尊は江戸時代の作で、天弓愛染――天空に向って弓を張っている愛染――である。講の会員は個人的な念持像として、朱の布で表装されたこの像の複製を配布されている(**図版4**)。この像にしても、その他の染色業の守護神という役割を持つ、――または過去に持っていた――いずれの愛染明王(大阪勝鬘院、越後小千谷の妙高寺など)も筆者の見たところでは、図像学的な特徴は見受けられない[51]。

田口住職から得た情報の中で、非常に興味深い一点について、同氏はその全部を話されなかった。たぶん講の会員に対する慎しみから身元を明すことはないと思われたのであろう。それはこの講の会員の大半を占める伝統的職業と並んで、ある大手の化学工業がその工場内に独自の愛染堂を持っているという話であった。

化学工業界に知己のない筆者はこの会社の発見に長時間を要したが、一九八七年、読売新聞の記者であった庭野静雄氏の好意のお陰で遂にその名を知ることができ、一九九〇年、同氏と共にその会社の管理職の方を訪問し、お堂を拝見してこの愛染の物語りを聞くことができたのである。それは保土谷化学工業株式会社といって、今日、虎ノ門に事務所があり、工場は神奈川県鶴見にある。幸いにも同社相談役の南須原豊太氏が、久しくこの愛染について興味を持ち、関係の資料、写真などを集めておられ、それを快く提供してくださった。(52)

この会社は大正四（一九一五）年に、現在は横浜市になる保土谷の地で磯村音介（一八六七〜一九三四年）によって保土谷曹達《ソーダ》という名で創立された。昭和四（一九二九）年に会社の「守護仏」として愛染明王を迎えたのだが、その後会社は著しく発展したということである。この会社は現在は多様化されて多くの工場を持ち、日本の五大化学染料企業の一つということであり、その工場の一つが鶴見にあって、その名も「アイゼン」と言う。商標は丸の中に愛染の形である。

創立者の伝記『磯村音介翁伝』(53)によれば、氏は個人的に以前から信仰していたからという理由で愛染を選んだのではなく、側近の人々に依頼して研究した結果その話を聞き、ルートをたどりながら日曜寺の愛染講を知ったということである。しかし一度決めると氏は資力を惜しまなかった。高村光雲の弟子で、当時仏像彫刻家として最も著名な一人であった田中郭雲(54)に愛染像を依頼し、日本全国の有名愛染の許に送って研究させた。この像は高さ一メートル、全白檀像で、金の隈取りもなく全くの無彩色である。像は一九三四年、磯村翁の亡くなる年に完成し、ちょうど五年後の一九三九年、翁の命日に愛染堂が開館された。この堂はフランスにも留学経験のある建築家に設計依頼されたものである。この堂は一九七四年、工場の鶴見移転が決定した時に廃され、よりシンプルな堂が新築されたが、そこに我々が昨（一九九〇）年七月十二日迎えられたわけである。堂は普通、一年に一度四月十三日、創立者の命日に開かれるだけである。その日には横浜の真言宗の僧侶(55)が来堂し、全従業員参列のもとに法要が営まれるということであった。愛染像は力強い見事な印象を与え、普段ほとんど閉められているお堂を白檀の香りで満たしている。大阪の勝鬘院に寄贈したという写真が右側の壁に貼ってあったのが私の目を引いた。

この愛染の存在の意義は、従業員ほとんどに知られていないということを責任者は認めている。それは何も驚くことではなく、愛染の守護を願うのは、今も続いている社長職と日曜寺の縁、このふたりの間のことだからである。

図版4　愛染会配布のお札（ベルナール・フランク・コレクション）

この話が興味深いのは、その昔、職人の世界で生れた観念が、近代社会の現実に驚くべき順応性を示しているからである。しかしこれが果たしてまだ仏教であるのか？　単なる迷信に過ぎなくはないかと問われるであろう。答えはこの信仰を実践するそれぞれの者の態度、意識の次元にあると思われる。確かに仏教教義の観点からすれば、世俗の人間が善業をつんで、その結果としてこの世に福を希い願うのは全く当然のことではなかろうか？　もしも愛染講に集った染職業と呉服商が彼らの行いの正当性に関していくらかの疑いを持つことがあれば、非の打ちどころなく正統な仏教経典 **Mahākarmavibhaṅga**（業の分析（分別））が安心させてくれるだろう。この経典は以前、シルヴァン・レヴィが発見し翻訳したお経で、それによれば「両手を合せて如来の像の前にひざまずけば」確かに得られるという恩恵の中の上位に、「秀れた布を得る」ということが挙げられているからである。**Udārāṇi ca vastrāṇi pralabhate.**[56]

追記　本稿は一九九一年、パリで開催された日仏東洋学会において発表されたが、その後ロジェ・ゲペール **Roger Goepper** の『愛染明王』が出版された。(*Aizen-myōō, The Esoteric King of Lust. An Iconological Study, Artibus Asiae,* Supplementum XXXIX, Zurich, 1993,172p) この重要な専門論文にはもちろん、愛染明王のイコノグラフィと修法について拙稿よりも多くの資料が所収されていて、その豊富さに敬意を表するものである。しかし拙稿を発表するのも無駄ではないと思われる。本稿は日本の民間における愛染信仰の様態を分析するのを目的とするもので、ロジェ・ゲペール氏の論文はそれにはふれていない。

第六章　妙見菩薩——北極星と北斗七星の神、北斎の守護神

図版 1　星座に囲まれた四臂の妙見菩薩像　12 世紀　『別尊雑記』第 48（『大正新脩大蔵経図像』第 3 巻より）

妙見菩薩は極めて諸教混淆的な神で、その中に東アジアにおける全ての宗教の流れが合流していると言っても過言ではなかろう。挿絵入り『大ラルース辞典』ではこの神を次のように定義している。[1]「妙見は日本仏教における北極星の神で、菩薩の範疇に属し、仏教よりも道教的な中国の神、宿星の再生であると思われる。無知と不信の闇を晴らす使命を持っている」。

中国古代思想にみえる天極と北斗七星の重要性

この定義は少し狭すぎるだろう、というのは妙見はただ北極星にのみ結び付いているのではなく、我々が大熊座と呼んでいる星座とも結ばれているからである。北極星は北天球の中心でその見かけの不動性によって特徴づけられている。この星は大熊座には属さず、小熊座に属していて、そのアルファ星となっているが、中国と日本ではこの星を北極星、または北辰と呼んでいる。とはいえこの星は大熊座とも少からず緊密な関係を持っているのである。つまり、大熊座のアルファ星とベータ星を結ぶ線を、この二星間のおよそ五倍

図版2　妙見菩薩立像（読売新聞社蔵）
（『密教美術大観』朝日新聞社 より）

に延長すると、その時の大熊座の位置がどのようになっていようと、確実に北極星に届くことになる。この他にもまた、大熊座は時計の針が文字盤を回転するように、一年を通じて北極星の回りを回転しているのであって、これは非常に重要な点であり、それについては後述するとしよう。

周知のように大熊座という名はギリシャ民族から我々に伝えられた名であって、東アジアではこの星座を北斗七星と呼んでいる。なるほど、柄のついた桝、つまり斗柄《とへい》を思わせる形である。また轅《ながえ》の付いた車もその表象として使われている。

中国人は北斗七星、並びにその天極との関係を極めて重要視していた。というのは彼らの概念によれば、天極を巡る北斗七星の回転は季節を支配し、時間を刻む、というような事から、時に関するすべての事柄を北斗に結び付けていたのである。こういった概念はすでに大歴史家、司馬遷の『史記』に書かれている。

「北斗七星は天帝の車である。天の中心をめぐり、四方位を治める。陰と陽を分け、四季を決定する。五行を整え、時の分割と天の度を進め、種々の計を定める」(2)。天の時計の規則性をもって天極の周りを回る北斗七星を強調するかわりに、他の文献では天極そのものを――すなわちその星、北極星を――、天におけるその卓越した位置のために、地における人間界の君主の行いの亀鑑《モデル》を示すものとして賞揚している。この問題に関しては『論語』では次のように述べている。「徳によって政治を行う者は、すべての星がその周りを回転しているのに対して、不動のままその場所を保ち続ける北極星に譬えられる」。『論語』為政篇、第二節(3)。

さらにまたそれを、下界の君主が住居の手本となすべき姿とも考えられ、北極星の居所は天の中央にある宮殿として描かれている。

よく知られるように、北斗七星は主となる七星と、その他に一つの小さな星、ミザールとでなっている。このミザールは第六星ゼータ星に付随している星で、西洋の天文学ではカヴァリエ（騎士）またはアルコルと呼ぶが、東アジアでは（すでに『史記』の中で）この小さな星は輔星と呼ばれている。輔星は〃臣〃または〃顧問〃と訳されるものでこれは諸星を天の役人と見立てた古いシステムの天文学用語にかかわっている。さてこの小さな星は肉眼では分かりにくく、非常に視力の良い人にしか見分けられない。アラブ人の間でも、またこれをアルンダティー（Arundhatī）と呼んでいたインド人の間でも、この星は視力テストに使用されていた。[4] 筆者がこの小さい星にこだわるのは、これが本稿のテーマに少なからず重要性を持っているからである。

詳細にいえば、七星各々とこの小さい輔星も、それぞれに占星術上異った個性を持っており、なおかつその名称リストも、異った伝統に由来する二種類の呼び方が知られている。北斗七星全体としての象徴体系については、かなり早い時期に、『史記』の中にある定義をもとにして種々の解釈が試みられた。『史記』では北斗七星に七つの政府（七政）の間の調和を司る役を振り当てている。第一の解釈によれば、ここに言う七政とはすべての天体を取り仕切るところの、太陽と月と五つの惑星のことである。第二の解釈によれば、七政とは北斗七星が調整している七つの領域のことで、それは四つの季節と、天体の運行、地球の位置、そして人間の行為とされる。

どのように解釈されたにしろ、根本思想は同じで、つまり天極の周りを規則的に回る北斗七星は、万物の生の審判者であり、調整者であるということである。このような概念は、天災や内乱に対する恐れの前で、君主の立場においても、単なる私的な立場でも、いかに重要なことであったか理解されるのであり、また仏教や道教のような、各人の運命や寿命を過去に行った行為によって説明する宗教の中で、どんな役割を果たすために要請されていたかは想像に難くない。

このようなわけで、ただ中国ばかりでなくそのすべての影響圏においても、天極と北斗七星の神の祭祀が重要な位置を占めるに到ったのは驚くべきことではなかろう。

これらの神が特に大衆的になっているのは韓国で、毎年七星祭が催され、長命と福が祈願されている。また韓国の仏教寺院の多くには特に七星に奉献された七星閣があり、そこでは七星が祭壇に神牌で祀られていることを指摘しておきたい。時にはまた七星が祠堂の壁に、中国風の官服を着た姿で描かれていることもある。半島の南西の端、全羅南道にある韓国の最も有名な北斗七星を祭る聖地の一つは、北斗の形に並んだ七つの巨岩で成っている。人々はその岩に長寿を祈り、また子を授るようにと祈るのである。このような神の祭祀は、高みの場所、または岩や天から降って来た石と結び付けて行われることが多いということを付け加えておこう。すでに高句麗王国（前一世紀から西暦六六八年）の時代から中国風の鏡の面や、また墳墓の中に北斗七星を表した図が見うけられる。

日本では、北斗七星祭祀の伝来の歴史は明らかではない。いくつかの話が、その到来を大陸からの移住者と結び付けているのは驚くに当らないだろう。大体予想できるようにそれは飛鳥時代に、中国の思想に応じた政治・社会の再構築と、世界観の拡大という変化とともに、先ず指導者層からこの星座の神の信仰・祭祀が日本人の慣習の中に浸透して行った。

この神の到来に関する伝説には興味深いものがあるとしても、それはさておき、四天王寺・法隆寺の宝蔵、及び正倉院に保存されているところの、刃に雲形を伴った七星の文様が入った剣、七星剣についで検討するに止めておこう。(5) これらの剣は、制作はともかくとしても発想は大陸を起源とするものである。それはひたすら護符的な価値を与えられた作品で、神の霊が物質に形象化されることによりそこに呼び起こされ、生き生きと存在するとされている。中国の歴史や文学には、君主がこのような剣を所有することによって、領土の保全と対敵制圧を保証されたという伝承が数多く伝わっている。七星の文様は古代中国から受継がれた概念に由来し、したがって中国の仏教伝来をはるかに溯るものにかかわらず、それを剣の文様として仏教のイコノグラフィのアンサンブルの中で使っているのが見られるのである。これはそれほど意外なことではなく、中国において、またそれ以前はインドやセランド (Serinde 中央アジアからシルクロードの地域) でも同様に、仏教は威力と王位の概念を表す種々の象徴《シンボル》を奥底から汲みつくすことを怠らなかったのである。

刀と剣は言うまでもなくそういう象徴の一つであり、多くの宗教の伝統がそれを天と神々の権力の象徴《シンボル》としている。この刀剣のシンボルは常に七星のモチーフと結び付いて、北斗の神を祭る堂と、その神のイコノグラフィの中に見られるのだが、その一例として最も古い妙見を祭る寺院の一つ、京都の北山鷹が峯の寺が配布する朱色の護符を挙げておこう。

天頂の至上神を祭る古代の儀式並びに北辰燈のこと

しかし、仏教と北極星・北斗七星祭祀が密接にからみ合った主題に入る前に、――それが妙見の混淆的な形の中に十全に表現されることになるのだが、――さらにもう少し、この信仰の中にある仏教圏外と言えるような別の形について述べる必要があろう。その形というのは純粋に中国固有の伝統から来たもので、一つは国王の古代儀式から派生したもの、もう一つは多かれ少なかれ道教の影響を受けた占術から着想されたものである。先ず第一の形から始めよう。平安京の創設者桓武天皇の治世、延暦四（七八五）年十一月五日、朝廷は河内の柏原で天神に荘重なる祭祀を執り行った。(6) それは正史『続日本紀』の言葉によれば「天つ神に祈る」である。古い神道の伝統慣例では、「天つ神」というのは先ず高天原に住んでいて、天照大神の子孫という名のもとに地上に降りて、それを所有した神々を指す。しかしここでは「天つ神」というのは別の意味を持つようである。この女神、あるいは神々は中国の思想による「天」に結び付くように見受けられる。事実、二年後に類似の祭祀が厳かに執り行なわれたのであるが、『続日本紀』のその項はより詳しく書かれており、ことに儀式の文である「祭文」を含んでいて、そこにはこの機会に「昊天上帝《こうてんじょうてい》」の誉のために供物が燃やされたとある。(7) この儀式は八五六年にも再び同じ場所で、文徳天皇によって行われた。(8) これは全く純粋な中国周王朝の儀式の再現で、それは冬至の前日に都の南に位置する高所で至上神に供物を捧げる儀式である。漢代には同種の祭祀が太一《たいいつ》と呼ばれる至上神に捧げられたことが知られている。名称は時代により変化していても、共通してこの至上神は天の頂点に住む者と解されていた。そこで、中国の国王と皇帝の古代儀式を率先して取り上げた桓武天皇が、その母高野夫人によって大陸に祖先を持つ家系に繋っていたと指摘しておくのも意味のないことではなかろう。

平安の朝廷がその外に北辰燈を捧げるのを習わしとしたのは、特に北極星そのものに奉るためであった。厳しい斎戒沐浴の後で行われるこの奉納は、最初の頃は春三月と秋九月に、後になっては三月のみに催された。儀式の主な部分は宮中で執り行われたが、いくつかの資料によれば、この機会に北山にある仏教寺院に赴いて北極星を祭ることもあったという。この寺は前述した朱の護符を配布する寺の近くにあった。この時、寺の後方の山の上で奉納のための薪火が燃やされたと記されている。儀式の意味は明白であろう。春分あるいは秋分という季節の変り目に、光あるいは火を、天の火、すなわち北極星に、恐らくはその威力を強化するために、それと同じ〝精〟の供物を捧げるのであろう。

北極星に御灯を捧げる祭りは、ある時代には民間でも広く行われるようになり、一種の乱痴気騒ぎの饗宴となったようで、ある資料には「男女入り乱れて」と記されている。権威筋はこれを祭りの清浄を乱す危険があると見たのであろうか、七九六年には禁止の令が出されている。[9] 後になってこれを少し制限して、斎宮の伊勢神宮入りに当る時期にはこの祭りを禁止するという勅が発せられた。（これはその他にも埋葬に関する一切のことも同様に禁じたものである。）この禁制は恐らく前にも述べたように、単に儀式の清浄という問題にかかわっていたと考えられる。しかしながらここに伊勢神宮の太陽祭祀と、北極星祭祀という外国の、つまり中国の祭りとの非両立性のしるしをみる人達もいた。ところが斎宮の伊勢神宮入りは仏教祭祀の一般的活動を、同じく外国起源であるにもかかわらず中止させることはなかったと指摘しなければならない。またその他にも伊勢神宮祭祀の外国からの影響の不可浸性というものは、長い間言われていたほどには重大ではなかったらしいことも指摘しておこう。日本の古い信仰と、陰陽五行などの中国思想との隠れた関係について、非常に興味ある研究を行った吉野裕子氏は次のように述べている。(10)二十年毎に伊勢神宮の造替が行われる際、神の御正体はそれぞれ秘紋が記された錦に包まれて新しい神宮に運ばれる。日本の最高神天照大神を祭る内宮の秘紋は、屋形の模様の反復でできている屋形紋であり、食糧の女神の座である外宮の紋は轅《ながえ》付の車模様が反復する刺車紋《さしぐるまもん》である。ここで中国の古い定義を思い出して頂きたい。それによれば北極星の神は天の中心にある宮殿に不動の座を構え、それ故北斗七星はその天の神の臣であり、同時に車であると言われている。そうすると、内宮を「太一」という唯一の至上神に、そして外宮を北斗七星に、秘かに同化しているのが認められるという吉野裕子氏の説を肯定したくなるのである。とは言っても、初めてこの同化が行われたと思われる時代を先ず明確にする必要があるだろう。

道教の影響を受けた占術の流れ——八代妙見

次に一言、北斗七星祭祀に関する概念と信仰実践を日本に導入することに貢献した、もう一つの中国の伝統的な思潮について述べなければならない。前述したようにそれは占術を基にした流れである。日本でこの思潮が最も古く、かつ最も典型的な形で定着した所は、熊本の南にあって「八代《やつしろ》妙見」という名で親まれている八代宮ではないかと思われる。しかし実はこの宮の本尊の真の名は「鎮宅霊符神《ちんたくれいふじん》」といって、その意味は家を鎮静するところの霊妙なる符の神ということであろうか。ここで霊符と言われるものは、非常に複雑な記号の集りで、普通の人間には理解不可能な文字からなり、神々と交した契約のしるしとされている。ところでこの神符は七十二の数が有り、それは八種の基本的な組み合わせである「八卦」と、その二次的組み合わせから出る「六十四卦」を加算した数であり、これは中国の古典的占術書『易経』に書かれている通りである。八代に伝わる伝承によると、この地に鎮宅霊符神の祭祀が導入された起源は天武天皇の六八一年、百済王国からの移民たちであっただろうということである。しかしこの神を祭る最初の礼堂が置かれた山は白木山と呼ばれるので、この朝鮮人はむしろ新羅の出ではないかと思われるのである。真のところはどうであれこの伝説から言えることは、北極星と北斗七星の祭祀は、日本と通商していた朝鮮半島の漁民と商人の間で、当時盛んに行われていたということであろう。

指摘すべき重要な点は、この外国の神の崇拝は神道、あるいは擬-神道の祭式法で行われていたことで、類似のことは、これも元は大陸起源であったと思われる稲荷の場合にも見られることである。その後この混合の性格を持った崇拝は第三の要素、仏教を取り入れ、その混淆信仰の中につまるところ、道教と占術が結び付いた古い中国の伝統と、神道と、そして仏教との合成されたものとなった。神道の観点ではその後この神は天御中主神《あめのみなかぬしのかみ》と同定されることになるが、この名の語源に従えば、時の初めに天の中心にいた本源の神ということであり、このような概念そのものが大陸の思想に強く影響されていることは疑うべくもない。仏教の観点からは、この神は妙見菩薩ということになったのである。七十二の護符に囲まれた鎮宅霊符神の絵像は、到来した時点では金の板に刻まれた形であったという。それは一五八八（天正一六）年に、カトリックに改宗したこの地方の大名、小西行長の令によって破壊された。行長の外国人の宗教顧問らが偶像破壊を促したという。一六〇〇（慶長五）年八代の城代であった加藤正方《まさかた》が再び木に彫刻させ、この版木からとった古い紙刷りが掛け物にされて残っている。この神宮の管理人が筆者に送ってくれた写真によると、明代の中国図像学の影響が顕著に現れているものであった。

この管理人の普段の職は刀工であるということも指摘しておくべきであろう[11]。上述のように、天の中央神並びに北斗七星と、刀の関係について知ってみればこれは意外なことではない。八代の宮は全く神道の性格を持ったものである。

八代を後にして、次はこの星神が日本の伝統一般の中でとっていった仏教的形態に移ろう。

インドの占星術とともに入った優れた視力の象徴、妙見

妙見という名は、中国においては唐時代以降にしか現れないようである。その名は多少とも西域やイランや、その他の要素が混じっているインド占星術を中国にもたらしたいくつかのタントラ的、密教的経典や儀式などに伴って現れて来たと思われる。もっともその中のいくつかのテキストは恐らく中国で書かれた偽経であろう。その他にも同じ種類の偽経が後に、日本でも書かれた。

妙見という名の意味は、文字通り「妙なる見」である。元のサンスクリットの可能な二つの形、Sudṛṣṭi とSudarśana を考慮に入れると、「妙なる見を持つ者」あるいは「見るに妙にして美しい」と解釈される。後者の解釈は、妙見は顔が大変美しい神で、ある伝承では妙見を美と富の神、吉祥天（Śrī Mahādevī）に結び合わせているという説明で正当化される。しかしながら前者の方が真実らしく思われる。というのはその解釈は、罪と福の判定者であるところの天の中央神と、その臣北斗は、何ものも見逃さない視力の持ち主であることを想定させるからである。

日本密教の伝統の中では妙見はしばしば、そして明らかに、輔星、別名アルンダティー（フランス語ではミザール星の騎士）であると、つまりすでに見たように鋭敏な視力の象徴《シンボル》になっている星と同一視されている。仏教の宇宙観によればいかなる神も、いかに崇高であるとはいえ、輪廻という不可避の法から逃れ出られない。ところが妙見はこの驚異的な鋭い明晰さのために、神という条件を超越して仏陀への道にいるものとして、言葉を変えれば解脱に至る終点の真近かにいる「悟りを予約されている者」、つまり菩薩だと認められたのである。こうして人はこの神を妙見大菩薩と呼ぶ。

ところで仏教にとって、妙見は結局北斗七星の菩薩であるのか、あるいは北極星の菩薩であろうか？辞典を調べてみると意見は全く二つに分かれている。この議論は昨今始まったものではなく、すでに平安時代から儀典学者たちはこの二重の意見を当惑しながら記している。[12] 確実なことは、一方でこの菩薩は最も厳粛に、最も完全に言及したい時は北辰妙見大菩薩（北極の星妙見……）という名で呼ばれる。もう一方イコノグラフィ《図像的表現》として最も一般的に見られるのは、七つの星のモチーフをつけた神像として表わされていることである。しかしまたある種の北斗七星の修法は、妙見の修法と異っていることも確かである。結局のところ、こういうことすべては今まで見たように矛盾しているわけではなく、単にある時は一体になったり、時には区別されたり、二つの基準があるということだろう。

八世紀末または九世紀初頭に成立した説話集『日本霊異記』は、奈良時代後半に、妙見はすでにある人々の間で盛んに崇拝されていたことを伝えている。その中に次のような二つの話が語られている。一つは河内の志天原《しではら》の寺の話で、この寺では灯明を妙見菩薩に奉納していたが、ある時菩薩は一匹の鹿に変身して盗人を見破ることが出来た、それが出来たのは恐らくその鋭い視力のおかげであろうという話で、もう一つはこの優しい星神妙見がどのようにして海上の漁師を救助したかという話である。(13)

航海者の救助という妙見菩薩の能力は、慈覚大師という贈り名で知られている天台宗の名僧円仁の、八三五年から八四七年にかけての中国旅行の日記によっても証明されている。この日記『入唐求法巡礼行記』はE・ライシャワーによって見事に翻訳されているが、この中には嵐の折りに妙見を唱え、危急の病に治療を祈願する日本人の妙見崇拝に関する話が、詳細に幾か所かに語られている。また中国の寺院における妙見祭祀についてや、そこで当時祭られていた妙見の画像、それに奉げる灯明のことなどについても語られている。(14)

霊妙なる視力の持ち主、妙見菩薩の治癒能力は予想出来るように、ことに目の病にかかわることが多い。このことは『今昔物語集』の中で語られていて、(15)その話はかなり滑稽でもある。それはすでに触れた北山の寺院の話で、そこは妙見菩薩が顕現した場所とされ、人々がよく目の治癒を祈願しに来ていた寺であったが、寺院の前には巨大な岩があって通りを妨害していた。目の病に悩んでいたある天皇がここに参詣することを望んだ。天皇の籠が通れないのを恐れた寺の別当は、僧たちの懇願にもかかわらずその岩を粉砕させた。岩が粉々になって飛び散った時、中から百人ほどの声が大きな笑い声となって飛び散った。結局天皇は来ず、この地の一切の霊験は失われ、今まで盛んだった巡礼は跡絶えてしまったという。

この岩は恐らくすでに述べたように、妙見祭祀の聖地をしばしば特徴づける、空から降って来たという石の一つであろう。大阪近郊にある寺の僧がある日筆者に語ったことでは、妙見菩薩の本体の依り所は隕石であるということだ。このような岩石がある場所に落ちるのは天の恵みの印で、その地の繁栄を予告するものであると。

隕石というのは、結局のところ落ちてきた星である。その落下は時には井戸を穿ち、泉を湧出させる。そこで妙見祭祀は地下水とも、そしてまたその地下水を供給し、生命と繁栄そのものの源となる天から降って来る水、雨とも無関係ではないのだろう。京都地方におけるこの菩薩信仰の古い一大聖地は園城寺で、親しくは三井寺と呼ばれ、その名は三つの井戸を持つ寺と解釈されるが、それは三つの聖なる井戸があるからで、その水は園城寺の流派で行われる三つの受戒儀式に使われている。伝承によれば、ここでは特別に「尊星王《そんしょうおう》」と呼ばれるところの北極星が当地に降りて来て、この閼伽井《あかい》が湧き出したということである。「尊星王供《そんしょうおうきょう》」という儀式は、昔は「寺門《じもん》の御修法《ぎょしゅうほう》」と呼ばれていたもので、超秘伝的な儀式であり、その目的は国家太平と請雨を祈祷することであった。

宇宙の機構の調整者、天の水の分配者、国運の裁定者、そして国の平和を祈願され、個人の運命を審判し、長命・治癒・福徳を祈願され、災のおこらないように乞い祈られ、海上の安全なる交通を祈願される。これが古代末に表れていた妙見の実に複雑な姿である。

陰陽道の要素も入った複雑なイコノグラフィ

ここで簡単に、それもまた極めて複雑な妙見のイコノグラフィ《図像学》に目を向けて見よう。「図像集」といわれるこれらのイコノグラフィ集成は、平安中期から鎌倉中期にかけて数多く作られ、そしてますます膨大になって行くのだが、それを眺めてみると妙見像、すなわち北極星並びに——または——北斗七星の神の厳密に仏教的な表現といえるものはいくつかの型に分けられることに気づく。三つの主なタイプは次のようなものである。

一つの形は五色の瑞雲に乗った座像。顔は穏やかで二本の腕を持ち、右手は説法印を結び、左手は北斗七星と輔星の形象で飾られた蓮の花冠を持っている。

第二の型は四本の腕を持ち、やや忿怒相に近く眉を寄せている。この四臂が妙見の裁定者としての資質を明らかに象徴するものである。二手は衆生の行いを記すための登記帳と筆を持ち、他の二手にはこの神が司る太陽と月を持つ。足下の龍はここでは天の威力と、夕立が起こす雨の象徴であろう。妙見には二人の侍者がついていて、その一人は両手で何かの容器を捧げているが、いくつかの特徴を見ればそれは硯であり、もう一人は紙と筆を持つ、つまりこの二者は書記である。現存の最も古い妙見の丸彫り彫刻は、法隆寺の近くにある法輪寺で祭られているが、それがこの型に属するものである。この像は秘仏で、筆者の管見では最近撮られた写真は存在しない[16]。

第三の形はこれも四臂で、片足で不動の姿勢に立つ。上部二手はここでも太陽（この太陽は「陽」のシンボルである三本足の烏が標されている）と月（極東で伝統的に月の中にいるとされる兎を標す）を持ち、主なる二手は筆と登記帳を持たずに、その代りに長い錫杖と三つ又の槍をもっているがこれは千手観音のイコノグラフィの影響であるように思われる。仁和寺に伝わる優雅な図像では、妙見はいろいろな天体の形象に囲まれて、その宇宙的尊厳さをもって表わされている。二番目の円光の、ちょうど菩薩の頭部の上方に北斗七星らしい形が見分けられる。内側の円光と外側の円光には、連続と不連続の線の記号が見分けられるが、それはどうやら六卦と八卦の形と、神符的なものであるらしい。その他の符丁にも留意する必要があろう。太陽と月を表す円盤がさまざまに配置されていて、それが動物によって大きく捕らえられていたりあるいは少し噛られたりしているのは、天文学的及び占星学的状況、多かれ少なかれ満ちたり蝕されたりする位相を表しているのであろう（本章冒頭掲載**図版1**）。

これらの妙見に関する古代の図像学的伝統は、特徴としていくつかの変形があるにもかかわらず、その細部はかなり正確に伝えられ、またその一部は部分的な意味を明らかにする注釈をも伴っている。しかしそれらの像は、一般に非常に厳しく秘められた儀式用であり、その中のいくつかは今でも継続して使用されているものの、民間にはあまり普及されなかったようで、鎌倉時代には、より広い伝播に向いた別の伝統に地位を譲り始めたのである。十三世紀に成立した大図像集『阿娑縛抄《あさばしょう》』によって明確であるが、妙見祭祀は単に仏教書によって規定されているばかりでなく、すでに述べたことであるが仏教徒が「外伝《げでん》」と呼んでいるところの、つまり儒教、道教等に属する書で、陰陽道と呼ばれる占師達が使った書によっても規定されているのである。しかしここで興味を引かれるのはこの『阿娑縛抄』によると、陰陽道においては妙見を三様に現していて、その一つは「俗形束帯《ぞくぎょうそくたい》」（世俗の官服姿）であり、または「童子形」、それとも「童女形」であると言っていることである。事実、これらのもともと仏教外の形態が、この時代の神仏混合主義の状況に乗って徐々に仏教の中に取入れられ、遂には妙見の最も普及した形が童形となってしまうのはこれから見る通りである。

現存する童形妙見で最も古いと思われる像は、今日読売新聞社の所有になっており、以前には東京の同新聞社の屋上に祀られていた。現在はその遊園地の建物の中に納められている。この像には一三〇一（正安三年と年代が墨書きされているが、もとは妙見祭

図版３　童形の妙見菩薩像（1301 年国宝）のお札　（よみうりランド・川崎市）（ベルナール・フランク・コレクション）

祀の伝統がある伊勢の近くの宮から来た可能性がある。この像は神と菩薩像の特徴である軽やかなひだの天衣に甲冑を着け、胸には金銀細工の首飾りをした大変美しい少年の姿である。角髪《みずら》の髻が少年の若さを示している（**図版3**）。右手には剣を持ち、左手の人示指と中指をVの形に立て他の指は折りまげているが、この手振りはある解釈によれば威力を表す振りであるという。この手の印は仏教の伝統で未知というわけではないがあまり重要なものとされていない。ところがこれは陰陽道の神の像形にも、また道教の儀式にも見られるものである。これは恐らく妙見のこのタイプが仏教圏外の起源を持つことを示しているのではなかろうか。とにかくこの像の足下の返花《かえりばな》の蓮華台がそれを証明しているようにここでは仏教化されているのであ

図版4　亀の背に乗る妙見菩薩像（ギメ美術館）

る。

童形の妙見がすでに述べたようにその後主流となった。このことは十七世紀の図像集に収載されている図様によってみることが出来る。そこでは蓮の台座は、長い毛の引き裾のようなものを付けた亀にとって代わられているのが見て取れるのだが、それは実は年老いた亀の甲羅に堆積した海草であり、これがあることは二様に説明される、つまりその一つは長命のしるしで、それはこの神の資質に一致するものであり、その他にこれはより重要なことであるが、亀が「玄武」と呼ばれる形で蛇と絡み合った姿は、全極東に拡がった非常に古い中国の伝統で、北方を表徴する動物であることだ。妙見の像は中世からしばしば一対の絡み合った亀と蛇に伴われ、また時にはただ一緒に置かれている[17]（図版4）。

武家と妙見信仰、柳島妙見と北斎

千葉の妙見がこのような形に当てはまるものである。この妙見の由来は十世紀に起った平将門ともう一方の桓武平氏との合戦、並びに武勲談に結び付いている。十六世紀に描かれた『千葉妙見大縁起絵巻』は、童顔の妙見菩薩が千葉の豪族の祖先平良文《たいらのよしぶみ》の軍勢の先頭に立って川を渡って行くところを見せている。妙見菩薩を一族の守護神とした千葉氏は、やがて自らをその胤であるとみなすようになった。

関東の武家が馬の飼育に熱心であったところから、妙見はやがてまたその守護神ともされることになった。その他にも、ペガサスの神話を想起させるような古い考えによると、良馬は空を翔けることが出来、龍に変身する能力さえ持つということで、妙見自身は龍馬の姿で現れるとされていた。千葉氏と親戚関係の相馬氏はその後千葉より北方にある所領（現在の福島県）を与えられた。海に近く、今もその領主の名を保持している相馬地方では、毎年七月に三日間、「野馬追」という祭礼が行われるが、この行事は盛大なパレードで始まり、勝者が妙見に奉納する神旗を奪い合う競馬競技で終わる。[18]この地方のお寺の一つ（観喜寺）が配布しているお札《ふだ》でみると、この妙見は蛇と絡んだ亀の上に乗って近くの海岸の波飛沫の中から湧き現れ、二頭の奔馬に囲まれて立っている。光背の中には太陽と月が見え、その日・月の間にそれを御するように支配の星、北極星が輝いている。

徳川幕府の時代は、日蓮宗の中でそれまで知られていなかった妙見菩薩の祭祀がこの宗に入ったのを機に、新しい幕が開かれることになる。[19]大阪の北部山岳地帯にある能勢山に、能勢公の先祖である有名な多田氏に由来する妙見の像を伝統的に祭っている礼堂があった。一六〇五（慶長十）年、この地の領主であった能勢頼次が日蓮宗に改宗し、この堂を日蓮宗に捧げると共にここに聖遺物を望み、それが身延山から送られて来た。そこで能勢は関西の身延山となり、妙見はこの宗派に熱烈に受け入れられて、以来この地方の日蓮宗の夥しい寺々で妙見堂が建てられるようになった。参詣者が絶えることのない能勢は、今日でもまだ比較的隔離された山で、その宗教的雰囲気は荘重なる厳粛さを保っている所である。大阪からは電車で、次いでケーブルカーで入り、最後はいくつかの階段と坂を登らなければならず、冬には時にその坂は雪に覆われている。

能勢の寺院の妙見は日蓮宗で広く流布されている型で、大変特殊な形である。この妙見は兜をかぶっ

図版4　能勢妙見小像（ギメ美術館）

た武士の格好で、そのモデルは恐らく能勢頼次自身であろう。右手は、伝統的な図像形のように真直ぐに刀を握っているのではなく、それを受け太刀の構えで頭上にかざしている。説明によれば、それは忍耐にこもる力を表しているということである（**図版4・5**）。

江戸の大都にも、妙見菩薩を祭る日蓮宗の寺があったことは言うまでもない。その内の一つは特別に有名になる運命にあった。それが隅田川の東、葛飾区にある柳島の妙見である。ここの伝承は、よくある例の星の降臨話の写しに過ぎないのだが、それによると妙見は十五世紀末よりは溯らないある時代に、一本の樹に降臨し、この地を聖化したということである。事実この寺は一七五六年に創建されたものに過ぎない。ここはたちまちに江戸で最も有名な参詣地の一つとなった。広重の木版画の一つが十九世紀のこの地の景観をかいま見せてくれるのだが、十間川《じっけんがわ》が寺の前を流れ、遠くに海が見えている。[20]

柳島が美術史において、決定的な一つの場所であったという名誉をになっているのは、ここで筆者は本章の最終部に入るのだが、それは寺伝によれば、一七六〇（宝暦十）年にこの界隈で生れ、一時は葛飾と名乗った北斎がこの場所で突如として霊感に打たれ、その後決定的に自分の進むべき道を見出したといわれているからである。当時——それは一七九四年頃のことであったが——彼はその師、狩野融川の許を追われ、貧困の底に落ち、自分の才能に自信をなくしていた。すでに見たように柳島妙

図版 5　能勢妙見のお札（ベルナール・フランク・コレクション）

見の創建のわずか四年後に生れている北斎は、妙見菩薩を熱烈に崇拝していたという。妙見に救いを祈願し、誓い通りに三十七日間の寺参りを成就したという。願かけの終わる三十七日目、激しい雷雨が起り、そのすさまじさに彼は驚愕した。この強烈な刺激が彼を新しい決定的な創作の時期に導き、その後彼は名声を博するようになった。この逸話は北斎の少し詳しい伝記ならほとんど載せており、数年前パリのギメ美術館で開かれた展覧会のカタログもそれを取上げるのを怠っていない。浮世絵版画の秀れた専門家である鈴木重三氏はパリ滞在の折り、この逸話は一八四九（嘉永二）年に没したこの画家の初期の諸伝記には載っていないこと、最初にこの逸話が現れるのは、一八九三（明治二十六）年に出版された飯島虚心の『葛飾北斎伝』であると筆者に指摘された。

たとえこのように伝えられた話が、後になって信心で作り整えられた事柄であるとしても、北斎が妙見菩薩を熱心に崇拝していたことに変わりはなく、そして彼が次々と採った画号の多くは、柳島の激しい夕立の話が確かに彼自身のいくつかの思い出、またはその思想につながっていたことを示している。彼が始めて一七九七（寛政九）年に名乗った名前「北斎」そのものが、北極星と北斗七星の第一字を含んでいるし、一七九九（寛政十一）年には「辰正」（ときまさ）[21]を名乗るがその第一字は北極星の別名「北辰」からである。一八一一（文化八）年には「戴斗」の名をとるがこれはすなわち〝北斗を拝する者〟の意味であり、一八一二年には「雷震」または「雷斗」を名乗っている。弟子の名前にはこれらの語が色々に組合わされて使われることになる。このように彼の北極星の菩薩への信仰心そのものは疑う余地がない。

図版 7　柳島妙見小像（ギメ美術館）

図版 6　"Mio-ken"『大ラルース辞典』挿絵（1897-1907 年）

さて本章を締め括るに当って、話は再び冒頭に戻ることになる。二十年余前、ギメ美術館の所蔵する日本の図像学に関する古いコレクション(22)の分類と作品カード作成に携わっていた時、そのコレクションの中で、能勢妙見の小像の横にもう一つ別の形の妙見像を見つけ感動の驚きに打たれた。その像は少年の姿に甲冑を着け、逞しい体つきで左手の指をVの印に挙げ、右手には刃を失った刀の柄を握っていた。二人の侍者が彼を囲んでいる。直ちにそれが、先ず最初に私に強力な関心を植え付けたあの挿絵入り『大ラルース』の、グラビアのモデルとして使われた像だと分った（図版6・7・8）。

しかし、刀を受け太刀の型で頭上にかざしている一方の小像が確かに能勢の像であるとすれば、こちらの方はどこから来たものか？　疑いもなくこの像もまた有名な妙見の複製のはず

図版 8　北斎が信仰した江戸柳島妙見堂のお札（ベルナール・フランク・コレクション）

である。しかしどこの？　私は長い間日本中を、見られる限りの妙見を尋ねて探していた。人はしばしばすぐ近くにある物を遠くに探すものである。恥かしいことに私は江戸の歴史にはあまり詳しくなく、柳島の寺の存在さえ知らなかった。その寺は残念なことに戦争で焼け、今日の東京ではその界隈の人しか知らない寺に過ぎなくなっていた。ある友人からその事を聞いて私はこの寺に駆けつけた。寺の管理人から妙見菩薩の像を刷ったお札《ふだ》を貰い、その後で像自体を見せて貰った時、何という驚きだったろうか？　それが何年も前から私が探していた妙見そのものであり、ギメ美術館の、そして挿絵入り『大ラルース』の妙見だったのである。雷は上空では鳴らなかったが、私自身の内奥で稲光りに似た何かが光ったことは確かだった。

第二部

第七章　空《くう》と現身仏《げんしんぶつ》——日本の仏教伝統に見る形像の中の「礼拝尊」の存在について

「……把捉不可能なものが形をとり、礼拝可能となる」
ポール・ミュス

物質の中に神が存在するか？

〝神性なるもの〟が物質的台材の中に、そしてことに絵画・彫刻の中に現実に存在するか、という問題は、しばしば信仰心を揺さぶらずには置かない問題であった。しかし一神教であろうと多神教であろうと、多くの信者の目にそれがどれほど重要に見えるとしても、日本仏教のような教義体系の視座においては、それは全く特殊な形で問題が提起されているのを認めざるを得ないであろう。ここでは礼拝される尊体がその形像の中にいるかというこの質問の先に、尊体そのものの存在がくっきりと姿を見せているからである(1)。

日本仏教は極めて複雑な教義によるものであることは、あらためて指摘するまでもあるまい。インドの大宗教が、中央アジア・東アジアを経て歩み進んだ果てにあって、途上でそれこそ辛い目をみて

――とも言えようか――ほとんど総ての思潮をそこに収斂し、そしてそうしたものが、この地の古い神道によって培われた独特の環境の中で延長され、そして発展したものである。その上さらに、そこには〝見解の堆積〟とも言うべきものがあって、それがいつも全体的な把握の試みを困難にしているのである。しかしそうとは言え、実際に行われた信仰体験が示すところによれば、明らかに特別な考察を捉す一つの全体（体系）をなしているのである。

日本の仏教信徒の大部分は、公式には七大宗派に分かれている。(2)

○ **天台宗**（中国南部の天台山に因んだ名）、この宗派は大乗仏教の根本教義の経典、妙法蓮華経（Saddharmapuṇḍarīka）の信仰実践を中軸としているが、それに加えて宗義の重要部分に密教を含んでいるものである。（ここに言う密教とは、ヒマラヤ・チベット仏教以前の発展段階のタントリズムが到達した、非常に純化精練された密教であることを付言しておく）。この宗派はまたその他に、西方の遠くに輝く浄土に座を占めて説教をする救済者、阿弥陀仏（Amitābha）〝無量光〟（量り知れぬ光輝のもの）の信仰にも格別の重要性を置いて培った。天台宗はしたがって、こうして教義の高度な混淆を確立し、後世現れた諸流派は、ある意味でそれぞれそこから専門化した思潮を形作って行ったと言えよう。

○ **真言宗**（真実の言辞、すなわちマントラの宗）、純粋に密教的伝統の宗派で、天台宗と同時代、九世紀初頭に唐から受け入れられた。

○ **浄土宗と浄土真宗**、これは阿弥陀の救済の誓願を信じることを中心に据え、後者は前者よりさらに徹底して、他の総ての補足的信心を排除する。

○ **臨済と曹洞の二宗**は、(この教えを説いた中国の著名な高僧の名によってかく呼ばれる) 禅の宗派で、前者は公案に精神を没入することに重点を置き、後者は坐禅に重要性を置いている。

○ **日蓮宗** (宗祖の名によりこう呼ばれる)、これは妙法蓮華経の純粋な礼賛実践に回帰することを説く。

ここに挙げた浄土以下の五宗は、十二世紀末から十三世紀の末にかけて飛躍的な発展を遂げたものである。

浄土真宗という、阿弥陀専一の傾向で一神教に大変近くなる宗を除けば、これらの諸宗は崇拝の対称として非常に広い尊形のパンテオンを持っていて、それが四つの基本的な範疇に分類されている。この分類法は密教の起源によるものであり、中国ではすでに七世紀に行われていたことが立証されており、そして日本では十世紀以来正しくそれを受け入れ、現在も厳格に踏襲されているものである。[3] それは一・仏陀、二・菩薩、三・明王、四・天という四部からなっている。

まず史実の仏陀——その永遠化・絶対化

○ **仏陀** (buddha) 日本では略して普通、仏という。ブッダはこのサンスクリット語の意味が示す通り、世界の在るがままの深い真実に〝目覚めた〟者である。ブッダをまた別名で、この真理と完全な一致の意味を表すタターガタ (tathāgata)、日本語では「如来」(それの如く来た者) とも呼ぶ。仏教ではまず始めに、仏陀または如来というものは、その教えの史実の創始者である仏陀シャカムニが原形となっていた (釈迦牟尼仏、釈迦如来)。彼は覚醒《さとり》の偉大な自覚によって完成に達した生涯の末に、「涅槃」

(nirvāṇa) というえも言われぬ消滅の状態に入った。そこからは決して戻ることが出来ない、したがってその徳風によってしか活動し得ない状態に入ったのである。(4)

しかしすでに西暦初頭の以前から、ある学派（部派）の中では、こうしてこの世に生れ、この世で真理に〝目覚め〟、次いで〝涅槃入りした〟仏陀達というのは、唯の化現《けげん》の形に過ぎなかったのだという思想が現れていた。（化現《けげん》は (nirmāṇakāya)、字義通りの意味は〝作り出された体〟。日本では「化身《けしん》」という。〝変化《へんげ》の体〟という意味である）。そしてこの化身《けしん》達は衆生を鼓舞するために、それこそは唯一普遍の、いわば元処とも言うべき一つの身体から発せられたものだと考えられた。この元処、根元の身体は「法身」(dharmakāya) と呼ばれ、〝事象の秩序そのもの〟(5) または〝真如〟ととらえられる。仏陀釈尊の説いた真理の集成が、崇め称えられた彼の人格と融け合って、それがさらに不滅の真理、普遍的実在の〝当体〟という概念に移って行ったのである。

このブッダの二つの〝身体〟、すなわち変化《へんげ》として現れた身体と、根本の身体の間に三番目の身体を置く必要があった。それは覚醒《さとり》の寸前にまで到達していて、すでにほとんど仏陀と同格の者、つまり菩薩に、特典的にブッダが示現しているところの栄光の身体であり、それが「報身《ほうじん》」(sambhogakāya) と言われるもので、〝報賞された身体〟、または受用身《じゅゆうしん》（徳を受け用いる身体）とも解釈される。この「仏陀の三身」といわれる教理は、後世の仏教史に根本的な位置を占め続けた。(6)

ところで周知のように、仏教は総ての事物の非実体性を教えた。したがってこの「法身」の概念をたてることによって、再びインド古代正統の梵《ぼん》=我《が》(Ātman-Brahman) の思想に近似した、一つの絶対的存在、または〃充満した〃実体の原理を復活するということは問題にもされるべきではなかった。「法身」という観念に現されているものは――ポール・ミュスが好んで言ったように「空洞の絶対原理《ブラフマン》」――普遍的非実体性そのものに他ならない。ある人々はそれを捉え得ない「空」と定義し、また他の人々は別のアプローチによって、「それの如き」または「ものの本質」(tathātā, 日本語で真如)、と呼んだ〔それは究極の真理を暗示する〕。「(初期仏教の分析派が世界の現実をすべてそこに還元したところの)諸現象(諸法)とは、波として見た大洋であった。真如《タターター》とは大洋として見た波である」。これはルネ・グルッセが繰返し述べた美事な定義である。[7]

ブッダというのは仏教の出発点では、極めて稀有な成就の結実であると考えられていた。彼らの歩みを手本として、他にも秀れた賢者たちが涅槃《ニルヴァーナ》に到達出来たが、しかしその以前にこのブッダとしての〃完全な、満ちた、この上なき覚醒《さとり》〃「無上正等正覚」を経ていず、この完全な覚醒《さとり》のみが真理の説教に全能の救済の力を与え得ると考えられていた。仏教の伝統としては二仏が同時に、同世界に現れることはないとされていた。[8] ブッダたちはいわば宇宙的時間の広大な闇が続く中に、時々燈台が光るように現れるのであった。こうしてシャカムニ仏の以前に六人の仏陀が数え上げられていて、この仏達はシャカムニ仏が辿ったと全く同様の経歴を経たものと述べられている。シャカムニ仏を加えて「過去七仏」と呼ばれる一群をなしている仏たちである。第八番目となる仏の名前もまたすでに認められていた。その仏は未来に現れる仏で弥勒《みろく》(Maitreya 友愛の意)という名であり、過去仏と等しく同類の経歴を辿っている。しかし今のところ弥勒はまだ、覚醒《さとり》以前のシャカムニがそうであったように〃天

（神）〃の状態で来たるべき時を待っている一菩薩に過ぎなく、極めて遼遠なその時が来れば、最終の完成を遂げるために人間界に生れ変わって来て、その成就によってブッダとなるであろう、と信じられた。

西暦紀元の初め頃、大乗仏教という、より大規模に衆生を救済しようとする意志をこの名称によって示し、拡大され、深められた宗教運動が起ったが、それと共に、宇宙空間の次元にまで繰広げられた救済論が発展した。こうして全方角に位置する遠い世界の中に坐を占めている仏陀というものについて語られ始めた。その中で最も著名な仏陀は、西方の浄土で説教をする阿弥陀仏であろう。もう一人の仏陀は、これもまた東アジアで絶大な人気を博することになるのだが、それが薬師如来（Bhaiṣajyaguru 治療の師）である。薬師は最高の医師としての仏陀釈尊を尊格化したもので、こちらの方は、東方にある瑠璃《るり》のような光に満ちた仏土に住まわれる。

さて法華経の様な経典の、超世俗的概念が宣揚している仏陀シャカムニの場合について言えば、シャカムニ自身が、衆生を鼓舞するために造り出された彼の「生身《しょうじん》」（化身《けしん》、〃作られた身体〃に相当する語）の身体というものから、卓越した、根本的な、一人の「久遠に在住する仏」となって立ち現れて来た。この釈迦仏の永遠の存在という啓示こそ、法華経が説いたところの「信じられない様な驚くべき」真実なのである。

密教においては、すべての「ブッダの集団」（一切如来）と、それを代表する「東西南北に在る四人のブッダ」（四方仏）が、唯一にして中央の仏陀に連合されて行く。この中央に在る仏陀は〃汎仏陀〃とも言うべき仏で、その位置のために天頂の太陽と同化される。そうして「偉大なる光輝者」（Mahāvairocana《マハーヴァイローチャナ》）

という名でインド伝統から東アジアに伝わり、日本では大日如来と言われる。この仏陀は考え得られた最も絶対的な姿としての「法身」を具体化した仏陀であり、世界の物質要素の中にも、精神界にも限なく遍在し、この両者に調和・統合性を与えるものである。

菩薩・明王・天とは何か？

○ **菩薩**（bodhisattva）〝真理に目を醒ます〟資質を具えた者、または〝覚醒《さとり》を約束されている者〟という意味で、日本語では菩提薩埵《ぼだいさった》、普通それを略して菩薩と言われる。すでに簡単に述べたように、これは仏教的完成に至る準備期間の最終段階のきわまで来ている者である。ここでもまた彼らの原形はシャカムニであった。それもシャカムニが悟りを得た最後の生涯における悟り以前の姿、というだけでなく、本生譚に語られているようなその無数の前世を通じて、自我の放棄と他者への慈悲を培いつつ準備されて行った姿であった。その後に続く仏教史に先ず姿を現して来たのは、さきほど言及した弥勒（Maitreya《マイトレヤ》）である。この菩薩は、信者の熱く希求する釈尊の再臨として、未来に現れるはずのシャカムニのレプリカであるが、多くの救世主待望信仰の源泉となり、しばしば阿弥陀浄土への往生信仰に匹敵するものとなった。

ブッダの観念と同様に、菩薩に関する観念も、大乗仏教の刺激を受けて深く変貌を遂げて行った。大乗における菩薩は、未だ完熟せぬ仏陀というよりも、衆生の救済という彼の本願が果たされるまでは、己れの覚醒《さとり》を拒否するというところまで、慈悲と自己放棄の精神を押し進めた存在とされている。

その誓願が果たされる時まで、菩薩は輪廻の世界のあらゆる苦悩を衆生と共に生きて行くであろう。したがってある意味では全生涯を完成し終えた仏陀よりもいっそう近くにあり、未だ完璧への途上という典型で、それがより近づき易い高さに見えて、そのためにも菩薩はまたより世俗界に関しての信仰心を誘うものであった。

大菩薩は普通、それぞれにある特有の徳を具現している。例えば文殊菩薩（Mañjuśrī《マンジュシュリー》 優しく妙なる威厳）は智恵の徳を、普賢菩薩（Samantabhadra 普遍の好意）は信仰実践の堅忍という徳を、地蔵菩薩（Kṣitigarbha 大地の胚芽）は慈悲をというようにである。恐らく最高に、最も完全に、この理想的タイプを具現しているのは観自在（または観世音）菩薩（Avalokiteśvara 下界を観じている、または世の声を聞いている尊い方の意味）であろう。略して普通は観音と言われるが、慈悲と智恵を平等不離に兼ね具え、その像形《イコノグラフィ》の多様さはその徳の無限性を表していると言えよう。

○**明王**（vidyārāja 明智を持つ王）　密教に特有の尊像である。明王はもともと、〝至高の明智を持つ呪句〟を人格化したもので、その呪句は精神的にも物質的にも等しく、あらゆる現象の上に威力と明晰さを与えるとされる。インドではヴェーダ聖典の時代から呪句がいかなる役割を持っていたかは周知のことである。仏教では当初、――バラモン教の儀典主義一切のものに対してと同様に――呪句に対して不信感を持っていたが、その後、先ず厳密な意味の根本的「道」の枠外分野で、つまり医療の分野や、またはその他の個人の保全を脅かすものに対する守護としてそれを使用することを受け入れて行った。大乗仏教と共に、呪句はその宗教実践の中に強力に入り込んだ。それはもう単に信者たちの個人的な安全のお守りという様なものではなく、仏教信徒の共同体全搬を守護し、また「真理に目覚めること」を探求する者達に智恵と力と幾多の才能を授けるものとしてであった。〃言辞〃が持つ創造的威力、という古代のヴェーダ聖典の観念が再び全活力を取戻した視座における密教では、真言《マントラ》と陀羅尼《ダラニ》という霊的な明智（vidyā）を持つとされる、したがって「明王」または「明妃」と呼ばれる呪句が、予防や強壮済というような古い役割から徐々に昇格して、衆生と汎仏陀（大日如来）に共通する覚醒《さとり》の本性を表現し、また現実化する役割を持つようになって行く。（真言とは〃真実の言辞〃。dhāraṇī は〃所持者〃という意味で〃総持〃とも訳され、一般に真言より長い）。

その中には大孔雀明王《だいくじゃくみょうおう》（Mahāmāyurī）の様な明王がある。この明王は、身体と心を害するあらゆる毒に対して効験ある呪の保持者で、それは太陽鳥孔雀に対して、水と地下の世界に結ばれた蛇、という古い信仰から来ているものである。この孔雀明王のように密教の最も古い伝統によって正統化された明王もあれば、また他に不動明王（Acala 動ぜず）のようにシヴァ教起源の特徴が認められ、真言・天台という日本が正統の後継者になるところの、展開し深められた密教において重要な尊像の一つとなった明王もある。不動明王は、汎仏陀（大日如来）の本性に内属する「一切衆生を悟りに導く意志」の示現であり、そして帰依困難な衆生をも悔悛にまで伴う明王である。不動のようなタイプの明王は普通忿怒尊と呼ばれ、その恐しい形相のイコノグラフィ《像形》は彼らの険しい使命を証しているが、その深い原動力となっているのは慈悲の心である。

○**天**——つまり神々（deva）と女神たち（devī）、日本語で天と天女——は仏教パンテオンのあらゆる礼拝尊の中で、唯一彼ら自身が未だ輪廻転生の運命に拘束されているものである。すなわち、この観点からみれば、人間とも、畜生とも、餓鬼とも、またその他運命の終わりなき変転のサイクルに捕えられている生き物たちとも何ら異なる存在ではない。しかし彼らは長寿とその威力にかけては絶大なものであると認められている。仏教の創初から、その中でも最も傑出した神で、ヴェーダ聖典の神々の王として「強者」（Śakra）と呼ばれていたインドラ（帝釈天）と、バラモン教における最高神ブラフマー（梵天）は、釈尊の説教に感服して、釈尊の配慮細やかな侍者となったというように紹介されている。東西南北を支配する偉大な神々から、野や水中に住むささやかな精霊たちに至るまで、また人喰いの神霊（夜叉）まで、あらゆる種類の神的存在が、師釈迦と共に移動する集団に参加して、その説教に耳を傾け、仏教の信者を守ろうと誓った。その数は大乗仏教と共に著しく増大し、なお、さらに密教の流れと共に広くヒンドゥー教パンテオンの中からも、呪の保持者と知られている神や鬼類が迎え入れられた。そして密教ではその本来のものである逆説によって、彼らが荒々しい性質のものであるだけにことさら称揚して、その性質も、これもまた悟りの本性であると強調することを好んだのである。

この「インド基層」[9]の神々に対する仏教の全く寛容な受容の態度は、インド圏外の世界においても維持され、そしてことに東アジアにおいて保ち続けられた。仏教は難なく中国のいくつかの伝統的神々、ことに中国の広大な天体のパンテオンに属する神々を取り入れた。時間と空間状況のさまざまな結びつきということに大いに関心を持っていた密教は、すでにイラン圏との境界地帯でヨーロッパ占星術の要素によって豊かになっていて、中国のこの分野にも多分に関心を持つことになる。日本においては、神道の神々は先ずこの国の地主という立場で寺院創建者に必要な交渉相手となり、次いで後にはより誉高く仏陀や菩薩の垂迹として、仏教が各地で採った方法と同じように仏教の崇拝世界に同化して行ったのである。しかし指摘しておかねばならないのは、反対に仏教伝統の——そして仏教伝統のさらに彼方で、ヴェーダ・バラモン・ヒンドゥー教の伝統につながっている——神々が、混淆思想によって深々と日本化を遂げたことである。例えば食糧の供給神「大黒天」(Mahākāla 偉大なる時間〈暗黒〉)のように、または弁論・芸能・技術の才を授ける川水の女神「弁才天」(Sarasvatī)。またさらに非常に複合的な尊像「妙見」(〝素晴らしい視覚を持った者〟、または〝見るに妙なる者〟)、この神は北極星と北斗七星の神で、宮・堂・社という三種のタイプの祭所で、それぞれ中国的・仏教的・神道的概念に結びついて崇められている。(10)

信者が「礼拝祈願できる仏の方が現実の存在となった」

この四つのカテゴリー、仏陀・菩薩・明王・天の中で、言わずもがな、唯一つ、他宗教にもある礼拝尊を連想させるのは第四番目である。他の三種のカテゴリーは仏教特有のもので、これらはブッダの原型の姿——仏になる以前は菩薩であった——、つまり仏陀シャカムニの姿がいくつかの形態になって、時間と空間の中に投射され、永遠化され、絶えずより絶対的なものに向って、その精髄にまで持ち上げられ、再びあらゆるレベルの別個の位格となって拡散された、という延長形になっているといえよう。そしてその集成の大構図が密教マンダラであり、そこに我々はその全体像を見ることが出来るのである。

たとえ、〝歴史的実在の仏陀〟を一方に、そして宗教的想像の形を別にと、この二つを全く断定的に対立させて考えるのは近代風の見方であるとしても、仏教徒はこの両者の違いを、つまり、この世に「生身《しょうじん》」（これは〝生《い》き身《み》〟と読めば、〝生きた体〟と解釈出来る）として生れ、逝去によってこの世界を悲嘆と愛惜の中に残して行ってしまった仏陀釈尊と、その外の仏教パンテオンの諸尊——たとえその成り立ちが多かれ少かれ史実性があるように脚色されていても——と超時間的性格を具えた諸尊との相違を、一般的にかなりはっきりと認識していたことは事実である。

しかし仏陀釈尊の永遠性（久遠釈迦）の観念にしろ、また彼が最終段階で得たとされる「無住処涅槃[11]」、つまり衆生救済のために再びこの世界に戻ることが出来る、〝涅槃を超越した涅槃〟という観念にしても、さらにまた、問題のより良い解決策である「法身」の観念にしても、それは信者が他の祈りの対象に願う時と同じ様な、確かに〝(今も)そこで聞いていてくれる〟という安心感を以って、仏陀シャカムニに祈願するのを可能にしたものである。

こうして見られるように立場が逆転した。つまり礼拝祈願出来るものとしての仏の方が現実の存在となり、それを今我々が取上げているのである。より正確に言えば、それはシャカムニの「実際の存在と同等」のものが形体をとっているのであり、それは本来は反対に、根本的に非実在であったもの

である。――この場合、天・神の問題は例外であると付け加えて置こう。(12)

エチエンヌ・ラモット（Étienne Lamotte）(13)は、仏教学の分野でも主として般若波羅蜜（智恵の完成）学派の思想批判学を深めた学者であるが、その名論文「文殊菩薩」で次のように述べている。

「エウエメロス説（神話の神々は実在の英雄などが死後神格化されたものとする説）を菩薩に当てはめて考えるのは根拠なき偏見である。それのみか仏教的見地からすれば教理の誤解であろう。なぜならば、最も敬虔な信者には、菩薩は観念的存在であり、絶対に実在しないものである。……したがって菩薩をこの世界にも、この世界の歴史の中にも探し求めるべきではない。自身の思考の中にこそ求めるべきものである」(14)。

今一人の「般若波羅蜜《はんにゃはらみつ》」関係文献の大家であったエドワード・コンゼ（Edward Conze）は、逆の方向から、菩薩そのものに視点を置いて次のように述べている。(15)

「菩薩は智恵と慈悲の矛盾した二つの力でもって構成された存在である。その智恵によっては菩薩は個人の自我を認めず、その慈悲ではその人々を救済しようと固く誓っている。この相矛盾した行いを組合せた態度が菩薩の偉大さの源であり、彼自身と他者を救済する力の元となっているのである」。

ここで我々は大乗仏教思想の最も重要かつ難解な一点に触れることになるのだが、エチエンヌ・ラモットはある講演において、(16)「教理の観点では懐疑的であり、宗教の観点では神秘主義である」と定義している。

この大きな二律背反を解く最良の手段の一つは、大乗仏教の諸流派がそれぞれにいくらかのニュアンスをもって取り入れている、いわゆる「二重の真実」――「世俗界」と「真実界」の真実（真俗二諦）――といわれる概念であろう。その概念に従えば、あらゆる存在というものは、彼らを結び合せている業の因果関係からみると相対的に存在するものであり、また同時に非存在のものである。なぜなら結局のところ、あらゆる存在は純粋な「空」だからである。それは、信者の思考が「相互関係による確かな手ごたえ」とでも呼ぶべき、物質界にまで作用し得る力を与えているところの仏陀やその他の諸尊、そのいずれにしても異るものではない。実は「真実の現実《レアリテ》」の中では、それらもまた信者自身と同様に「空」に他ならないのである。[17]

中国の古い〝感応〟（日本語ではカンノウと読む）という言葉は、「感動させる、刺激する、影響を及ぼす」という意味を持つ字と、「答える」という意味を持つ字との二字から出来ているが、これはすでに『易経』の下経[18]に見える言葉で、また後には道教[19]と中国仏教によって再び取上げられ、次いで日本に入った熟語である。この言葉は、二極間に生じる電流に似たある一時的な現実を創り出すところの、そういう関係の性質をよく言い現している。この言葉は「願を聞き入れること」（特に奇蹟的な）という意味でよく仏教関係の中で使用され、そこからごく単純に説話の言葉として使われている。ポール・ドミエヴィル（Paul Demiéville）は筆者に「［衆生の祈りの］インパクトに対する［仏陀または神の］答え」、と直訳するように示唆された。[20] 現代の科学用語で、電気や磁気の「誘導感応」という風に再び取上げられているのは実に適切である。

この「手応えのあるもの」——または「相関関係にある現実《レアリテ》」と言った方がよかろうか——、それがどのようにして具体的な形で現れるか、それが我々がここで主として問題とするところであるが、ことに、如何にして「身体」を持ち、そうして形像の中に顕現するか？

最初の仏像——サーンカーシャの奇蹟——代理の体

よく知られたことだが、仏教は当初、仏陀シャカムニと過去仏たちを擬人態で表現するのを避けていた。そうすることによって、仏陀というものはこの世界を脱した存在であることを意味付けたかったからである。したがって仏陀は象徴的な形によって表現された。例えばその樹下で真理に目ざめた樹とか、空席の玉座、地上に残した彼の足跡、回転させることによって説法の開始を意味する転輪（法輪）、またその遺骨を納めたストゥーパ（塔）、塚などで表わされていた。それに反し、仏教芸術の初期から、覚醒《さとり》以前のシャカムニの姿、つまり最後の人生や、またその前生において、彼が未だ〝完成〟の追求に専念する菩薩に過ぎなかった時期の姿は表されているのである。その姿は、やがてそれを打ち捨てることによって世俗の誘惑に決定的な訣別を表すことになる王侯貴族の装飾を着けた姿であった。神々の姿形についてもまた同様で、彼らもまた、その中の最も重要な神々は王侯の姿で現されており、その他の神々は門衛だとか名士として、多少とも怪物的な、または擬獣態の姿の下に表現されているのが見られる。

完全な仏陀となった姿の仏像は紀元一世紀から二世紀の間まで現れていない。それは一方ではガンダーラ地方で、アレキサンダーの後継者のインド／ギリシャ王朝において、もう一方ではマトゥラー*のインド芸術の中で現れて来た。図像学的見地では、それらは主として経典の中で述べられている仏陀釈尊の姿に合致するものである。特徴としては主となる三十二の吉兆の相と、副次的な八十相があり、徐々に完熟する悟りの兆しとして現れて来たもので、またその相は、完成者（釈尊）がもう一人の理想的人間、かの世界を統治するとされた〝聖王〟と共通する相である。より古く溯ればそれらの相は〝宇宙人格〟が具えた相とされるものであった。[21] その相の大部分は可視的な身体の形と色に関するもので、その中最も重要でかつ最も顕著な二点は仏頂と白毫であろう。仏頂（uṣṇīṣa）は最高の智恵の所在を現し、白毫（ūrṇā）は眉間の一種の巻毛で、普通象嵌によって表わされ、光源の役割をなすものである。したがってこれらの相は原則として造形的に表現可能なものである。しかし他に一つ、仏陀釈尊の声に関する相（梵音相）は造形出来ないもので、これについては後述することにしたい。最も古い像容では釈尊の着衣は常に修行衣になっている。すでに述べたように、装飾類は一切打ち捨てられたからである。しかしある時代から、仏教学的、そして宇宙論的概念と関連して、仏陀というものの姿がこの世界に比して卓越したものとして宣揚され、その卓越した高位を表現するために、普遍的王位の象徴として荘厳され王冠を着けた、したがって菩薩の形姿に非常に近づいた仏が現れて来た。[22] ことに密教の汎仏陀（大日如来）がこういう姿で表されることになるのである。

＊訳注　マトゥラーは北部インド、ジャムナー河のあたりの古都で、各種の信仰が盛んなところであった。ガンダーラ地方よりやや遅れて、純インド様式の仏像を創り出した。

仏教伝承の中には、最初の仏陀釈尊彫像の来歴に関するいくつかの話が伝わっている。[23] その一つとして比較的後期のものであるが（大乗仏教の環境の中で成立したものらしいとされる）、しかしその後非常に広く伝播し、まさに日本まで伝わっている話で、優塡王《うでんおう》（Udayana）の命によって造られた像の話がある。此の話は古くから知られていた「サーンカーシャ（Sāṃkāśya）の奇蹟」[24] と呼ばれる伝説に付け加えられたものである。この伝説が語るところによると、釈尊は覚醒《さとり》を得た後、ある時、一安居《あんご》〔ある季節、僧が隠退して修行をすること。三ケ月間〕の間、須弥山《しゅみせん》の最上階に住む神々の所まで登って行ったことがあった。その神々の中の一人として、シャカムニを出産後直ぐに亡くなり、まだ釈尊の説教の恩恵にあずかっていない母が生れ変っていたからであった。彼が地上に帰って来た時、奇蹟的な三列の階段（三道宝階）が現れて、そこを梵天と帝釈天に囲まれて降りて来た。この話に後になって補足された話によると、釈尊不在の間寂しさに耐え兼ねた優塡王が、巧みな工匠の神に命じて、仏陀の全「相」を具えた仏陀と相似の栴檀《せんだん》の模像を造らせた。実の釈尊が地上に降り立った時、この栴檀の仏が近づいて行って挨拶をした。これは仏教絵画でよく知られた場面である。[25] 西暦六二九年から六四五年にかけてインドを巡礼した有名な玄奘が、その『大唐西域記』[26] の中で伝えている同話と、ポール・ミュスが荘厳《しょうごん》仏という論文[27]の中でそれに加えている解説は、ここで我々にとって非常に興味深いものである。それを引用しよう。

「如来が天宮《てんぐう》より還《かえ》りたまうや、刻檀《こくだん》の像は起《た》って世尊を迎えたてまつる。世尊は慰めて曰《いわ》く、教化《きょうげ》「衆生の」を労《わずら》わせんや、来世を開導《かいどう》したまへ、まことにこれ冀《こいねがう》ところなりと」。

ポール・ミュスは次のように解説している。

「それはこの栴檀の像に超自然的な力を授けることであった。そしてその霊力の反映がこの像の再コピーにも確かに見出されると人々は信じたのであろう。この伝承から生れた仏像群はしたがって、最初の仏陀との接触によって生命を吹き込まれているとされたのである」。

この様な指摘は仏教図像《イコノグラフィ》全搬に通用すると考えられよう。『荘厳仏』の著者はさらに、中国北部で碑文から読み取られ、エドワード・シャヴァンヌによって翻訳された文献を典拠として次のように付け加えている。

「その他にも、像の造立は〃仏陀の位置にその代わりとなるものを置く〃ことである」[28]。

なおこの問題について重要な意味を持つ文献として『律』の一節も挙げておこう。それには、釈尊が親しい後援者の一人に閻浮《えんぶ》の木（蒲桃《ふともも》）で——別説によれば金で——釈尊の像を造り、彼自身が主宰出来ない時にそれを「僧達の集まりの先頭」に置くことを許したと伝えている[29]。

この彫刻である「代理の身体」[30]をさらに完全により効果的に本人と合致させるように、その体内に遺骨——つまりそれ自体が人の代替物であり、その活力を持っているとされる成分[31]——やまたはその他象徴的な物または現実的な物（この場合特に内外の器官の模型）を入れて[32]、代替としての役をさらに強めることが出来るのである。

信者との〝交流〟が通じれば現れる現実《レアリテ》——現身《げんしん》仏

仏像または仏画が具える霊験という、当然魔術ととれるような見方に対して、「大般若波羅蜜」系統の古い経典[33]は次のように厳しく正統教義の観点を明示している。

「譬如、佛涅槃後有人作佛形像。人見佛形像、無不跪拝供養者。……賢者呼佛。神在像中耶。薩陀坡倫菩薩報言。不在中。所以作佛像者。但欲使人得其福耳」。

（次のような例をとってみよう。釈尊涅槃の後に、ある人が釈尊の像を作った。この像を見て跪かぬ者はなく、供え物を捧げぬ人はなかった。……「おお賢者よ、仏と呼ばれる魂がこの中に在るのですか？」問われた菩薩は答えた。「その中には在らず。仏像を作るのは、ただ人々がそうすることによって福の効験を得ようと欲するからです」。）〔フランス語訳から日本語に訳した。〝魂〟という語について、注33を参照〕

この様に正統の仏教教義では、形像の中には〝魂〟はないとしている。にもかかわらず、信者の祈りが十分切実で誠意を込めたものであれば——換言すれば、先に述べた「交流」が生じれば、つまりそれが「感応」であるが——この魂のない形像から、効験のある麗妙な存在が出て来るのである。次に掲げる話を見て頂き度い。これは十一世紀末の日本の説話で、玄奘法師の伝記を出典としている「天竺の白檀の観音の現身《げんしん》の話《こと》」と題される話である[34]。

「天竺《テンジク》ニ佛、涅槃《ネハン》ニ入《イリ》給テ後□国《コク》ニ一ノ伽藍《ガラン》有リ、其《ソノ》名ヲバ□寺ト云フ。其ノ寺ノ最中《モナカ》ナル堂ニ白檀《ビャクダン》ノ観自在菩薩《クワンジザイボサツ》(35)ノ像《ザウ》在《マシ》マス。霊験殊勝《レイゲンシュショウ》ニシテ常ニ人詣《マウ》ヅル事数十人《スジュウニン》不絶《タエ》ズ。或《アルイ》ハ七日《ナヌカ》、或《アルイ》ハ二七日《フタナヌカ》穀《コク》ヲ断チ漿《コムツ》ヲ断《タチ》(36)テ心ニ願フ事ヲ祈請《キショウ》スルニ、誠ノ心ヲ至セバ、観自在菩薩、自《オノヅカ》ラ微妙《ミメウ》ノ荘厳《シャウゴン》ヲ具足《グソク》シ光ヲ放《ハナチ》テ木像《モクソウ》ノ中《ウチ》ヨリ出《イ》デテ、其ノ人ニ見《ミ》エ給フ。其ノ人ヲ哀《カナシミ》テ、願フ事ヲ満《ミ》テ給フ……」

ここで注目すべきは「現身《げんしん》」（現れた身体、または現実化した身体と翻訳してもよい）という言葉と、「木像の中より出で」という表現を使っていることであろう。現身《げんしん》は「身体《み》を現す」という動態を示す意味をもって、仏教経典の中にしばしば使われる言葉である。例えば牟梨曼陀羅呪経《むりまんだらじゅきょう》(37)という密教の古い時代の小経典の中で、「もし或る人が金剛［菩薩(38)］の形像の前でこの呪《じゅ》を唱えれば、金剛はその身を現し、その人の願いを満たすであろう」と延べられているようにである。

これらのテキストの述べているところは全く明確であろう。すなわち形像の中に形・姿を持って顕現し(39)信者の祈願を聞き入れるのは〝魂〟ではなく〝身体〟である。仏身論の見地によれば、言うまでもなくそれは「化身《けしん》」であり「法身《ほっしん》」の反映に外ならず、さらにまた既述した普段の言葉で言えば、「生身《しょうじん》」または「生《い》き身」である。

鎌倉時代の高僧の一人、明恵上人（一一七三〜一二三二年）はそれを次のように直截に述べているが、同時にまたこの「現身」の現象は、行者の精神がそれにふさわしく一致した時のみ起こり得るものであると厳しく警告している。

「道場に入る毎《ごと》に生身の仏の御坐《おわします》と思て、正《ただし》く生身の如来の御前に望む思を成すべし。木に刻《きざ》み絵《え》に書たるを生身と思へば、軈《やが》て生身にて有なりと云々(40)」。

それよりほぼ半世紀後に、無住《むじゅう》国師（一二二六～一三一二年）は「古徳《ことく》の口伝《くでん》に云く」とことわりつつも、その法語の中で次のように説明している(41)。

「仏ノ真身《シンジン》ハ、無相無念《ムソウムネン》ナリ。大悲本誓《ダイヒホンゼン》、慈善根《ジゼンゴン》ノ力ニヨリテ、種々ノ形ヲ現ジ給フ。形像《ギョウソウ》モ應身《オウジン》ノ一ナリ。然《シカル》ニ行者《ギョウジャ》ノ信心《シンジン》、智恵《チエ》ノ分《ブン》ニ随《シタガ》ヒテ、木石《ボクセキ》ノ思ヒヲナセバ、佛体モ只木石ノ分ナリ。木石モ佛ノ想《オモイ》ヲナセバ、佛ノ利益《リヤク》アリ。恭敬《クギョウ》ノ心モ、信仰《シンゴウ》ノ思《オモヒ》モ実《マコト》ニ深ク、マメヤカニ懇《ネンゴロ》ナレバ、生身《ショウジン》ノ利益ニ、スコシモ違《タガフ》ベカラズ。……(42)」

（仏陀の真実の身体は固有の姿も考えもないものである。大いなる慈しみの誓願と、思いやりの心によって作りなした善根の力でもって、種々の形の下に現れ給うのだ。外形が彫刻という姿も変現として現れた形の一つである。したがって信者が、その信心または智恵の度合いによって、もし仏陀を木や石と見なすなら、仏体もただの木石に過ぎない。そしてもし木や石の中に仏陀を見ればそこに仏の利益を得ることが出来る。もしうやまい尊ぶ心と、まことの深い信仰心があれば〔木石の像であっても〕仏陀そのものからもたらされた利益と異ならない……）〔フランス語訳より〕。

この利益《りやく》というものは、形像の外に現れる映像や、または熱烈な願望によって実現する奇蹟というような事より、さらにまた理解を越える事実となって起り得るものである。形をもって現れた「身体」は「答え」に過ぎないにもかかわらず、信者の苦しみや、不具や、傷、体が受けた毀損、または信者が恐れていること等を、その聖像が代って負担し、場合によってはその聖像の傷跡が聖像の上に目に見えて残るというようなところまで行き得る、つまり聖像が信者と身を置き換えることによって「身代り」になるのである。[43]これは仏陀の前世の物語の中で称えられている「捨身《しゃしん》」のテーマを想起させるものであろう。

身代り物語というこの劇的な、ある面ではいくつかの冒瀆者処罰譚に大変近い話は、中国・日本の仏教伝承の中には豊富にみられ、[44]また日本ではその名声や効験の評判のある部分は、そういう身代り話の一つに由来しているという信仰地がかなり多数にのぼっている。[45]

ここではその中でも最も驚くべき話の一つに言及するに止めよう。それは「錐もみ不動」――錐に刺された不動――の話である。この不動明王は今日和歌山市近郊の新義真言の一聖地、根来寺に祀られている。この宗派の始祖覚鑁《かくばん》（一〇九五～一一四三年）は積極的かつ革新的な精神の人で、真言宗の中心地高野山では重職にあったが、対立派からの嫉視が激しく、その手下の衆徒が覚鑁を捕え追放するために送られた。[46]

覚鑁は熱心な「不動三昧」（不動尊の前で観想する）の行者であった。この明王アチャラ――〝不動〟――は力強い忿怒相で、その図像学的表現は、片手に決断の剣を持ち、他方に縄縛の紐を持って、浄火に囲まれた岩座の上に坐している。十五世紀に編纂された覚鑁の伝記[47]は長承三、四年頃（一一三四年、または一一三五年）、夜、聖人がこの不動明王の像に花を捧げ礼拝していたところ、今度は不動明王が起ち上がって聖人に花を捧げ敬意を表したと伝えている。同伝記ともう一つの、元亨二（一三二二）年成立を明記した伝記集所収[48]の話は次のように伝えている。保延五年十二月八日（一一四〇年初めに当たる）、覚鑁が籠っていた高野山蜜厳院《みつごんいん》の堂内に襲徒が乱入した時——

上人更ニ見エ給ワズ。壇上ニ同体ノ不動尊二体相比《アイナラビ》テ同坐シテ御坐《オワ》ス。乱入ノ悪僧共迷惑シテ、何ヲ本尊トモ、何ヲ上人トモ実否更ニ知リ難シ。ココニ或ル悪僧云ク、本尊不動ハ木像、上人ハ肉身ナリ。膝ヲ刺シ血出デタランヲ上人ト知ルベシトテ、実否ヲ知ラムガ為ニ、矢根ヲ抜テ（後期の異本では錐をもって）先ズ不動ノ御膝ヲ鑚《サ》シ奉ルトコロ、木像不動尊ノ御膝ヨリ血流レ出タリ。(49) 是レ明王真体《シンタイ》ト成《ナリ》テ血ヲ出デ、上人ニ替リ給フ。(50) 上人思シ召ス、我コソハ憂目ニハ遇ワメ、御過ナキ本尊ウキ目ニアワセ申哉ト悲ビ給ヒテ、即、出定《シュツジョウ》シテ本身ニ復《カ》ヘリ、本ノ御容貌ニ成リ給テ、蜜厳院ヲ出デ、涙ヲ流シ、直チニ根来寺ニ入リ給フ。

「眼を点ずる」だけでは足りない開眼儀式

仏画または仏像が「開眼」という特別な法要が行われて後に、始めて単なる物質的形式的物体から、生きた聖なる威力を具えた真の聖像になるという原則が、日本仏教の中に確固として成立したのはすでに西暦六七一年のことで、正史にその例が立証されていることである。(51) 眼は智恵と覚醒《さとり》の象徴であることはよく知られている。すなわち、眼の存在は形像に表された尊体が真理（真如）を見つめ、またその真理を見せるという全く特別な意味を持っているのである。この開眼の儀式は大陸に源泉を持ち、バラモン教の中にも認められ、さらにインド文化圏を遥かに越えてエジプトの埋葬儀式の慣習にまで認められるものである。(52)

開眼はよく「仏画または仏像が完成した時、眼に瞳を点ずる儀式」であると定義されている。[53]そこで我々は先ず物質的行為によって、つまり生命を造り出すとされる最も重要、かつ神秘的な最後の一筆を加えるという行為によって像を完成し、像を生きたものにする、俗に言う日本的表現を使えば「魂が入れられた」と思うのである。[54]しかし儀典上の見地によれば、開眼はこの物質的行為が、言辞（真言）が根本的役目を持つ一連の儀式の中に組み入れられることによってのみ、はじめて有効となると解釈しなければならない。

法然上人（一一三三～一二一二年）は先に述べたように浄土宗の宗祖であるが、この問題を密教的性格の典拠[55]によって次のように説明している。

開眼と申すは、本躰は仏師がまなこをいれひらきまいらせ候を申し候也、これをば事《じ》の開眼と申し候也。つぎに僧の「仏眼の真言[56]」をもて、まなこをひらき「大日の真言[57]」をもて、ほとけの一切の功徳を成就し候をば、理の開眼と申し候也。

（開眼というのは基本としては仏師が眼を描き込んで眼を開くことである。それを事柄だけの開眼という。次に僧が（今度は）「仏眼の真言」で眼を開き、次いで「大日如来の真言」によって（聖像の中に）仏の総ての功徳を実現する、それこそが根本的開眼というものである）。〔フランス語訳より〕。

さて今一人の大祖師日蓮上人（一二二二～一二八二年）の方は、妙法蓮華経信仰の唱導者であるが、彼は何故に言辞的要素を欠いては開眼はあり得ないかということを、より適切に説明した。[58]彼はこの言辞的要素というものに、法華経の聖なる教えが完璧に表現しているような釈尊自身の声——直訳すれば梵天の声、「梵音」[59]――を認めるからである。次の文を見られたい。

仏に三十二相有り、皆色法なり。最下の千輻輪より終りの無見頂相に至るまでの三十一相は見る可き有対色なれば書つべし作つべし。梵音声の一相は不可見の無対色なれば書くべからず作るべからず。仏滅後は木画の二像あり。是三十一相にして梵音聲欠けたり。故に仏に非ず。また心法かけたり。(中略) 木画二像の仏の前に経を置けば三十二相具足する也。

(仏陀釈尊には三十二の相が有る。すべて肉体的要素である。最も下にある〝千の輻《や》を持つ車輪[60]〟の相から、最後の〝頭頂の隆起[61]〟の相までの三十一相は見ることの出来る手答え有る要素[62]であるから、描くことも彫刻することも可能である、ただ梵音の相のみは見られなく手答え無き要素である、したがって描くことも刻むことも出来ない。釈尊涅槃の後は彫刻と絵画〔という二つの形態の〕形像があった。それらの像は三十一相しか持たず梵音が欠けている。それ故にそれらの像は仏陀釈尊ではなかった。そこに精神的要素が欠けている〔といえよう〕……彫刻・絵画の二つ〔の形態〕に表された仏像の前に経典を置けば三十二相を完全に具えた像となろう)。(日蓮はこの後にこの経とは法華経に外ならないと明示している)。〔フランス語訳より〕。

開眼についての真言密教の立場も同様に、大変重要であることを指摘して置きたい。それは「即身成仏[63]」の根本概念と、そして物質要素の絶対神聖が意識の要素と同格に、汎仏陀(大日如来)の「法身」を構成するという概念に密接に結びついているものである。密教にとっては、開眼は世俗人がより高度な認識に達し易くする手段以上の何ものでもない。つまり世俗人というのは偏見に捕らわれていて

――これは密教以外の他宗派の教義に対する批判も含んでいるのだが――、そういう人々は彫刻または絵画の聖像に、亡ぶべき資材で細工された台材しか感受せず、その台材が、不滅を本質とする「真実仏体」と同等であるとどうしても認識することが出来ない。真実はそれに反し、現象世界のあらゆるものは、岩石や草木に至るまで、すべては大日如来の法身ならざるものはない。そういうわけで、仏陀・菩薩やその他の礼拝尊を現した絵画彫刻の聖像もまた、絶対的実在《レアリテ》の表現である大日如来の「法界宮」にあるもののように、仏陀・菩薩などの真実の身体であるとみなさなければならない。

真言宗の本山で古義を保つ高野山でも、新しい解釈（新義）の根来《ねごろ》でも、十三～四世紀には問答形の法話集で、(64) この〝描かれた像〟（綵画形像《さいがぎょうぞう》）、また〝絵画・木彫の仏的本質〟（絵木法然《えもくほうねん》）と言われる問題が盛んに論議された。(65)

どのように解釈されるにしろ、「開眼」は聖像を礼拝対象として神聖化する効力を持つことに違いはないのだが、しかしそれでも開眼以後に、像の前で取り行われるある程度複雑な儀式や宗教行事には、その都度また何らかの方法で、典礼に基づいた儀礼が含まれなければならない。それは念頭で行われることもあるし、また口述で、時に密教とその影響を受けている典礼では体の動作によって、すなわち主として手（印）で行われ、それによって尊体の霊験を再活化するわけである。

諸尊の現実《レアリテ》は「相互関係的」また「断続的」らしいこと

この霊験はすでに述べたように、行者の精神と切り離すことが出来ないものにもかかわらず、――

密教では霊験は、行者の中から発して再びそこに吸収されるとさえ言わねばならない[66]。なぜならばこの行者の精神は、実は行者自身の中に示現しようと期待している汎仏陀（大日如来）の精神に外ならないからである。――そうは言うものの、教典と典礼のテキストでは、仏陀やその他の諸尊が来るように「懇願して招える（招請《しょうしょう》）」「勧めて懇願する（勧請《かんじょう》）」という表現を用い、また儀式の間、悟りの実現と救済の空間となるこの世界に「降り臨む、降り赴く（降臨《ごうりん》・降赴《ごうふ》）」という言葉を用いている。儀式の終りには、うやうやしく彼らが「その本土に帰る（帰源《きげん》）」ように祈られるが、この本土とは密教言語では、大日如来があらゆる示現的な表出の以前に本源的に保っているところの、不変な静穏の状態を意味するのである[67]。

本稿は初めに指摘しておいた陥穽に落ちたと非難される恐れがあろう。というのは、広大な仏教諸派の展開史における、観点と実践の多様性、またその変遷を充分に考慮していないということである。しかし限られたこの小論の範囲では、多少ともそれは止むを得ないことであった。

しかしながら筆者は、今まで概観したようなこの多様性と変遷を通じて、一つの明白な事実が浮かんで来たと信じるのである。それは仏教パンテオンにおける諸尊、仏・菩薩その他の礼拝対象は、彼ら自身でその像の中に存在して、自立した超自然的現実《レアリテ》となっているのではなく、さきほど「相互関係（交流関係）」と定義したようなものを必要とするらしく見えることであり、またそれは、多くの場合、その示現においては断続的であるという補足的性格をもっていることであろう。

ポール・ミュスは――地理学者ジュル・シオン（Jules Sion）から借用した用語で――「アジア台風圏」と呼んでいた地域に、中国とインドを筆頭とする大文献文明が多様な展開をなす以前に、一つの共通した基盤があったと考えていたが、あちこちで確認された地下神（冥界）信仰の中から、彼はこの基盤の名残を見出した。そうしてこれら古代の地方信仰に見られる特徴と、仏教の如き非常に複雑で普遍的資質を持った宗教との間に見られる符合に驚嘆し、次の様に表明している。[68]「アジア台風圏では神々は人間が呼び起こす存在である」と。また再びこのことを「小降霊神たちの基盤」として、このアジアの「宗教的地下層」と語っている。[69]

ポール・ミュスは二つの問題を提起しているが、その問題点は筆者のそれとも相通ずるものである。それはまさにこの（神々の）在り方の特性に関するもので、筆者が聖像中の諸尊が相関的（交流的）かつ断続的な存在であると定義した在り方である。ポール・ミュスは「不可視の形に違いないが、しかし人間の形態をして石の中に隠れた」神の身体について次のように叙述している。アニミスト論の様式による説明に従えば、この不可視の身体が「出て来て司祭の身体と二重になる」。しかしポール・ミュスは自分の考察として付け加えて、「この考え方［……］はあまり明確ではないように思われる。と言うよりむしろそうではなかろう。司祭者と霊石との一体化は［……］一箇所から出て他所へ移ったのではなく、同時両存在である。石は神であることをやめていない、しかしその神は同時に、一定の期間、司祭者ともなっているのである。そこに矛盾はない。なぜならば、霊石が石の中に保っているのは神の恒久的な、形の無い存在であり、一方その別位の霊格が、彼に提供された（司祭者という）身体のある一時的な別界に投影されているものだからである……」[70]と。

ポール・ミュスはこの記述の少し前に、次のような疑問を呈しているが、これもまた筆者の疑問と係わりがなくはない。「このような神秘的合体の時以外は、神は非物質で存在しているのであろうか？否、そうでもなくて、古代では神は恒久的かつ物質的な、しかし人間形態ではない基体を持つとされていたようである」[71]。

この問題が筆者に特に興味深いのは、筆者がある時抱いた次のような疑問と合致するからである。京都の重要な天台宗寺院曼殊院には、明治時代に描かれたある幽霊の絵が保存されているが、これは恐らく見得る限りの最も怖い絵の一つであろう。悲し気な、恐るべき決意を込めた重い目ざしで、しなびた唇からは顎に虫歯の残りが垂れ下がっている、そのような痩せ細った長いシルエットが土気色の半透明な画面から起ち上って抜け出して来るのである。それは画家がこの姿をいわば画面よりも大きく、上下の縁から表装絹の上にはみ出させて描いているからである。この絵は非常に不吉な呪いを持つと言われており、結局曼殊院に預けられた。これを筆者は一九五七年に、学者であった故山口光圓門主から披見の機会を得たが「魂は抜いてある」と、換言すれば、一種の「閉眼」が行われてあると説明された。そして毎年お盆には開眼の方法で魂を入れて、供物と鎮魂の供養を受取れるようにし、供養が終ると直ちに、翌年まで再び魂を引き取らせるということであった。この儀式の最も重要な所は般若心経[72]の読経であった、この経は悪意と不祥事に対して強力な効力の徳があるとされている。なぜならばこの経は「色と空」、「空と色」の完全にして相互的な同一性を説くことによって、「世俗または物質界の真理」の次元でうごめいている仮相《けそう》のもの（現象として仮にある存在、相対的に存在しているもの）を、「真正の真理」の次元に連れ戻す。そこでは「仮《け》」は「空《くう》」の中に消えて行くという真正真実の世界に。この場合もまた、避け難く次の疑問を持たされることになるのである。この「魂」、というよりも正確な仏教教理の言葉でいえば苦しい「業の負荷」、明らかに激しい憎悪に満ちて、しかも活動界に浮上するのを妨げられているものは、毎年画像の中に顕現する時以外はどうなっているのかと。

筆者は以上に繰返し、仏教パンテオンの諸尊を特徴付ける、またはその存在のあり方を定義するために、「相互的関係」であること、そして「断続的」であるという二つの性格を併合して使用した。このことは、ある礼拝尊が形像の中と外に現れる現象は、信者の行為（業）が霊験という形で、再び信者に送り返された結果であるとすれば何も驚くことではない。（その反対も同じで、右に述べたところの幽霊のようなタイプの出現は、何らか過去の罪業の「因果の報い」であると見做さなければならない）。またさらにこの現象が、両者相互的な性質の「業」に係わった証しであれば当然のことで、したがってその「業」の効果そのもの以上の時間的延長は有り得ない、すなわち業の効能が尽きれば、それは吸込まれて消えて行く。

しかし巡礼者の流れが絶え間なく、常に賑っているいくつかの有名な霊場——前掲二二八～二二九頁に引用の文献例を参照されたい——法華経の観音三十三身変化の教理が地方に投影された西国三十三番霊所のような所では、その寺の本尊の霊験が恒常的現実として感知されている。それは信者の信心によって絶えず供養（存在を支持）されていて、もうその解消はあり得ないと言えよう。これは信者共同の〝業〟（行為）によってつくられる継続的創造とまで言ってよかろうか。

第八章　「仏陀」の二重真理——その単一性と複数性

図版 1　金剛界一印会　大日如来　9 世紀（伝真言院曼荼羅・部分）（東寺・京都市）

ここに十八世紀末の和歌が一首ある。文字的価値から言えば凡庸と言わざるを得ないが、おそらく当初は、この時代に多大な影響を及ぼした社会哲学の一派であった著者の教えと共に、広く知られていたものであろう。

わけ登る　ふもとの路は多けれど　同じ高嶺の　月を見るかな(1)

この和歌が貴重なのは、日本文化の中に見られる一つの恒常的な思想を表わしており、そしてそれは広い意味で、仏教の深い浸透に負ったものだからである。

唯一本の幹から出て、仏教思想は時代と共に様々に枝分かれした。すでにインドにおいて、次いでそこから東に向う総ての途上において、中国ではもちろんのこと、次いで日本には六世紀半ば直前に到達するのだが、そのそれぞれの地で仏教は非常に幅広い相違を見せながらも、教理・儀式・組織の面で開花して行った。時には強い対立もあったが、しかし深刻な宗教紛争を生じることは稀であった。仏教のとった態度は、むしろそれぞれ互いの相違を説明し、釈明に努力することであり、そして教理の上で、また同時に一種の時代区分による擬歴史観によってそれを階級的に再編成し、各々の見解を関係づけることであった。こうして築いた教理構造の頂上に自己の派を位置づけ、また釈尊自身の説教が次第に辿ったと述べられている進歩過程の最後に自らを置いたのは言うまでもない。

このような中からは、——但し例外に、反動で過激な性格を生ずることになる困難な状況の中で生れ、また復活したようないくつかの流派の中では別として——結局のところ、異端とか破門とかの問題が起る余地はほとんどあり得なかったと考えられよう。

周知のように、根本的に仏教は非暴力的であり、そして全くの無‐暴力といえよう。しかしことはさらにそれ以上にずっと深いのである。

「業」と「無我」を同時に説く矛盾——誰が輪廻転生するのか？

もともと初めから、仏教の世界真理に対する態度は、二つの域の中を流動するものである。仏陀釈尊は実際家であって、したがって人はよくその方法を医者のそれに比較するのを好んだ。矢が突き刺さった怪我人の手当をするのに、先ずその矢が作られた木とか、誰が造ったかということ等を詮索すべきか？と古い経典の中で問うている。否、必要なのは直ちにその矢を抜くこと、さもなければ怪我人は死ぬであろう。釈尊は実際には同目的に一致して向う二つの取り組み方《アプローチ》を交互に強調して説いている。

——一方で業《ごう》（karman）の教えを説く。それは絶えず我々を連れ去って行く輪廻の流れを、我々自らの行為の結果（因果）によって補給しているという、この厄介な性向に対して警告するためである。

——他方で無我（non-ātman）の教えを説く。それは自己というのは全く単なる構成要素の組み合せに過ぎなくて、したがって堅固な確実性のあるものではなく、そのような、感動することも反応する価値もない幻に過ぎない自己から我々を引き離すことを目的としている。

同じ目的に一致する深い配慮から生まれたこの二つの教えに内在する矛盾は、間もなくその後の世代の目に明らかになって来る。つまり、人間または畜生に生れ変わるか、または極端な場合には餓鬼か、それとも神に生れるか、そのいずれに漂着するか分らない危険の中にさまよいながら続いて行く我々の生から生への鎖の中に、もしそれを通じて一貫する恒久的な自我というような要素がないのなら、一体誰が輪廻転生して行くのであろうか？　誰が今日行った行為の――そしてその行為自体が「根」に譬えられるのだが――その果実を明日食べるために招かれるのか？ということである。

仏教徒はこの大問題についてそれぞれの見解を発表し始めるのだが、それらの見解の中に、彼らにとって結局のところ、釈尊の初頭の教えの最も重要であるとみなされた点が投影していたのである。

ある人々は、バラモン教徒が普遍的「大存在」の根源自体と同一であると考えたような、実体的な「自我」がないのなら、どうしてもその代りに輪廻転生して行く個人のアイデンティティとなる、軽い一種の支えのような存在を認めないわけにゆかなかった。それを彼らはプドガラ (pudgala) と呼んだが、しかし他の人々はこの概念は「自我《アートマン》」の観念を偽装して再び導入することになると反駁した。

ある人々はまた、当人自体が存在しないのなら、少くともその人によってなされた行為（業《ごう》）にこそ継承されて行く実体があるのだと主張する。

ポール・ミュスは、ガブリエル・マルセルから借用した有名な専門用語で次のように言っている。「人はその〝存在〟と共に輪廻転生するのではなく、その〝行為〟と共に転生するのである」と。

また外の人々は、前には「自己」に実体らしい見かけの様相を与えるものとして認められていたその「諸要素の集合」さえも、実体のないものだと唱える。さらに他の人々は――この思想が確立するのは比較的後であったようだが――「思考の集合体」というものを、感覚器官が種々に感じ取ったことを認識する場ととらえ、その所で、意識・無意識から生じた総ての思考が練り上げられると考えた。そしてこの「思考の集合体」が、次々と生れ変って、継続して行く衆生の存在を繋いでいる真の絆になっているのだと唱えた[2]。

また彼らが主張する教理の故に、説出世部《せっしゅっせぶ》(Lokottaravādin)、直訳すれば「超世俗説派」と言われる人達にとっては次のようになる。もし「行為」の純然たる果実であるこの世のものに何らの実在性がなく、それがただの名だけに過ぎないとすれば、その代りに超世間のもの、(移り流れて行く現象世界を超えたもの)、すなわち「煩悩解脱の道」と、それがもたらす果実、ことにその最終の果実である涅槃《ニルヴァーナ》、輪廻消滅の場でありしたがって本質的に不滅のもの、そういうものこそが真に存在する現実《レアリテ》であると。

周知のようにおよそ西暦紀元の初頭に当る時代に、仏教の中に一つの思想運動が発展する。それは初期仏教のいくつかの学派の中で、論究の成熟によって下拵えがされていたもので、それが今や比較にならないほどの論理の一貫性と規模の大きさを持つようになる。その運動は自らを「大乗」と名乗って、彼らが「小乗」というあまり名誉でない名を与えた以前の諸派よりも、はるかに多数の衆生を救おうとする意志を示したのであった。

大乗仏教は、仏教的宇宙論の展望を無限に拡大し、形而上的思考に深い関心を持ちつつ、彼ら自体もまた多くの派に分岐して行く。そうして各派それぞれの方法で、これまたはそれについて、「存在か、無存在か」というジレンマを問い質して行くことになる。その中のある一派は「空(śūnyatā)」という概念を掲げて、このジレンマの内容を徹底的に空疎なものとしてしまう。この「空」はただ単なる否定の意味ではなく、肯・否両義からの完全なる超越を意味するものであり、このようにして真ん中に位置する一種の弁証法的現実《レアリテ》の探求に導くものである。そしてこの「真ん中」という現実《レアリテ》は一つの定義として把握出来ないものであるから、神秘的感動に任せてそれに近づく、というのが少くともある人々の見解であった。

この真中を視察または考慮する「中観派《ちゅうがんは》」（Mādhyamika）と呼ばれる学派は、すでに古くから使われていた**satya**《サティヤ》（真実、真理）という用語を再び取上げて、重った二つの真理を分別する。すなわちその一つは相対的な真理（**saṃvṛtisatya** 文字通りの意味は外装の真実）で、これを東アジアでは世俗の真理、（世諦《せたい》または世俗諦《せぞくたい》）と呼ぶようになる。そしてもう一つの方は、最高の、または究極の真理（**paramārthasatya**）または真実の真理（真諦《しんたい》）と言われるものである。我々に課せられているような、そして業の法則がその配置構成を示しているような世界は相対的真理に属するものであり、その奥底にある本性「空」こそが、真実の真理である。この二つの真理が根本的にどういうものか、については後に中国仏教の中で明白に打ち立てられ、この問題をさらにさまざまに発展させる努力がなされた。

このように「空」を説いた中観派の他に、先に述べた観念論の概念をさらにずっと押し進めた派を忘れてはならないだろう。それは、世界は唯純然たる意識の産物であるという唯識《ゆいしき》（**vijñaptimātra**）の概念である。この学派は、認識可能な事物（すべてのこと）の、外見と同時に深奥の現実《レアリテ》の中に、三重の性質を識別する。すなわち、その（一）は、誤った妄想の、主観によって作り上げられた（認識）の性質で、それは存在自体に備わっていないものをそこに付与する（遍計所執性《へんげしょしゅうしょう》）。その（二）は、「他に依って起こる本性（依他起性《えたきしょう》）」といわれるもの。これは総ての事物は原因による結果として生じているという原則――つまり〝業〟の法則に応じて、互いに他との相関的な関係で存在しているものを指している。その（三）は「完全なる本性」（円成実性《えんじょうじつしょう》）。これは「妄想的な性質」に由来した総ての汚染物が「他に依って生起しているもの」から取り払われた時現れて来る姿、別の言葉で言えば――これはすでに以前から使われていた用語で、観念派がここに取り入れた言葉であるが――タタータ（tathātā）というもの、「真にそれ自体のように」、「それの如くあること」、日本語で「真如」といわれるものである。言うまでもなく、すべてこれらの教義は極めて複雑で、ここでは非常に単純化して紹介したことをお断りしておく。

釈迦逝去のあと人々は仏陀の永続性を追求した

さて御察知のように今まで述べたことと密接に関係しているもう一つの問題は、仏陀釈尊というものの自体の本性である。

仏教の始祖が誰であるかは言うまでもない。このシャカムニが仏陀、すなわち〝目覚めた者〟という名に値したのは、老い・病気・そして死という人生の苦悩を支配している機構を完全なる明晰さをもって理解し、そこから解き放たれ、自由になる道を示した後のことである。彼自身は、――今支持されている説では西暦紀元前四〇〇年頃、――涅槃《ニルヴァーナ》と呼ばれる、再び帰ることのないえも言われぬ状態、彼自身の教えによれば輪廻のすべての苦悩の終りを画する状態に入った。

図版2　「涅槃図」3世紀　（カルカッタ美術館）（A. Foucher『ガンダーラ仏教美術』より）

仏陀釈尊のこの逝去は、いかに通暁していたとはいえ、弟子達を悲しみに打ちのめした。「私はお前達に、私の教え、私の法（Dharma）を残して行く。これがお前達への遺産である」と彼が言ったという。おそらく弟子の中でも最も秀れた者たちは、師の亡き後も、師と同様何事も恐れず静穏に生きて行くことが出来たであろう。しかし他の者達にとっては、ことに世俗の信徒にとって――その後に出来た空白は実に耐え難いものであったろう。すべての仏教国の美術は時代を通じて、この重大な別離の場面を表した絵画・彫刻を数多く残しており、その出来事の影響は祭祠的にも教理的にも計り知れないものがあったのである。誰であったか、「仏教という宗教は涅槃の事件とともに始まる」と書いている。一例としてガンダーラ美術における三世紀の「涅槃図」（**図版2**）を挙げておこう。(3)

「仏陀、その法、その僧団」、これが人々が「三宝」と言い慣わすことになったもので、そこに仏教の全財産が要約されていた。ところでこの中の一つ、第一番目が欠けてしまったのである。第二番目の「法」を厳格に保存することに努めながらも、僧団は謝恩の儀式という方法で、神秘的に今もそこにいるように感じられる亡き師の人格との情意的な交流を維持したい、という欲求から逃れることが出来なかった。そういうわけで、この種の聖なる人物の場合によくあるように、釈尊の遺骨は火葬の薪の中から拾い集められ、分配された。その遺骨はやがてストゥーパ（stūpa 塔）と呼ばれる大きな聖遺物建造物に安置されて行く。参詣者はストゥーパ《塔》の周囲を右周りする「右旋《うせん》」という儀式を行って再び力を得て行くのであった。ポール・ミュスはいくつかの論攷の中で、いかに、このような聖遺骨は仏陀釈尊の代替と考えられ、死者の遺物を敬虔に保存するという意味よりも、その永続するだろう救いの行為を再び活性化し、伝達するという役目がより重要であったかということを的確に指摘している[4]。

ストゥーパ《塔》はインドの最も古い形から（**図版３**）、幾層か階を重ねた極東の仏塔にまで発展した。しかし「基盤」「伏鉢《ふくはち》」「相輪《そうりん》」という基本要素はそのまま存続した。またストゥーパを形どった銅製の仏舎利器なども存在する[5]。

初期仏教の中で最も一般に伝播されていた教理によれば、「完璧」にまで到達した仏陀というのは、ある時期の、ある宇宙世界においては唯一人しか存在し得ないということであった。またそれに仏陀の出現は――むしろその成熟の到来といった方が適切だが――、数え切れないほどの幾世に及ぶ努力の準備期間を必要とする極めて難しいものだから、全く例外的にしか起り得ないこととされていた。言い変えれば、無仏の長い期間があったということである。

図版3 ガンダーラ美術に見える初期舎利塔（ストゥーパ）（ラホール美術館）（A. Foucher『ガンダーラ仏教美術』より）

シャカムニの以前に、彼と同様の経歴を辿った六人の仏陀がいたという伝承が出来てきた。その第一番目に名を伝えられた仏は、我々現在の劫年（劫は一宇宙の続く期間）より九十一劫という大劫年前に悟りを開いたと言われていた。二番目と三番目は三十一劫以前である。現在の大宇宙時間が始まってからは比較的多くの仏が現れたとされ——四仏より少なくはない——それ故この劫は「恵まれた劫」（賢劫《けんごう》 bhadrakalpa）と言われた。これら一群の仏はシャカムニをも含めて、過去七仏と呼ばれるグループをなしている。シャカムニ自身にも極めて遥かな未来に、後継者（未来仏）が現れるだろうと予定されていて、それが「弥勒《みろく》」（Maitreya 友愛）という名であることもすでに知られていた。この未来仏は彼に先行した仏達と同じ道を辿って、やがて仏陀となる経歴を準備中であるが、未だ今のところ「正覚」に到達する以前のシャカムニのような状態に過ぎないと考えられていた。すなわち菩薩と呼ばれるもの、つまり「悟りを予約されている者」である。

物事のはかなさという考えを誰よりも深く体得していた仏教徒は、師の教えにもまたいつかは衰退の時期が来るということを知っていた。弥勒の出来は全てにわたって（仏教の）再生の期を画するはずであった。キリスト再臨に類似するこの弥勒の出来は熱烈な期待となり——それはことに中国において——、強力な救世主《メシア》待望運動を生むことになったのは理解に難くない。正統教義の厳正な見地からすれば、弥勒信仰は仏舎利塔《ストゥーパ》信仰と同じく、仏教の究極的な持続を約束するものであったと言えよう。因みに弥勒菩薩はその象徴的持物として仏舎利塔《ストゥーパ》を持っている。

すでに西暦紀元の初め頃から、インド美術の中では「過去仏」と「未来仏」が作られていた。極東では瞑想形の弥勒菩薩、仏塔を手にした弥勒菩薩、未来仏の庶民的表現である陽気な僧の形をした巨腹の「布袋《ほてい》」、（これは中国起源で禅宗によって全東アジアに伝播された）などの形が知られている。(6)

仏陀釈尊の本性は「超世間的」とする説の展開

このように初期仏教の伝統的教義においては、長い時を隔てて順次に現れる仏陀しか認めていなかったのに対し、さきほどふれた「説出世部」といわれる重要な一派は、いくつかの命題を認めている点で他の部派とは異なっていた。この説出世部の説がやがて後に大乗仏教によって広大な規模で取上げられて行くのである。

その中の一説はまさに仏陀釈尊の超世間的性格についてであるが、それはもともとは釈尊の聖徳を崇めるための単なる表現から生じて成立されて行ったようで、彼の本性そのものがそれほど超自然的と認められたからではないらしい。しかし時と共にこの「超世間」（移り行くこの世を超えたもの）という言葉が具体的な意味をとるようになり、やがて仏陀釈尊は、その思考が世界の機構（輪廻）を制御したものとして、現実に世界を越えた上にあるものとされることになった。人々が直接その教えを聞き、涅槃に入るのを見たそのような釈尊という人物は、結局実は、人々の教化のために呼び起されたところの、仮に創られた変化《へんげ》の身体に過ぎなかった。大乗仏教の最も重要な経典の一つである妙法蓮華経(7)はこのテーマを強力に展開させている。すなわち、仏陀釈尊は実は「量り知れない無限の寿命」を持っている、真実のところは彼は我々から失われたのではない、彼が涅槃に入ったのは架空のことに過ぎなくて、つまり釈尊は「久遠に常住する」というテーマである。

法華経の啓示する最も驚異的な場面は、古い過去仏である多宝如来がその誓願の力によって甦り、空中に湧現した宝塔の奥に現れて、シャカムニ仏が法華経の説教をして信じ難いような宣言をしたのを称賛し、そしてシャカムニ仏に塔の中の半座を譲って招き入れるところであろう。この「二仏並坐《にぶつびょうざ》」のテーマは、不思議なことに知られる限りではインドのイコノグラフィには見られないが、中国と日本では大きな成功を博したテーマである(8)（第二章**図版3**参照）。

「超世間」説を信奉する人達の全般的な立場を示すもう一つの点は、我々の住むこの宇宙の限界を超えて、無限の空間のあらゆる方角に拡がった別の宇宙というものに関心を持ち、そしてそれらの宇宙でもまた無数の仏陀が説教をしていると考えたことである。この思想は、仏たちは衆生の教化のために、自分の姿を巧みに思うだけ増殖させる、という概念の形成をますます容易にするものであった。

この点においてもまた、法華経はこの壮大なイメージを様々な音声と光の奇蹟でもって取り上げることになる。法華経では特に二仏を挙げているが、一方の仏は東方に位置し、もう一方の仏は西方に位置していて、後者は特に信者の間に絶大な成功を博することになる。すなわち、この西方の仏は「無量寿」(Amitāyus 量り知れない寿命のもの)と呼ばれ、——この名は法華経がシャカムニ自体に充てている無限同然の寿命を思わせるものであるが——または「阿弥陀」(Amitābha 無量の光のもの)とも呼ばれる仏である。この仏は、その起源にイランの時間と光に関する概念の影響を認める人々もいるが、やがて独自の経典集を持つに至った。それらの経典の中では普通「浄土」といわれる「幸せの地」(Sukhāvatī)という名の(日本語では極楽)仏土が称揚されており、行者が夕陽に向って瞑想することによって、目も眩むばかりのその所の有様を目にすることが出来ると説かれている。阿弥陀はこの仏土に、彼の本願に思いをこらし、そしてまた称名念仏する者を、その後世に迎えようという誓願を立てたのである。この信仰は二世紀末から三世紀初頭に中国に伝わり、四世紀末頃からは中国の一大神秘主義者の格別な信仰の対象となり、日本には七世紀末以前に知られることになる。我々が普通「アミディスム」(阿弥陀信仰)と言っている信仰はこの日本において十二世紀から、特に十三世紀から恩寵の宗教の性格を持つようになった。すなわちますます末法の世と感じられていた時代においては、罪ある者は唯自力だけでその業の報いから解放されることは不可能と考えられ、他力に、つまり阿弥陀仏の力に自らをゆだねるという信仰である。

日本ではこの阿弥陀仏とその浄土を表現した建築・絵画・彫刻などが非常に数多く見られる。(9)

阿弥陀経典ではすべてそれが、シャカムニ仏によって説教されたというようになっているが、阿弥陀信仰が絶賛される世界においては、シャカムニ仏の姿は必然的にある程度後方に遠ざかり、阿弥陀を専一に信仰する宗派では単に記憶すべき準拠の一要素に薄れている。特によく知られているように、「浄土真宗」を成立させることになった経典においてそれが認められ、この宗派では阿弥陀信仰が他の信心すべての絆から全く解放されて、一神教との多くの類似を呈している。浄土真宗の本山の一つ、京都東本願寺本堂の阿弥陀本尊の姿を掲げておこう。この像は金箔の光背を持ち黒い木彫像で、年代は未詳である（**図版4**）。

図版4　東本願寺本尊・阿弥陀像（『明治造営百年東本願寺』本願寺維持財団提供）

とはいえここである図像学的テーマに光を当ててみるのも無駄ではなかろう。それは中国では七世紀に溯り、日本では中世期を通じて大いに流布したテーマで、それは釈迦牟尼と阿弥陀の二仏が各々、半分は水、半分は火になった恐しい流れの両岸に立ち、そこを渡るには真中に細い一本の白い道しかなく、もし阿弥陀の加護がなければ、我々のなした悪い行為のせいでその道から落ちてしまうという、「二河白道」のテーマを現したものである。此岸に立った釈迦牟尼が道を渡る者を「行きなさい」と励まし、阿弥陀はその時彼岸から「来なさい」と呼ぶ。またこれは一方が信者を送り（遣《けん》）、もう一方が迎える（迎《ごう》）、「遣迎二尊《けんごうにそん》」とも言われている。

このテーマは多くの絵画を残しているが、**図版5**に藤沢の清浄光寺《しょうじょうこう》に保存されている「二河本尊

図版5　「二河本尊図」（白河白道）（清浄光寺・神奈川県藤沢市）

図版6　釈迦如来・阿弥陀如来並立像（二尊院［本尊］・京都市）

図」を掲げておこう。この絵でははっきりと流れの形と、そこを通る細い白道が見分けられる。[10] 京都嵯峨の二尊院の絵葉書はこのテーマが今も生きていることを示すものである。二仏の像が祭壇に隣あわせに置かれていてここでも阿弥陀は左側で来迎印《らいごういん》を結び、釈迦牟尼は右側で与願施無畏印《よがんせむいいん》を結んでいる（**図版6**）。

「法身」という概念から発展した「汎（あまねく）仏陀」の思想

しかし再び起源の方に立ち戻って、今度は仏陀釈尊の人格に関して恐らく最も根本的な概念であるところの、筆者がここで強調したいと思うその単一と複数の性格について話を進めよう。

　初期仏教の時代から、教えの始祖釈尊の滅び行く人間と、彼が説いた法（Dharma）という不滅の真理とを区別するために、「法身」（法、または本質の体身）ということが言われていた。法《ダルマ》とは、そのもののあるべき不変の秩序の中、そのものの本源の定めの中にあるもの、と同時にその秩序、定め自体をさし、そしてまたその鍵を与えた仏陀釈尊の教えも共にさしていた。その後、この「法身」という言葉は次第に絶対的な意義を帯びて来た。それは唯一にして、最高の「体」、真理の教えの本質を純粋に表現したものであり、したがって仏陀釈尊の教えが説き明した世界の実体《レアリテ》そのものとして現れて来た。宇宙と、無限に続く時間の中に、ここまたかしこと現れた仏たちの体は、すべてこの「法身」の変化《へんげ》の現れに他ならなかった。大乗仏教の観念論学派はその思想の本筋に、この「仏身《ぶっしん》」という問題について後々古典となって行く教理を成立させたのだが、それは「仏陀」というものの「身体」を三種に識別している。すなわち「法身」、これは「真の身体」である。次に「化身《けしん》」、これは作り出された体、または変化《へんげ》の体で、また「応身《おうじん》」（衆生の願いに応じて現れる）と言うこともある。そしてこの二種の仏身の間に、一種の栄光の体、つまり菩薩または菩薩に匹敵しようと努める者に「仏陀」が表す体で、原語サンスクリットは「法身を共有し享受している体」[11]と訳し得る意味を持ち、日本語では「報身《ほうじん》」といわれる仏身が考えられた。

　大乗仏教のその後の歴史におけるこの「三身」説の主な思想的展開と適用については、ここで詳述する余裕はないので、ただ「法身」の概念から出たと思われる重要な展開の一つについてのみ述べることにしよう。それは絶対的仏陀の身体、「汎仏陀」とも言えるような仏として密教の中に現れている概念である。

ここで筆者がいう「密教」とは、インド世界において仏教タントリズムと呼ばれている流派の中でも最も古い伝統から出たものを指すのであり、同じ仏教タントリズムでも、ヒマラヤ・チベット仏教は少し後期の発展段階を伝えていることを指摘しておく。さて先ず七世紀にインドで開花したこの古い伝統の密教は、八世紀初頭に唐代の中国に伝わり、そこでは九世紀中頃から衰退した。しかし幸いにもその衰退に先立つ数十年前に日本に伝えられて、真言宗と天台宗という環境の中で見事に実を結んだ。

そもそもこの仏教が、当初から一つの秘伝主義という形で成立したのは、それがただ単に難解な教えを伝えるというばかりではなく、それ以前の仏教の教えとは多くの点で明らかに断絶するものであったからで、さらにはまたこの仏教は、それ自体が神秘的な理念の上に立てられた「仏陀」（釈尊）と衆生の関係、というものの概念を反映しているからである。すなわちそれは、「仏陀」（釈尊）の身体（身《しん》）と、言葉（口《く》）と、思考（意《い》）の働きが衆生のそれと同一性を持つという、密教でいわゆる「三密瑜伽《さんみつゆが》」（三つの神秘の結合）の理念である。この「仏陀」との同一性は、本源的に全ての衆生に備わっているものであり、またそれは衆生に平等に与えられていると言われる。それが密教では、生れながら持っている「理」と呼んでいるものである。しかしながら、各々の衆生はそれぞれ異った自分の修行方法でそれを実らせるのであり、それを密教では実践によって多様に習得される「智」と呼んでいる。

二つの大マンダラ（マンダラという語は、中心を置き、そして方向を定めた構成《コンポジション》という意味）が、この生来の「理」と、習得する「智」の一対を図様に現している。前者の方は、母親が内蔵する胎児の生成にたとえて胎蔵曼荼羅と呼ばれ、蓮華（abja）をその基本的モチーフとしているが、この花はその花弁が開くと、芯から完璧な相似形に配分されていることから、母性並びに平等のシンボルとされている花である。後者は、純粋で非の打ちどころが無い「智」の性格を現すもので、この方は稲妻であると共にダイアモンドである金剛（vajra）の、絶対的な光と堅固さをその象徴としている。これが金剛界曼荼羅といわれるマンダラである。区分区分を対立させながらもこの両部のマンダラは互いに補完的であり、連帯的であり、なおそれどころか、一つのものの表裏、または始めと終りのように切り離せないものである。それを、二つでありながら二つではない、つまり「理」と「智」は二つではない、「理智不二《りちふに》」というふうに言われている。

このマンダラおのおのの中心に「汎仏陀」が坐を占めている。すなわち胎蔵曼荼羅においては「理」の絶対的な体として、もう一方の金剛界においては「智」の絶対的成就の場として、全てにあまねき仏陀である。この仏陀は王侯のように豪華に装飾された尊容で現されていて、ここではMahāvairocana、大日如来と呼ばれる「偉大なるヴァイローチャナ」「あらゆる方向に光を放つ者」「偉大な光り輝く者」で、あるいは「偉大なる太陽」と呼ばれるが、それはこの仏陀の唯一にして中央の位置によって、天頂に到った太陽を連想させるからである。

唯一の中央から無数に発散し再び元に吸収統一すること

しかしこの最初と最終を統一する大日如来の姿はまた、無数に発散し、それが再びそこに吸収されている姿でもあるのだ。胎蔵曼荼羅においても金剛界曼荼羅においても同じく、大日如来というのは同時に中心であり全体である。ほかに四人の仏がこの大日を中心としてその四方角に配置されているが、この四仏は中央仏大日如来の回りに控えていると共に、大日如来の最初の別体となる位格であり、この仏たち自身もまた、そこより現象界の中に分岐して行く系統の出発点となり、同時に回帰点ともなっているのである。ちなみにこの四仏の中でも、西に座しているのは外でもない阿弥陀仏であることに注目されたい。

京都の東寺に保存される「伝真言院曼荼羅」は、日本に伝わる絹地彩色の最も古いマンダラである。(八六〇〜八八〇年頃)[12] このマンダラを例として見ると、胎蔵曼荼羅は三重になった方形の中に、十二区画が分配された構成になっており、四〇八尊が集められている。(図版7) このマンダラの中央部は八葉蓮華になっていて、花の中央と花弁の上には、功徳が結実成就した容相を体現するものとして大日如来と四仏が配され、そしてその成就された同功徳の元の理由(因)を具象化するものとして、四菩薩が配されている。二つの大マンダラが道場の隔壁に懸けられるのだが、東には事物のオリアン(orient 太陽の昇る所、初源)の「胎蔵曼荼羅」、つまり「本源のマンダラ」が懸けられ、西には事物の完了する所、「金剛界曼荼羅」、つまり「智(認識)のマンダラ」が懸けられる。「伝真言院曼荼羅」の例をとれば、

図版7　胎蔵曼荼羅（伝真言院曼荼羅）（東寺・京都市）

「金剛界曼荼羅」（**図版8**）はその構成の基本となっているのが悟りのシンボルを現した月輪の円形である。この読み取り方には二つの方法があり、先ず中央から出て下方に向い、次いで右転（向って左）して上に上って上段を通り左側（向って右）を降りて来る、あるいは反対に、下から左転（向って右）して上を

図版 8　金剛界曼荼羅（伝真言院曼荼羅）（東寺・京都市）

通り右側（向って左）を降りて来て、下段真中から再び中央に上って行く。このマンダラは九つのサークル（九会《くえ》）の中に一〇六一の尊像を配しているが、ほとんどの尊像はいくつかの会《え》の中に変形重復してみられるので、実際は一〇〇余りの尊像しか含まれていないことになる。この「金剛界曼荼羅」の中央になる会《サークル》は「成身会《じょうじんね》」（仏身成就の世界）と呼ばれ、その中に五つの小円が内接した大円輪が入っている。各々の小円輪には五仏が坐し、それぞれの仏は彼に敬意を表する四尊に囲まれている。この大円輪は覚醒《さとり》が成就される場としての世界を表していて、これを地水火風の四要素を具現する四天が腕を拡げて支えている。この大円輪を取り囲む二重の方形の内側に、無数の小尊像がぎっしりと並んで描かれているのは、現在我々の生きている「賢劫《けんごう》」における仏たちの数の無限性を象徴しているものである。（「賢劫」というのはもとは、四人の仏が現れた恵まれた劫という概念であったことを思い出して頂きたい）。このように、中央に置かれた汎仏陀（大日如来）からその最初の分身位格の四方仏に、そしてその無限数を意味する千仏にと、一つのマンダラの同一の会《え》の中で、「仏陀」というものの、唯一であると共に多数である現実《レアリテ》を表現しているのである。

ここではこのマンダラの他の会《え》について詳細に述べることが出来ないので、ただ上段中央にある六番目に当る会《え》を見てみよう。この会《え》にはただ一つの大きい尊容だけが入っているが、これもまた汎仏陀（大日如来）である。

左手の人差指を立ててその指によって両拳を結合した智拳印と言われる印を結んでいるが、これは統一を意味するゼスチュアである（本章冒頭掲載**図版1**）。この堂々たる尊容の頭上を飾る王冠には五仏が表されていて、その第一は中央仏としての、言い換えれば、一より出て無数に発散する始源の場としての、大日如来自身の姿である。

「一仏一切仏」という格言があるが、これは次のように解釈できよう。「唯一の「仏陀」は諸仏の普遍的集合に他ならない」と。八世紀から九世紀初頭にかけて生きた日本の真言密教の創始者、弘法大師空海は偉大な詩人でもあったが、彼は豊かな霊感をもって次のように書いた。

殺塵《せつじん》の渤駄《ぶつだ》は吾が心の仏なり
海滴《かいてき》の金蓮《こんれん》は亦吾が身なり(13)

(世界を塵にしたほどの数多くの諸仏は我自身の思考の中に座す「仏陀」に他ならない。海を滴にしたようにおびただしい金剛(部)と蓮華(部)に連なる諸仏も、また同様に我自身の身体である)〔フランス語訳より〕。

この頌《じゅ》は今まで辿った長い考察の道のりを巧みに要約しているであろう。先ず仏陀シャカムニという唯一の姿から出発して、分裂し、無限に増殖した仏のイメージ、次いで唯一にして同時に複数であるところの汎仏陀(大日如来)の姿の中に再び統合されるまで、「仏陀」の二重の真理は結局のところ一に帰するのである。

第三部

第九章　法隆寺金堂の勢至菩薩について

——西の間阿弥陀三尊造立の背景を考える——

図版 1　勢至菩薩像（ギメ美術館）

本日、この国際日本文化研究センターの東京講演会にお招き頂いたことを大変光栄に存じます。日本文化についていくらかの所見を述べるために呼ばれた者として、今日は最近フランスで発見された鎌倉時代初期のある仏像について話したいと思います。この仏像は美術史的にもまた信仰史の上でも、この時代にとって重要な意味を持っていると思うからです。

それはこの演題にあげました、現在パリのギメ国立東洋美術館に保存されている勢至《せいし》菩薩で、法隆寺金堂西の間の阿弥陀三尊の中の一体であった仏像です。法隆寺史の研究者でもなく彫刻史の専門家でもない私が、このような問題について立派な専門家諸先生方の前で話すのは、実に恐れ多くて「維摩に義疏」と申し上げたい所でありますが——。

はじめに私は、説話、特に仏教説話について研究をしていました。そしてその補足として、諸仏の尊像やその縁起、信仰、あるいはそれらを表現する図像学的なシンボリズム等に興味を持った次第です。このようなわけで、やがて偉大な宗教史家であったエミール・ギメが、明治九（一八七六）年日本で買い集めた仏教図像の豊富なコレクションについて研究整理するという立場になったわけです。

一九八九年にそのコレクションの一部が西武百貨店で展示されましたが、現在はギメ美術館別館において常設展示されています。このコレクションは伝統的な尊像別の法則に従って、如来部・菩薩部・明王部・天部・権現部・祖師高僧部の六部に分類されています。このコレクションの注目すべき主要な点は、普通一般に存在するあらゆる「仏」の姿の全体を含んでいること、また非常に珍しい形の仏像もいくつか含まれていることです。さらに、日本では先ず一緒に並べられることのない諸宗派の文化的造形が一堂に集められているというメリットも持っています。多くは江戸時代のものですが、それは――私の考えですが――細部においても全体としても決しておろそかに出来ない価値を持っていると思われます。それにここ数年来の研究の結果、この中にはかなり古いものもあることが判明していますし、これから私が話そうと思っている仏像もその一例であります。

収蔵庫に忘れ去られていた謎の古仏の調査

一九八九年の春のことですが、この年に西武デパートで開催されることになったこのコレクションの展覧会準備のために、私どもは美術館の収蔵庫を調査していました。その時ある一室で（主に中国のものが収められている一室でしたが）、私はその仏像を見つけたのです。それを見た瞬間からその高い品格に打たれたのですが、これは真面目な研究なしには絶対日本に紹介は出来ないと判断し、西武デパートの展覧会には出しませんでした。その時点でいえた事は、六八・五センチメートルの高さのブロンズ立像で、鍍金がかすかに残っていること、額に宝瓶をつけていることからこれは勢至菩薩であること、そして明らかに阿弥陀三尊の中の一体であろうということでした。雑然と色々な物が納められている中にそれを見つけた時、私は奈良の古寺巡礼を漠然と思い出し、深い感動を覚えました。その翌年になってからやっとその仏像についての研究を始めたのですが、それが我々に全く思いがけない結果をもたらしたのです。

この仏像で先ず目についたのは背中に貼られた小さな古い紙でそこに数字が書かれていました。この数字は、現ギメ美術館の前身が一八七九（明治十二）年リヨンに創設された時につくられたカタログの番号であることがわかり、それを調べてみると、この像は中国製の観音として登録されていました。美術館に登録された時期が比較的古いことから、私が先ず懸念した贋物ではないかという仮定はうすらぎました。ギメ・コレクションに入ったのが明治十年前後とすれば、日本では神仏分離、廃仏毀釈の嵐がまだ傷を残していた時期で、仏像の贋物を造る様な時期ではなかったからです。そこでジャリッジュ館長の許可を得てルーヴル美術館調査室に持ち込み、レントゲン写真、銅の分析等をしたところ、鍍金は古い方法でなされており、銅そのものも新しいものではないという結果が出ました。では何時代の制作にかかわるものか、私どもによく分らなかったのは、この像が装飾、衣の様式等、白鳳時代

図版２　脇侍観音菩薩　（法隆寺）（『奈良六大寺大観／法隆寺（2）』岩波書店より）

を思わせる形式を持っているのに、顔の表情やレントゲンで見られた内部のテクニックがもっと後期のものらしく見えることでした。

決定的なショックを受けたのは『奈良六大寺大観／法隆寺（二）』（岩波書店）の中に、このギメの勢至菩薩と全く同形の観音菩薩を見出した時でした。像高もほとんど同じです。この観音菩薩像は法隆寺大宝蔵殿に収蔵されていますが、以前は金堂西の間の本尊阿弥陀如来の左脇侍であったこと、阿弥陀の光背銘によれば、寛喜三（一二三一）年大仏師康勝に発注され、翌貞永元年に開眼供養があったこと、そうしてさらに、右の脇侍勢至菩薩がいつの間にか金堂から姿を消していること等が解説されていました。信じられない様なことでありますが、このギメ美術館の勢至像は法隆寺から永遠に消えてしまったと信じられていた勢至菩薩ではあるまいか――この大胆な仮説に興奮していた時に、仏教美術の権威久野健先生がフランスに見えられ、この像を見て頂く機に恵まれました。先生によれば、腕の接続のテクニックは十二世紀末頃に現れたものであること、一見してこれは鎌倉初期のものであろうということで、さらに、法隆寺金堂の脇侍である可能性が高いことを指摘されました。それは一九九〇年の末頃のことでしたが、その後、一九九二年十月に開かれた「文化財専門審議会」によってこの像は金堂西の間の阿弥陀三尊脇侍の一つであることが認められたのです。ここに至るまでこの研究に援助を惜しまれなかった久野健先生、私の友人秋山光和先生、また助言を与えて下さったパリのフランソワ・ベルチエ氏、それから深く興味を持って下さった法隆寺の高田良信先生にも厚く感謝の意を伝えたく思います(1)。

この仏像がいつの時代、どの様にして金堂から姿を消したか、如何なる条件の下に中国の仏像としてギメの手に渡ったか――恐らく一八七六年にギメが日本に滞在したときのことであったと思われますが――、現在の研究段階ではすべて不明であります。それらの問題はもちろん大変興味をそそられることですが、本日はそういうことではなく、この仏像の由来や、この仏像が立造された意義について、法隆寺とこの時代の歴史の中で考えたいと思います。

金堂内陣の三つの壇と仏師康勝

先ず簡単に法隆寺金堂の内陣を見てみましょう。ここには三つの壇があり、それぞれ東の間・中の間・西の間と呼ばれています。「中の間」の本尊はいうまでもなく止利仏師作の釈迦三尊で、その光背銘によれば、推古三十一（六二三）年聖徳太子薨去の翌年に造られています。「東の間」の本尊はその銘によれば聖徳太子御自身によって推古十五（六〇七）年に造られたことになっています。それより二十年前、父用明天皇が病の時に立てた願を実現するためと書いてあります。しかしこの銘についてはすでに早くからその真実性が疑われ、今日ではこの薬師像はもっと後期、すなわち天智天皇九（六七〇）年に発生した法隆寺大火災以後のものと考えられています。しかし法隆寺の創建、再建等の時期に関しては諸説がありますし、また現在行われている「西の間」の壇の調査、修復等によっても新しい観点が出て来る可能性もあります。いずれにせよ確言出来るのは、法隆寺創建の根本問題にかかわるこの「中の間」と「東の間」の二壇の本尊に較べても、またその七世紀の仏像の感動的な美を前にしても、「西の間」はそれほど興味を持たれなかったということです。これがもしどこか別のお寺の中であったなら、この鎌倉時代の阿弥陀三尊はもっと注目されたであろうことは疑いありません。しかしここでは隣の並はずれた二体のライバルによって輝きを奪われ、影のうすい存在になっているのです。

康勝（生没年不詳、嘉禎三（一二三七）年以前に没している）は運慶の第四子とされていますが、私の記憶に間違いがなければその作品はあまり多くはありません。しかしその数少ない作品を見る限り、決して影のうすい作家ではなく、むしろその反対で大変力強い表現を特徴とする彫刻家であると思われます。最も知られているのは六波羅蜜寺に保存されている「空也上人像」であり、今一つは一二三三年、すなわち法隆寺金堂阿弥陀三尊の一年後に作られた「弘法大師像」であります。この大師像は東寺の御影堂に秘仏としてまつられていますが、弘法大師像としては最古の肖像であり、以上の二像はともに強烈な印象を与えるものです。とはいえこの時代の写実主義の傾向を強く示していた康勝にとって、法隆寺金堂の古代的雰囲気に自らを適応させなければならなかったために、かれ自身の自由な創造力をいささか妨げられたかもしれません。全体的な形としては、その光背、ひだを取ったゆったりとした懸裳《かけも》等、康勝の阿弥陀如来は他の二つの本尊、特に薬師如来に大変よく似ています。しかしその様式はより写実的であり、宗教的尊厳さにおいては弱められている点で大変異ったものになっています。同じく異った点として技術的な点も挙げられますが（すなわち腕のみならず手も別鋳）、特に手の表現が図像学的に新しいものになっているのです。なぜならばこの阿弥陀如来は「定印」という、それまで法隆寺には見られなかった印相を結んでいるからです。

西の壇阿弥陀像と密教系の「定印」

法隆寺には古くから伝統的に、例えば有名な壁画の阿弥陀如来に見られる「転法輪印」という印相と、いわゆる「通印」という、右手を挙げ左手を降ろした、橘夫人念持仏の阿弥陀三尊中尊にみられる印相がありました。しかし康勝の阿弥陀如来が結んでいる「定印」は密教系の所作であり、日本のイコノグラフィでは平安時代以前には見られないものです。この「定印」はいうまでもなく両部曼荼羅の中の阿弥陀如来が結んでいる印であります。彫刻では、五智如来のグループに属する阿弥陀如来に常に与えられる印相で、したがってこの形は東密系と台密系の芸術の中で阿弥陀如来の最高の段階を表す姿として広がっていきます。その古い例の中、特にここで興味のあるのは九世紀末から十世紀にかけて作られた作品で、重要な真言宗の寺である仁和寺金堂の本尊阿弥陀三尊です。この中尊阿弥陀如来が「定印」を結んでいます。そうしてその左脇侍（向って右）の観音像と右脇侍（向って左）の勢至像は、法隆寺金堂西の間の観音、勢至像と同様に立像で、腕、手の所作も同じ様になっています。これは後述しますが、明らかに仁和寺の「阿弥陀三尊」と法隆寺金堂のそれは図像学的に大変近いものでありますが、その形式は浄土変相や来迎図に現れる阿弥陀三尊の像容形式とは異った系統であると言えます。『密教美術大観』（責任編集佐和隆研・濱田隆）に所載の仁和寺阿弥陀三尊の解説を引用しますと、「両脇侍の像容は胎蔵界曼荼羅から独立して奈良時代以前の三尊形式に変容している。したがってこの中尊は五智如来中の阿弥陀から脱却して三尊形式を再構築してゆく、つまり密教と浄土教との接点に位置づけることが出来る」（第二巻、二二四頁）ということになります。この指摘が大変貴重であると思われるのは、これから検討しようと思う「法隆寺金堂西の間の三尊」造立の動機を司る思想も、真言宗の影響を多分に受けている様に見えるからであります。康勝が普通法隆寺金堂を占める雰囲気には奇妙な感のあるこの印相を取入れたのは、もちろん彼自身の個人的な発意によるものではなく、法隆寺の注文に応じたものでありましょう。全体の輪郭としては金堂を支配する形に忠実で擬古形式と言われながら、この阿弥陀如来はかくの如くイコノグラフィの観点から、また様式の上から革新的な要素を含んでいたと考えられるのです。

それに較べて両脇侍は率直に擬古形式と言えます。両脇侍の高さはほとんど同じ（観音六八・五センチメートル、勢至六八・一センチメートル）で、両方とも台座は像と一鋳で、腕は別鋳にして蟻枘《ありほぞ》という方法で本体に結合されています。宝冠、纓絡、天衣すべて同型で、腕は対称的に観音は右腕、勢至は左腕をおろし、手は施無畏印をとり、もう一方の腕は胸の高さの辺りに差し出し説法印を結んでいます。額の上には観音は阿弥陀の化仏を、勢至は宝瓶をつけています。

両脇侍には適当な古様式のモデルがあった

『法隆寺別当次第』によれば、阿弥陀像の鋳造は寛喜三（一二三一）年三月八日、両脇侍は六日後の十四日、同日中に二体とも鋳造されました。この二体の脇侍が中尊よりいっそう擬古的性格を持っているのは、康勝にとってまことに適当なモデルが法隆寺に存在していたからと考えます。例えば金堂の

図版 3　1994 年「国宝法隆寺展」における阿弥陀三尊像（飛鳥園撮影）

中にでも二例を挙げることが出来ます。ちょうど康勝がその二脇侍を安置する予定になった場所と対称的な位置、すなわち東壇の薬師如来にその脇侍に見立てられて、日光・月光菩薩の様に飛鳥後期の二体の金銅観音菩薩像が置かれていた様です。これは比較的最近まで安置されていたようで、大正七（一九一八）年の『法隆寺大鏡』に掲載の写真の一つにその二体が背後から見受けられます。以来この観音像は大宝蔵殿に移された様です。薬師如来像の光背銘にはこのような脇侍が本来あったとは記されていません。しかしすでに十一世紀末の『金堂日記』（永保二（一〇八二）年）には、東壇に二体の脇侍があったことが記されてあります。もちろんその脇侍というのが正真正銘の日光・月光菩薩であったか、すでにこの二体の観音像がそれに見立てられていたのか、そのところは明確ではありません。しかしこの「伝薬師如来脇侍」と言われる像は、法隆寺の中によく見られる古い様式であって、康勝の西の壇の菩薩にとってまことに格好の見本になったであろうことは、新菩薩像達の装飾細部や表現によく現れているところです。

さてこの西の壇は、康勝が三尊を造る以前はどの様な状態であったか、中尊阿弥陀の光背銘が記す意味には少し曖昧な部分があります。以下にそれを要約しますと、

「堀河天皇の承徳年間（十一世紀末）金堂に盗賊が侵入し、仏像を侵し道具を盗んだ。以後百年余、須弥座の空しく残るを見る毎に僧達は寂しく思っていた。そこで十方に施主を勧進して聖像を磨蛍する」[2]。

この文章を読めば康勝が無くなった阿弥陀三尊を埋め合せるために同様な三尊を造ったこと、少くとも西の壇には昔阿弥陀像が存在したということ、——そういう印象を受けるでしょう。もちろん銘

の作者は的確に何が盗まれたのかは言っていないし、正確なことは多分知らなかったとも言えます。しかしながら恐らく作者は、本当のところ、かつて阿弥陀如来がまつられていたと信じたかった。または信じさせたかったのではないでしょうか。その理由をこれから探ってみようと思います。

ここで確かに言えることは、遅くみても金堂が再建された時そこに東・中・西と三つの壇が用意され、大天蓋がその上に懸けられたということです。再び『奈良六大寺大観』によれば、「中の間」の壇は釈迦三尊造立（六二三年）と同時であろうとされ、東と西の壇は六七〇年の火災の後、再建された金堂内に造られた、すなわち白鳳時代のものと言われています。天蓋については、「中の間」「西の間」のものは再建当時のもの、「東の間」の薬師如来の天蓋は鎌倉時代に作り直されました。最近の西の壇の修復作業によって、この西壇はこれまで考えられて来た時代より数十年さかのぼる可能性も出て来ました。そうなるとまた、色々と問題も起って来るでしょう。しかし、とにかく明らかにこの「西の間」には七世紀末頃、すでに非常に立派な壇と天蓋がしつらえられていたわけです。それはもちろん、東方仏である薬師如来の対称として西方仏阿弥陀如来を安置するためのものであったはずです。

西壇の幻の仏たち

ところが全くその予期に反して、金堂についての最も古い記録として有名な天平十九（七四七）年の『法隆寺資財帳』には、そこにあるべき阿弥陀像について何の記録もありません。「西の間」の仏像についての最古の記録は天元五（九八二）年の『法隆寺別当次第』で、ここにあった「仏五体」が盗まれたという記録ですが、それがどういう仏であったかは明記されていません。それ以後『金堂日記』の中で西の壇上に「小仏群」が置かれていたことが時々出て来ます。承暦二（一〇七八）年には十八体、永保二（一〇八二）年、保元三（一一五八）年にも十八体、建久七（一一九六）年には二十三体になっていました。しかしそれらの小仏についての詳しい特徴は記されていません。

この西壇における阿弥陀三尊の存在が初めて記された文献は鎌倉時代で、康勝の阿弥陀三尊造立のわずか十二年前のことです。『別当次第』には承久元（一二一九）年閏二月六日に盗人が入って薬師脇侍二体、阿弥陀脇侍一体、厨子御仏数体が盗まれたが、盗人は捕えられ、仏像を取り返すことが出来たと記されています。しかしすでに十八世紀前半に、法隆寺の碩学であった良訓がその『古今一陽集』の中で、右の記事と阿弥陀如来の光背銘との間にみられる矛盾を指摘しています。光背銘にはそれより百二十三年さかのぼった承徳年間に盗難があり西壇が空しくなっていたと記されているので、良訓はそれでは承徳の盗人は本尊だけを盗んで脇侍を残していったのか、もしそうであったとして、承久の盗人からは盗まれた脇侍を取返したのであるから、それならなぜ新たにまた康勝に制作を依頼する必要があったのだろうか？——どうも明瞭ではない、「不審也」と良訓は付け加えています。(3)

このように見てきますと西壇に阿弥陀三尊を造立しようという企画は、どうやら金堂再建当時より寛喜年間末、康勝に依頼されるときまで延期保留されていたのではないかと考えられます。私がこれから少し解明を試みたいのは、ではなぜこの寛喜の時代、一二三〇年代の初めになって法隆寺が西の壇に、中及び東壇に匹敵する大きな立派な阿弥陀三尊を造立するという大事業を行ったのかという理由であります。

顕真という僧と聖徳太子

鎌倉初期という時代は周知の様に浄土教の発展とともに、聖徳太子信仰が新しい活力をもって再び盛んになって来た時代です。観音信仰で有名な京都の六角堂で建仁元（一二〇一）年、親鸞が参籠中に聖徳太子が現れ、それが親鸞を法然の門に導いたという話はあまりにも有名です。また法隆寺においても親鸞の袈裟というのが保存されていて、聖人が法隆寺で研究に励んでいた日々が想起されます。このように浄土教と太子信仰というのは深い関係があるのですが、しかしながら法隆寺金堂にふさわしい立派な西方仏を造るに至った発想が、法然の浄土信仰を生みだした比叡山に由来するとは考えるべきではないでしょう。私がここで述べたい仮説はこの阿弥陀三尊造立の企画の推進者は、『聖徳太子伝私記』の作者として知られる僧顕真ではなかろうかということであります。『聖徳太子伝古今目録抄』ともよばれるこの太子伝私記は寛喜二（一二三〇）年、すなわち康勝の阿弥陀三尊鋳造の一年前に書き始められ、延応元（一二三九）年に完成しています。顕真という僧は自分でも調子麻呂の子孫だと言い、人々もそれを信じていた様です。調子麻呂は聖徳太子の舎人であったという伝説の人物で、聖徳太子が甲斐の国から贈られた「黒駒」に乗って「雲を跳び霧を凌いで」富士山の辺りを廻った時にお供をしていたという話もあります。とにかく顕真はこの調子麻呂の子孫ということで一目置かれ、法隆寺でも尊敬されていた様です（萩野三七彦「聖皇曼陀羅」『美術研究59号』昭和十一年十一月参照）。

さて、顕真はその『聖徳太子伝私記』の中で、ほぼ康勝の阿弥陀光背の銘と同じ様なことを述べているのですが、さらに重要なことが記されています。彼によれば用明天皇のために造られた薬師如来像が疑いもなく金堂の本仏であった。そして本来薬師像が「中の間」に安置されていたのだが、後になって東に移され、大きさの関係で釈迦三尊を真中に持って来たのだと言っています。また新しく出来た「西の間」の阿弥陀に関しては、その光背銘に書かれているよりもはっきりと、ここに聖徳太子御自身が造らせたものがあったが、天元年中（九七八—九八三年、この時期は光背銘に記された時期より古くなっている）に盗まれたと言っています。そしてまたその中尊阿弥陀像は太子の母である用明天皇の皇后、穴穂部間人皇女《あなほべはしひとのおうきさき》のために、観音像は太子自身のため（我が身の為）に、勢至像は高橋妃（膳妃《かしわでのきさき》ともいう）のために造られたものであった。顕真によれば膳妃というのは太子最愛の妃であって、「中壇釈迦像光背銘」によれば六二二年、太子薨去（二月二十二日）の前日に亡くなり、母皇后は推古天皇二十九年十二月二十一日、すなわち太子薨去の二ヶ月前に亡くなっています。「釈迦三尊光背銘」の中で太子の死と結び合わされたこの二人の女性は西壇でも太子と結び合わされ、よりはっきりとこの阿弥陀三尊は母と太子と妃のそれぞれの本体であると明記されています。この故に、と顕真は、「この三尊は最も根本の尊像也」と記しています。

『太子伝私記』と「聖皇曼荼羅」に解釈されている金堂の本地垂迹思想

さらに『太子伝私記』「裏書」によると、この信仰は当時発展した本地垂迹思想の観点によっていることが明らかであります。すなわち、用明天皇は薬師如来の垂迹であり、西方の三尊は「和国の衆生利益のために降誕したまえり云々」と秘伝として書かれてあります。ここで注目されるのは、薬師は一方で本仏とされ本来は「中の間」に安置されていたといい、また「西の間」の阿弥陀三尊は「最も根本の尊像也」として称揚されているのに引きかえ、釈迦三尊はその特徴はただ大きいから中央に置いたと、何となく日陰者になっている感がすることです。この阿弥陀三尊の称揚はこれも顕真が発案者であった「聖皇曼荼羅」においていっそう顕著であります。「聖皇曼荼羅」は南都の絵師堯尊によって建長六（一二五四）年に描かれました。この人は西大寺の戒律と密教の権威であった叡尊の下で仕事をしていた人でした。萩野三七彦氏は上掲論文の中でこの曼荼羅は「鎌倉中期の太子信仰の集積された一覧図とも称すべきものである」と解説されていますが、太子の三国（印度・中国・日本）における前身、現身、後身及びその関係者の曼荼羅とも言えるでしょう。例えば印度と中国における太子の前身とされるのは勝鬘夫人と恵思禅師であり、また再誕とされる三人の重要な人物は、聖武天皇、弘法大師、醍醐寺開祖聖宝僧正で、この曼荼羅の中に描かれています（図版４）。中心部にまず目を引くのは太子の現身に関わる人達のグループで、中央に母后間人《はしひとの》皇女、左に太子自身、右に膳妃、すなわち『太子伝私記』によれば金堂の阿弥陀三尊の垂迹に当る人達です。その上段に薬師如来の垂迹、用明天皇が描かれています。中央部に描かれた三人の本地仏である阿弥陀三尊は、画面最上部の中央に光明を発して描かれています。その阿弥陀の右（向って左）に磯長御廟《しながのみはか》が土饅頭姿で現されています（図版５）。

河内長野の叡福寺にある磯長御廟には、一つの石室の中で一番奥に横に間人皇后の棺が置かれ、そ

図版４　「聖皇曼荼羅」［版画］（ベルナール・フランク・コレクション）

図版５　「聖皇曼荼羅」最上部　中央に阿弥陀三尊が描かれている

の前に向って右と左に聖徳太子と膳妃の棺が納められて「三骨一廟」と言われていますが、萩野三七彦氏が典拠とした「聖皇曼荼羅」の「解説図」（最近刊行された『法隆寺資料集成』Ⅷに収録）には――これは法隆寺に保存されているものです――御廟の内部に西方浄土の三尊の名が記されています。現在も御廟の前に建てられている浄土堂の本尊は阿弥陀三尊であり、これは御廟に葬られている御三方の本地仏であると言われています。顕真によって『太子伝私記』にも語られているこの浄土堂の縁起では、弘法大師がここに参籠した時、阿弥陀三尊とその御垂迹を感得したと言い伝えられています。

林幹彌氏の『太子信仰――その発生と発展』（評論社、日本人の行動と思想シリーズ13、一九七二年、一四二頁）は大変参考になった本ですが、その中で氏が強調されている様に「天台宗と違って真言宗では平安時代を通じて太子信仰との結び付きはみられなかった」、それが変って来たのは鎌倉時代に入ってからで、鎌倉中期と思われる『水鏡』の異本の中では弘法大師は聖徳太子の再誕であると述べられています。『水鏡』でも平安末期または鎌倉初期に成立したとされる原本にはこのような記述はなく、鎌倉中期の、ほぼ顕真達の時代に成立した異本である前田家本にのみ出ている記事です。顕真もまたその『伝私記』で弘法大師と太子の関係を明言し、先ほど見た様に真言宗の高僧醍醐寺の聖宝と共に、太子の後身として「聖皇曼荼羅」の中に入れました。さらにまた、法隆寺に伝わる同時代に描かれた今一つの曼荼羅「五尊像」では大日如来を中尊にして、下段の左右の像は聖徳太子と弘法大師になっています（奈良六大寺大観　法隆寺（五）一八六頁、注八二頁参照）。

以上の様に見て来ますと、『太子伝私記』「聖皇曼荼羅」「五尊像」は同じ一つの趨勢の中にあり、顕真と叡尊がそれを代表して、一般に南都仏教の密教化と呼ばれる風潮を反映しています。顕真自身をとってみても、彼の法隆寺における直接の師は隆詮という三宝院流の中で学んだ僧であり、「真言の流派に属していることを看過してはならない」と萩野三七彦氏は指摘しています。

私が仮説として表明したいのは、顕真が『太子伝私記』を書き始めたちょうどその同じ時期に実現された金堂阿弥陀三尊像の造立は、この顕真が発案者であったのではないかということです。阿弥陀光背の銘と、『太子伝私記』の文章の中に多かれ少かれ見受けられる共通の表現、すなわちこの三尊が聖徳太子自身にまでさかのぼる阿弥陀三尊に代るものと思わせる表現は、正に反論の余地のないその素性の優位性を保証しようと『私記』が願ったためでありましょう。（後になって書かれた文献の中には、止利仏師が作ったものが存在したというものさえあります。『金堂と聖霊院』一四六四年）。

阿弥陀三尊造立の背景にはいくつかの重要な時代思潮が伺われる

この康勝の阿弥陀三尊は、いくつかの思想風潮が重なり合って相乗的に影響した一つの時代の産物であると見られます。すなわち、浄土教と聖徳太子信仰の盛り上がり、真言宗によってなされたその解釈の強調、——これには周知の様に覚鑁が大きく寄与しました——また、一般的な南都仏教の密教化、そして特に法隆寺における本地垂迹思想の発展、等であります。このような強力なファクターの結集が、顕真や彼を取巻く人々をして西の壇に、金堂内における他の壇よりも優位性を与える結果になったのでありましょう。そして、「聖皇曼荼羅」はもう一つの、より広いその表現と見られます。

それではこの「西の間」の優位性は何時頃まで続いたのでしょうか。江戸時代いっぱいまだ法隆寺では「聖皇曼荼羅」と、この曼荼羅を支柱とする信仰の普及に力をそそいでいた様です。というのはこの「聖皇曼荼羅」は木版刷りにして一般に頒布されていたからです。

明治時代になり、フェノロサや岡倉天心の影響もあって、飛鳥・白鳳芸術に非常な関心が高まり、中、及び東の間の秀れた本尊に人々は熱中しました。もちろんその他にもこれらの像は法隆寺の根源に関わる魅惑的な諸問題をはらんでいます。こうして美術史家や歴史学者の関心は「西の間」から遠ざかって行ったことは疑いありません。しかしこれには、勢至菩薩の紛失で三尊の形式が欠け、ある意味でそれが霊験の減少にも連なったこと、やがて広すぎる須弥壇に阿弥陀像が一人で残されたということも確かに無関係ではなかったと思います。しばらくの間は、勢至菩薩の場所に飛鳥後期の観音像が右脇侍として置かれていました。大正時代の『法隆寺大鏡』の中の一つの写真にそれが見られます。しかし康勝の観音像もこの飛鳥時代の観音像も、やがて大宝蔵殿に移されて行きました。

何かの機会に最愛の妃の本体である勢至菩薩像が七夕姫の様に空を渡って、彼女を長い間待っている太子の本体観音菩薩像に暫くでも逢うことが出来ればと私は希っております。

後記*　日文研では毎年のように「東京講演会」を行なっているが、ここに載せたベルナール・フランク氏（コレージュ・ド・フランス教授）の文章は、一九九三年六月五日に、東京・有楽町にある朝日ホールで行なわれた氏の講演の翻訳である。しかしその後、フランク教授は体調を崩され、まことに残念なことに一九九六年十月十五日に急逝された。しばらくして遺品の中から講演原稿の全文（フランス語）をご夫人の仏蘭久《フランク》淳子さんが発見され、日本語への翻訳の労をとられた。東京講演会では時間が限られていたためもあって、その一部しか発表されなかったが、ここにご夫人のお力をお借りしてその全文を掲載することができたのである。フランク先生を偲ぶよすがとなれば、これ以上の喜びはない。なお、東京講演会のあった翌一九九四年六月、「国宝法隆寺展」が開かれたさいにギメ美術館の勢至菩薩は一時的に里帰りし、法隆寺金堂西の壇に三体揃って安置された。

（山折哲雄記）

＊訳注　本稿初出の、国際日本文化センター紀要『日本研究』第十八集で付された後記。

第十章　十六世紀ヨーロッパに誤訳により伝えられた十一面千手観音像

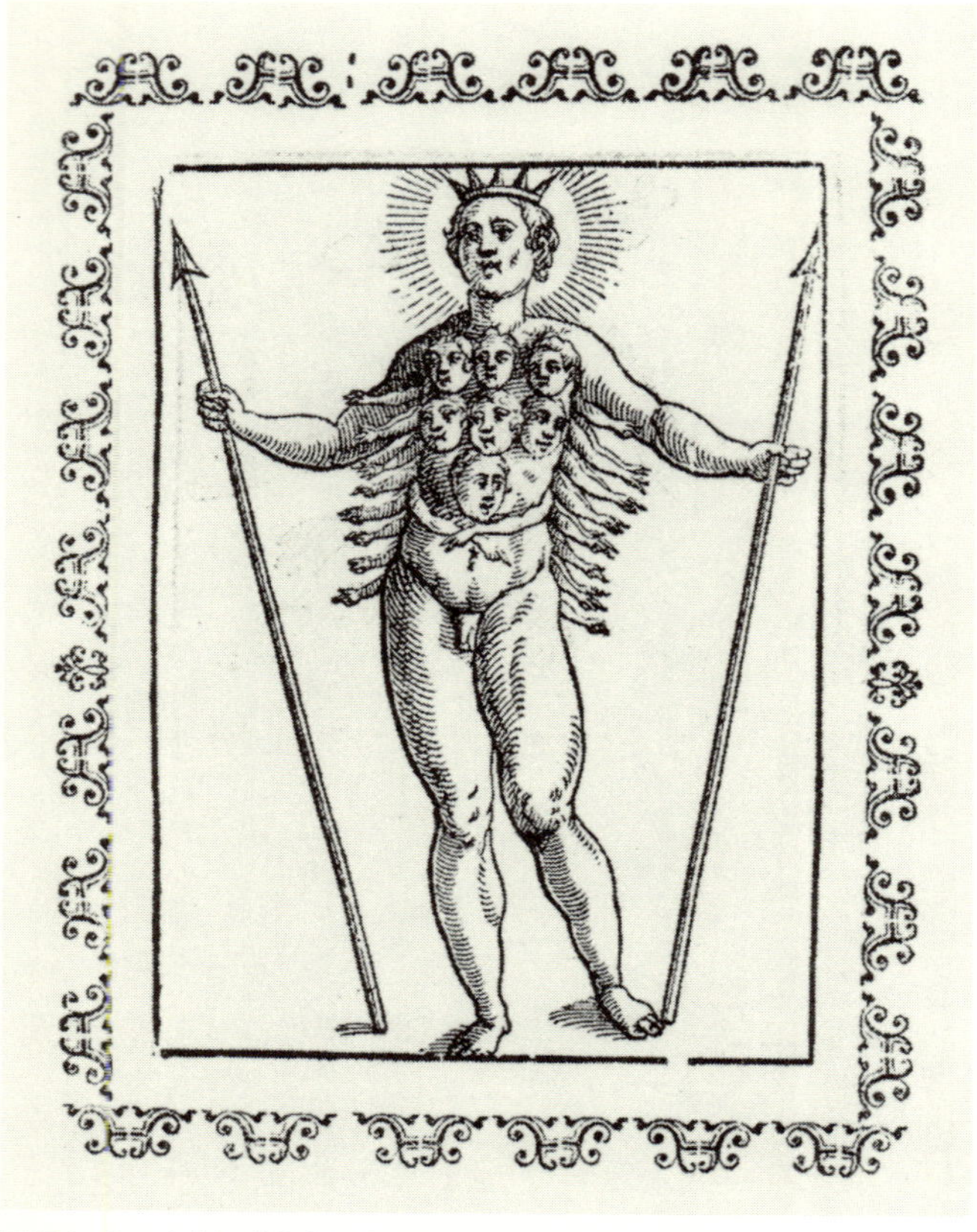

図版 1　*Imagini de gli Dei delli Antichi*（1615 年版）に掲載された三十三間堂十一面観音像

三十三間堂を訪れたフロイスの書簡とそのラテン語訳

極東における仏教はインドから多くの多面多臂像の伝統を受け継いでおりますが、この多面多臂像は、慈悲や救済が全衆生に平等に施されることを象徴的に表わしております。

中でも、とりわけこの象徴主義を発展させたものに十一面観音菩薩像があります。この十一という数は、ここでは十方角、つまり東西南北の四方向とその中間から成る八方角、それに天頂と天底、そして十一番目は全方角の集合点を表わしています。

この十一面の象徴には、よく、無限の救済を表す手を具えた姿の象徴が組み合わされています。無限は千という数で表わされますが、一般に普及したイコノグラフィーでは、その数は、合掌手を除き一手が二十五手を表現しているものとしていて、つまり四十手に省略されています。

現在知られている最も古い十一面観音像はインドのカンヘリー石窟にあるもので、六世紀から七世紀初頭にかけて作られたものです。ここでは頭上に複数の面がピラミッド状に載せられていることに注目しましょう[1]。

これに対し、九世紀中頃の日本の例で、琵琶湖北岸の向源寺の観音像は、十一面が、一部が頭頂部に、残りはうなじに、冠状につけられています[2]。

また、五メートル三六もある巨大な乾漆像で、奈良の唐招提寺にある八世紀末から九世紀初頭にか

けて作られた十一面千手観音では、千本の腕が実際に象られています。(3)

さて、一一六四年には京都に長大な寺院が建立され、巨大な観音の座像をはさんで千体の観音立像が安置されました。この立像は全て十一面と四十二手を具えております（図2）。菩薩がその本性、必要に応じて三十三種の姿に変身して衆生に出現するということを思い起こさせるため、建物には三十三の柱間があり、そこで、この寺院は通称「三十三間堂」と呼ばれ親しまれています。この御堂は一二四九年の火災で炎上したので、今日私共が拝観するのは一二六六年に再建されたものです。

図版2　京都三十三間堂の観音菩薩立像千体中の一体（妙法院・三十三間堂・京都市）

この新しく建立された寺院は、ポ

ルトガルの宣教師ルイス・フロイスがこの寺院を拝観してからわずか九年後（一五七四年）に作成された屏風に描かれており、[4] 本日これを拝見しますのはとりわけ興味深いことであります。といいますのは、フロイスは、この拝観について『日本史』の一五六五年のくだりに記述しているのです。

実は、そのくだりには、フロイスの原文自体にも、この三十三間堂の仏像についての描写で曖昧な部分があります。そこを直訳しますと次のようになります。[5]

「さらに、各仏像は頭上に冠を胸から上方小仏七面と共に有し、[6] 後方には王冠（ここでは光背と解釈したらよいでしょう）があり、そこから多くの光線を発している」

(*Tem mais cada hum na cabeça uma coroa com sete vultos de fotoques pequeninos dos peitos para riba*).

十一面であるはずのところ七面といっていますが、この数についてはここでは触れません。まず、ここで問題として取り上げたいのは「胸から上方」という表現です。[7]

著者は実物の観音像を見ておりますので、記憶による間違いが無い限り、「胸から上方」という表現で仏像の胸から上の部分を指したつもりでいたに違いありません。それに、ここで問題の部分は、実際のイコノグラフィーでは、首から頭にかけての部分に相当しますので、フロイスの表現は必ずしも不適当なものであるとも言えません。しかし、この表現には自由に解釈できるようなところがあるとも言えるのではないでしょうか。

このように表現に曖昧なところがありますので、一五七三年書簡集としてナポリで出版され、翌年ケルンで再版されたラテン語訳の訳者は、描写をはっきりした表現で表わそうと努め、その結果、このくだりを次のように勝手に解釈してしまいました。

「これらの仏像には、胸に関していうと、人間の小さな顔が七つついている」。(*statuae... pectus insignitae septenis hominum vulticulis*)[8].

このラテン語訳を介して考えますと、ある奇妙なイコノグラフィーがどのように出現したかを説明することが出来ます。この奇妙なイコノグラフィーは、私の知る限りでは、一六一五年パドヴァのピエトロ・パオロ・トッチ社より刊行された、ヴィツェンツォ・カルタリ著『古代の神々の図像集』(初版は一五五六年ヴェニス刊)の増補版(第二部追加)に初めて現れました[9]。増補された部分はロレンツォ・ピニョリアによるもので、チェーザレ・マルファッティの解説とフィリッポ・フェッロヴェルデによる図版が収録されております。ピニョリアは、碩学であり好事家でもあったジェローム・アレアンドル二世の恩恵に与っていると何度も繰り返し述べています[10]。この増補部分は、当時、ヨーロッパで熱心に発見されつつあった東西インドの神々のパンテオンについて書かれていますが、大変喜ばしいことに、これにより、第一部の古代の神々のパンテオンを補うことが出来ました。

さて、ここでまず注目したいのは、第一部のアポロン像[11]や、第二部の、メキシコの写本から転載されたアメリカの神像[12]、日本の守護神で東方を護る持国天[13]などの像で、いずれも図像的にはっきりしているので、何の像か識別出来ます。日本の仏像は、ジェローム・アレアンドルにより提供された仏像をモデルにして描かれました。

ところで、このような実物に忠実な例を目の前にしますと、実物を見て描かれたのではなく、文章による描写を基に想像により描かれたものの中には、何の像であるか識別しにくいものがあり、その独創的な表現に大変驚かされることがあります。

そのような図像の一つとしてまず挙げられるのが、三十三間堂の観音像です[14]（本章冒頭掲載**図版1**）。この図像では、フロイスの文章のラテン語訳に従い、頭を載せた冠が頭部から胸部に移されてしまいました。

十一面観音像とエフェソスのアルテミス神像

この図の作者は、この翻訳を基に図像を描くに当り、その曖昧さに戸惑い、古代の母なる女神から豊穣の守護神としての性格を受け継いだエフェソスのアルテミスの像に乳房が何列にもわたり並べられているのを思い出し、それにヒントを得て描いたのではないかと思われます[15]。『図像集』にはこの女神の名の入った図版はありませんが、この書物の一節からピニョリアはこの女神についてよく知っていたことが伺われます[16]。それに、彼がこの書物に採録した「身体中に乳房をつ

図版3「身体中に乳房をつけた自然の女神」*Imagini de gli Dei delli Antichi* 所載

図版４　『モンタヌス日本誌』(1669年版) 掲載の千体観音像図

けた自然の女神」の図像（**図版３**）と、帯状の区切り、節のついた杖や槍などの象徴を携えたエフェソスの女神の間には、非常に似通ったところがあります。[17]

このように、図像のモチーフが頭部から胸部に移ったことがただ上記のピニョリアの書物の図版のみに留まっていたなら、この問題はそれ以上何の注意も引かなかったでしょう。しかし、この図像は他にも、ヨーロッパにおける日本のイメージの普及史の上で大変重要な書物の中でも取り上げられ、さらに強い印象を与えたのです。

それは、『オランダ東インド会社から日本国皇帝に派遣された記憶すべき使節団』(邦訳『モンタヌス日本誌』) という一六六九年にフランドル語で書かれたフォリオ判の立派な出版物です。フランス語版の初版はル

図版５　千手観音を礼拝する図（図版４に同じ）

イ十四世に献呈され、一六八〇年にアムステルダムで刊行されました[18]。この書物の中には、巨大な偶像が中心に置かれた大広間の図が二頁大の大きさで載っています[19]**（図版４）**。この巨像の両脇には各々二段にわたり、彫像が所狭しとばかり並べられていますが、この彫像には多くの腕と、それに何と冠を被った小頭が七つ胸につけられているのです。これはもちろん三十三間堂の図で、ここにも胸に頭をつけた図像のモチーフが図像の伝統として完全に取り入れられているのが見られます。このモチーフは、同じ書物の中のさらに少し先に出ている観音礼拝図にも見られ[20]**（図版５）**、イコノグラフィーの伝統の中に根付いていたことが伺われます。

ではいったいいつまでこのような幻想的なイコノグラフィーがヨーロッパに残っていたのでしょうか。恐らく十九世紀半ば、かの有名なシーボルトの『日本』[21]などの著作により、日本に関する真の知識が広まった頃、このようなイコノグラフィーは一掃されたのでした。

しかし、この話には今日、思いがけない後日談があります。我がアカデミー会員ジャリージュ氏は日頃、ギメ美術館が所蔵する日本仏教美術品の古くからのコレクションに新しい光をあてようとなさっていますが、一九八九年には、西武デパートの協力を得て、日本で大展覧会を催されました。私はこの展覧会の学術顧問を務めまして、展覧会の第一室を、ヨーロッパにおける日本のイコノグラフィーについての知識を歴史的に説明するために宛がうよう提案しました。この提案は取り入れられ、ロレンツォ・ピニョリアの作品やその図版の作者たちはもちろんまず第一に紹介されました。そして、守護天の図像に見られるような実際の図像にかなったイコノグラフィーの傍らに、胸に小さな顔をつけた三十三間堂の観音像のような架空の図像が展示されました。

さて、この展覧会の日本側立案者の一人、画家であり彫刻家であられ、惜しいことに先年亡くなられた、東京スタジオの坂内文章氏は、これまで図版によってのみ知られていた胸に頭を載せた観音像を実際に丸彫りで作ることを提案されたのです。

この提案は受諾され、丹念に作られた金色の石膏像が会場入口の中央に置かれ、東京での展覧会会期中、入場者を迎え入れました。

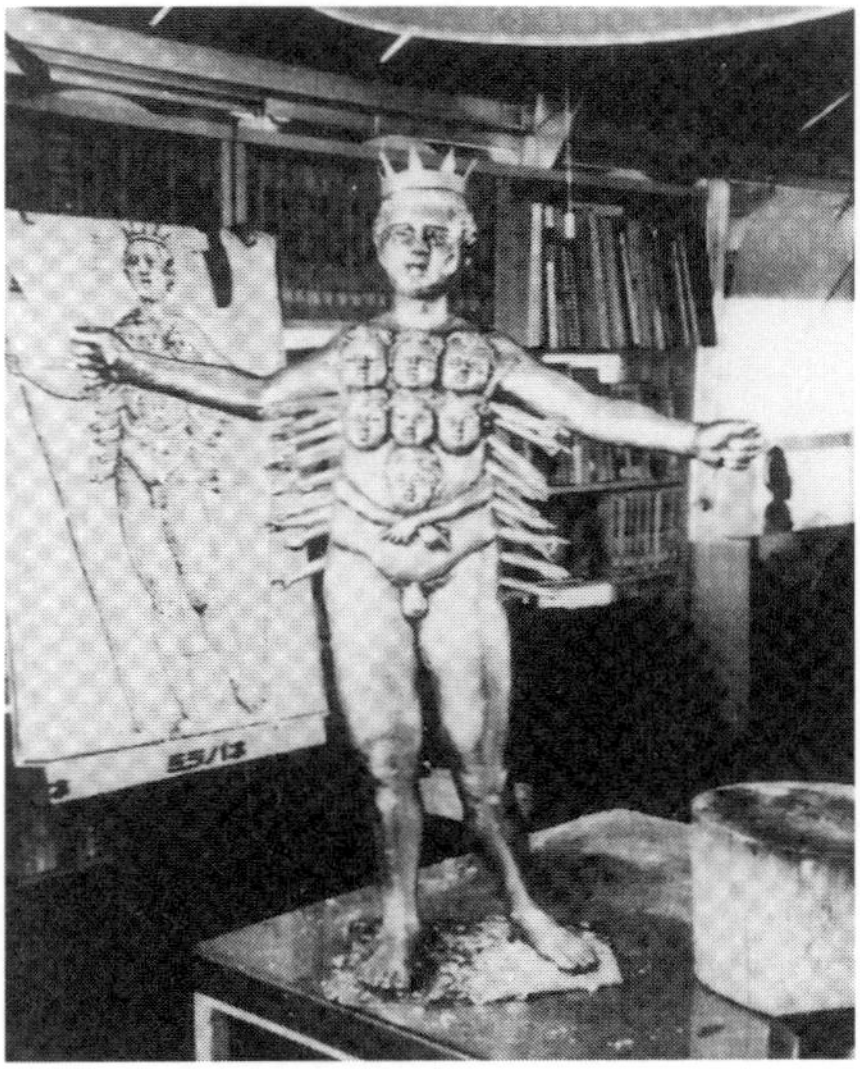

図版６

ここに御覧頂くのがその彫像の正面像、カルタリの著書の図版を拡大した写真の前に君臨しています（図版６）。

ところで、この作品は、遊び交じりの点もありますが、モデルに非常に忠実です。しかし、展覧会終了と共に破壊される運命にありました。けれども、この彫像は、立体的に仕上げられ、長い間謎のベールに包まれていた国について我が先人たちが抱いていた幻想そのものを我々に伝えてくれましたので、その業績に鑑み、これを保存するよう取りなしました。私の希望は聞き入られ、ジャリージュ氏はお気の毒にもギメ美術館にこの空想による彫像を迎え入れなければならないはめになり、今日まで否応無く保存すべく義務を負っていらっしゃいますが、きっと倉庫の邪魔になっているのではないかと思います。

追記

本講演後の討論において、『古代の神々の図像集』の三十三間堂観音像のイコノグラフィーの起源をめぐり、ロベール・テュルカン氏より非常に興味深い御教示を頂いた。つまり、胸が七つの顔で飾られている姿は、鞘に収まった身体の上に七星の神々の胸像を身に付けたヘーリオポリスのジュピターを思わせるところがあるということである。その後、テュルカン氏はその要旨を参考文献共々御送り下さったので、ここに要旨を掲載させて頂く。

「エフェソスのアルテミスの他に、ヘーリオポリスのジュピターの図像と関連づけられないだろうか。V・カルタリの著書に出ている問題の図版には、太陽のように光を発している神の胸に七つの頭が並んでいる。そしてヘーリオポリスのジュピターは鞘に収まった身体の上に七星神の胸像をつけている。それに、マクロビウスによると、古代末期にはこのジュピターは太陽神と見なされていた。この神の彫像はG・ガリンベルティ (Garimberti) のコレクションにもあり、十六世紀には次の図書を通じて知られていた。**J. B. de Cavalliere, *Antiquarum statuarum urbis Romae tertius et quartus liber*, Rome, 1593, pl. 8** (Y. Hajjar, *La triade d'Héliopolis-Baalbek...*, Leyde, 1977, I, p. 384, n°295; II, pl. CXV). 他にも例があるかもしれない。とにかく、これは仮定にすぎない」。

本稿執筆にあたり、前記シャムー、テュルカン両氏をはじめ、次の各氏より貴重な御教示を頂いた。ここに深く感謝申し上げる。マルク・フュマロリ、B・ムンク・オルセン、ピエール・プチマンジャン、松崎碩子、サビーヌ・ドウ・クレスト。

第十一章　「お札《ふだ》」考

図版１　上野「不忍池辯天」

（『法宝義林』より）

民衆の中に残る文化の伝言

宗教の歴史・伝統に魅せられ、常にその活力、影響、またその名残りの証しを探し求めている私共にとって、遠い昔あるいは近い過去に同じような関心を持ち、もし彼らがいなかったら恐らく消えてしまっていたであろう諸事を観察し、記録した人々を振返ってみると心を打たれるものである。我々が大いに恩恵を受けているそういう探検家の名は幾つも挙げることが出来るだろう。しかしあまりに圧倒的なスケールの人物をとるよりも、ここではもっとささやかながら、ことのほか私が好感を持つある人物の名を挙げておこう。それはポザニアス（Pausanias）という、二世紀の小アジアに生きた人で、当時まだギリシャの伝承の中に生きていた英雄や、それらの神殿、神像、並びに人々がまだ実践していた伝統を探し求め回った人である。エルネスト・ルナン（Ernest Renan）はその著、『幼年期と青年時代の思い出』の中でこのポザニアスという人物について触れている。ルナンはノスタルジーをこめて故郷ブルターニュ地方の暮しや、ことに古いケルトの伝統が残っているこの地の宗教生活で、他地方のキリスト教会では時に知られていない聖者がまだ村々の教会の中に生きていた様子を語りつつ、次のように述べている。「司祭は民衆が聖堂に来て、古代の儀式通りにその中でいろいろと病気の治癒を祈願したり、奇妙な祭りをしたりするのを黙認していた。一体、古い歴史の宝庫はどこに隠されているのか？　それは民衆の記憶の中にあるのである。小さな教会からまた次の教会へと歩いて、善人達に話させてごらんなさい。もし彼らが貴方を信用するなら、半ば真面目に、半ばは冗談のように、いつかは比較神話学や歴史学が最も豊富に利用出来る最高に貴重な話をしてくれるだろう」。ルナンはこの箇所の注項の中で、誰か、「これらの小さな田舎の教会のポザニアス」となる研究者が現れることを期待している。私はこの暗示に深い感銘を受けた。

もう一つ私に大きな影響を与えたのは、一九六一年、パリにおいて、フランス国立民芸伝統美術館の創立者ジョルジュ＝アンリ・リヴィエール（Georges-Henri Rivière）の指導の下に催された聖マルチヌス展である。この聖者はキリスト自身によって確められた慈悲深さで有名で、フランスにおいて長く賛仰信心されていた聖者の中でも最もポピュラーな一人であるが、この聖者に関する伝統の流布を見せる展覧会であった。つまりその伝播の有様を、ジャン・フーケや、アルブレヒト・デューラーのような著名な芸術家の作品から始め、巡礼のメダルや組合のバッジ、お皿に描かれた図様、食料品を入れた箱や瓶に印刷された姿というような、全く素朴なものにわたる資料を展示していた。こうして聖マルチヌスのイコノグラフィがいかに伝播していたか、いかにして聖俗を問わず、このようなあらゆる用途を通じて民衆の心の中に伝わって行き、この人物の一種の〝総合的肖像〟が作り上げられたかを見ることが出来たのである。この多種多様のイコノグラフィが示している「具体的肖像」の背後に「精神的肖像」——内なる肖像——が啓示されていた、それは日本で言うところの、〝心と体〟であろう。

その日私は、最高の形を持ち、最も精神的な、最も知的に、または芸術的に練り上げられた形で表わされた宗教と、その最も単純な、すでに内容も無くなってしまったと言えるような形との間に真の断絶がなく、時には非常にかすかであっても、実はそこにメッセージが、少くとも文化としてのメッセージが生き続けているということを理解したのである。

さてこうして日本の場合を考えてみると、薬師如来のお寺がしばしば温泉場の近くにあり、弘法大師のお姿が薬の箱の上に、天神様の絵がチョークの箱に、愉快なえびすの姿がビール瓶に描かれていたりするのはもちろん偶然ではない。このささやかな次元においてもそれぞれに彼らの誓願を表現し続けているのである。すなわちはじめの二者は苦しみを癒すことを、第三番目は良い文章を書けるように、第四者は悦楽をというように。これらの神や仏が日本人の意識、あるいは無意識の中で占めている位置を真に理解しようと思えば、こういうもの一切を無視してはならないのである。

ラフカディオ・ハーンが描き残した村や町に生きていた仏教

私が日本文明にひかれた最も強い原因の一つに、疑いもなく、この文明を築いている宗教的諸要素があった。この関心が目ざめる前は、仏教に興味を持っていたとはいえ、私はまだ創始者シャカムニの歴史的――現実または伝承の――観点から、またはその教理の観点からのみで知っていたのであり、仏教が仏教国において、実際にどのように生きて来たかということについては何も知らなかったのである。ラフカディオ・ハーンを通じて私は日本を知った時、神仏分離政策の後であったにもかかわらず、その時代に出雲やその他の地方で、神道と結び着いて実際に信心、実践されていたそのままの、生きた宗教を見ることを学んだのである。

ハーンは観音や地蔵に関する多くの伝説を紹介し、またあちらこちらで、薬師・不動明王・閻魔王・弁天・稲荷・庚申というようなその他多くの礼拝尊について言及している。その著書『知られざる日本の面影』の中で、運慶の作と伝えられる——実は少し後期の作であるが——有名な閻魔王を祭っている鎌倉の円応寺で、この閻魔像の姿絵を買い求められないかと尋ねたところ、門番は文字の入った閻魔像の木版画を持って来て、寺の印を押して彼に与えた話を書いている。それが言うまでもなく「お札《ふだ》」だったのである。

お札が呈示している神仏のイコノグラフィ

この話によると、どのお寺でも参詣者に与えるために、そこに祭っている仏陀や神々の姿を木版画にして配布する習慣があるのではないかと思われた。もしそうならば、出来るだけ多くの寺々を訪ね、ルナンの言うところの「寺々を廻るポザニアス」になる者は、各地の伝統が伝えて来た神仏の形のヴァリエーションを呈示しているという重宝な小版画を多数収集することが出来るのではないか？　その尊形のヴァリエーションを比較し、基礎となる経典の形と照し合わせ、物語りなどによってその変化の起源を明らかにし、その特徴となっている要素のシンボリズムを研究する、——それは何と一人の学徒を興奮させずにおかないことであったか。

その後私は「お札《ふだ》博士」といわれる有名な外国人がいることを聞いたが、一体どういう人物なのかは謎であった。後になって、四国八十八ヶ所第五十三番札所、松山の円明寺で巡礼姿の外国人の写真を飾ってあるのを発見してその謎が解けた。それは Dr. Frederik Starr というシカゴ大学の人類学教授で、一九三三年東京で没している。Oliver Statler の *Japanese Pilgrimage*（New York, 1983）によれば、大正十年に四国を巡礼したスタールの残した最も有名なことというのは、円明寺の本尊の厨子に打ち付けられてあって、全く注目されていなかった銅板が、実は江戸初期の「納め札」であったと発見したことである。納め札というのは寺から貰うものではなく、巡礼者が参拝の証拠に、氏名・住所・日付を書いて納めて行くものだが、この銅板は「慶安三年、京都樋口の住人平八家次」と書き入れた立派なもので、スタールはそれを紀行文に書いたことで有名になった。しかしそれ以上、「お札」一般について詳しかったかどうかは不明である。

納め札に似たものに「千社札《ふだ》」というものがあるが、これは商業や演劇などに関係する人々に多く、自分の紋と名前を印刷した小札を神社や寺に参拝の印に貼って行くもので厄除けの効があるといわれる（『日本宗教辞典』三五八頁参照）。スタールはともかく、はっきりした例では有名な日本学者チェンバレン博士（B. H. Chamberlain）が相当多くのお札《ふだ》を集めていたことは事実で、平川祐弘氏が『破られた友情』（東京、一九八七年、二二頁）に述べているところによれば、秋山光夫氏が一九三〇年オックスフォードを訪ねた時、たんすの引き出し三杯に満たされたお札をピット・リヴァース博物館で見たということだが、詳しく調べた人はいないようである。

『法宝義林』に初めて馬頭観音のお札《ふだ》がイコノグラフィとして使われた

アリス・ゲティ（Alice Getty）の有名な *The Gods of Northern Buddhism* の初版（一九一四年）でも、ペリオの輔佐で改訂された一九二七年の再版（オックスフォード）でも、セルジュ・エリセエフ（Serge Elisséeff）の *Mythologie du Japon*（Bouddisme）（*Mythologie asiatique illustrée*, Paris, 1927）でも「お札《ふだ》」をイコノグラフィの資料として考えなかったようである。この件について、確実とは言えないが管見によれば、最初にそれに着眼したのは『法宝義林』の編纂者で、おそらくポール・ドミエヴィル自身であったと思われる。氏は『法宝義林』第一巻五九頁に掲載されている「馬頭観音」のお札《ふだ》のオリジナルを所有していて、氏の逝去の後、令嬢のマダム・アリエが私に贈呈して下さった。このお札《ふだ》は今日でも御殿場の

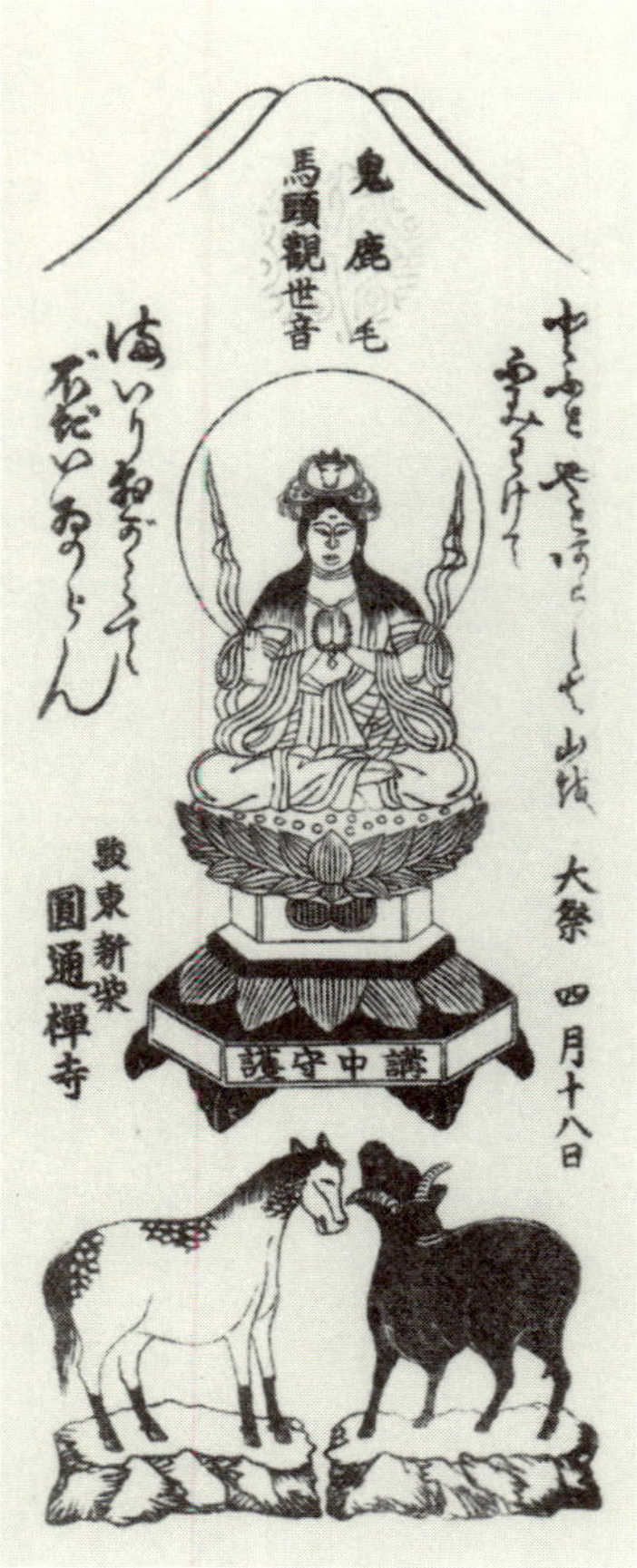

図版２　御殿場円通寺「馬頭観音」
（ベルナール・フランク・コレクション）

円通寺で配布されているのを昭和四十七・八年頃に見出すことが出来た。この寺はある武士が鬼かげという良馬の菩提のために建立した寺である。馬頭観音特有の役目通り、この観音は動物の宿命を保護していたもので、したがって農家の人々が彼らの家畜のために祈りに来ていた寺で、お札《ふだ》には牛と馬が描きこまれている（図版2）。農業、特に家畜の重要性が多分に失われた今日の社会で、この寺にとって幸いなことは競馬が盛んになったことである。お堂には純血種の競馬馬や、騎手や、この業界の人々の写真などが多く飾られている。こうして馬頭観音信仰はそこから誰もが予想しなかった活力を見出したのである。

消失した上野「不忍池弁天」のお札

『法宝義林』第一巻六四頁に収載されているもう一例のお札《ふだ》は「不忍弁天」のお札《ふだ》である。その弁天は金光明最勝王経による古典的な八臂の姿で、頭上には鳥居を頂いている。これは日本における豊穣の女神であるところの蛇の化身、宇賀神信仰との習合を現したものであり、画面下方には富を象徴する侍者（大黒天と毘沙門天）と、利益をもたらす種々の生業《なりわい》を現す道具が描かれていて、つまりこれは室町時代末頃から伝統的になった弁天のイコノグラフィである（本章冒頭掲載図版1）。マダム・アリエは『法宝義林』に掲載のオリジナルであるお札《ふだ》を父君の家で発見出来なかった。私としては同じお札《ふだ》を求めようとしたが空しく、不忍弁天のお堂は戦争で焼けてしまっていたのである。再建後のお堂にはお守り用の小さなものしかなく、古い絵図にあった細部は省略されていた。それにおそらく『法宝義林』

図版3　上野清水寺「千手観音」
（ベルナール・フランク・コレクション）

に戴っている版画の版木はすでに相当磨滅していただろうと思われる。よく見ると所々補筆の跡が見え、特に弁天の顔にそれが著しい（**図版1**参照）。

最初の日本滞在が始まって直ぐ――一九五四年五月、到着の一週間後であった――、私は文字通り待ち忍ばずにこのお札《ふだ》を求めて不忍池弁天に出かけたが、上述のようにそれはすでに消滅していたのである。その代りに対岸の丘の階段を登った所に上野清水寺があった。この寺は建築的にではないが少なくとも宗教的には京都の清水寺のレプリカである。そしてそこにはお札《ふだ》があって、ハーンの弟子を任ずる私は勇んでそれを求めた。それが私の長いコレクションの歩みの第一号となった（**図版3**）。

坂上田村麻呂の観音信仰とハーンが語っていた閻魔王のお札

そのお札《ふだ》には、像形とポジションにいくつかの相違があるものの、清水寺に祭られる三尊が描かれてあり、それは有名な坂上田村麻呂の観音信仰と、蝦夷征伐の戦勝話を想起させるものである。すなわち中央には「千手観音」、左に「勝敵の毘沙門」、右に「勝軍地蔵」、これは伝承によれば、田村麻呂の親友で清水寺の初代長者となった奈良の延鎮《えんちん》の夢に現れたといわれる二尊である（『元亨釈書』第九、十六参照）。

もちろん私には、ハーンが語っている「閻魔王」のお札《ふだ》がまだ鎌倉の円応寺にあるかどうかをも確める急務があった。驚いたことにそれは簡単に手に入ったのである（**図版4**）本尊閻魔王は非常に印象的な坐像で、十王やその他の眷族に囲まれていたが、一部は国宝館に移されている。これらの

図版4　鎌倉円応寺「閻魔王」
（ベルナール・フランク・コレクション）

諸像は十三世紀中頃の作で、すでに述べた通り十二世紀末に活躍した運慶の作ではない。ハーンが書いているこの寺の伝承によれば、一度死んだ運慶が閻魔王の前に出たところ、大王は運慶がまだ閻魔像を造っていないことを叱り、「今、お前は私を見たのだから、もう一度世に戻って私の像を造れ」と言われて生き返った。それより運慶は蘇生と名乗ったという。このお札《ふだ》は比較的原像に忠実である。人間が生涯にわたって行った行為を映すという閻魔の主なる持物、鏡も丁寧に描き込まれている。ここで注目されるのは大王が座している台が波のモチーフで飾られていることで、これは何か象徴的な意味を持つものか？　例えば地獄に入るために渡る三途の川の波というような疑問が持たれるが、しかしおそらくこれは単に同寺が本来あった場所を示していると考える方がより適当であろう。この寺は今日建長寺の前にあるが江戸時代までは由比ケ浜の海近くにあった（全国寺院名鑑、関東篇、四一二頁参照）。この例は後に述べたいと思うお札《ふだ》のモチーフの解釈という問題を呈示していよう。

版木の摩滅

この円応寺のお札《ふだ》は明らかに木版であるが描線が非常に明瞭である。ということはハーンの時代（一八九〇年頃。つまり私が同寺を訪れた時より約五十五年昔）以後に彫りなおされたものであろう。さきほど触れたように板は摺り減ったり、虫喰い、凍り等によって傷むものである。木版は彫り直されるのだが、それが少々の変化、時には大きな変化をもたらすことがある。その例を挙げよう。

第一の例は画家の筆法と書式の違いに止まっている例で、ここに挙げるのは日本三大文殊に数えら

図版5　出羽亀岡「文殊菩薩」（ベルナール・フランク・コレクション）

れる山形県亀岡文殊のお札《ふだ》である。一九七〇年に訪れた時には版板が摺り減って唯一枚残っていたお札はほとんど形が分別出来なくなっていた（**図版5左**）。その後新しく出来たのが右側のお札《ふだ》である。顔に見られるように前者はより古い形式、後者はより親しみある表情で、それは『別尊雑記』と『覚禅抄』に見られる印象の違い、前者は面長で、後者はより丸く太った感じと言えようか。イコノグラフィそのものには変化はなく、経巻と剣を持ち、頭髪は八髻《けい》の「文殊菩薩」である。記載文字が古い制度の地名から新しく変わっている。

明治時代の神仏分離によって変わった「江の島弁才天」の像

第二の例は「江の島の弁才天」に見られるようなやや重要な変化があり、より完璧にしようという意志が認められるものである。寿永元（一一八二）年文覚上人がこの地で源頼朝と共に弁才天に祈った時より明治の神仏分離まで、この女神は江の島の本尊であった（**図版6**）。それが神仏分離以後、こういう彫像は一般信仰対称としては出さず、別館に移され保存されている。

図版6　江の島「弁才天」
（ベルナール・フランク・コレクション）

先ず**図版6**は明らかに明治以前のお札《ふだ》で、弁天は八臂の形、（不忍弁天と同形）で島の岩上に座している。これは幸い古版画店で見つけて購入したものである。排仏の後、女神は公には「江の島の大神」と呼ばれるようになった。

図版7　江の島「弁才天（江の島大神）」（ベルナール・フランク・コレクション）

神像を表わさない古宗教の伝統により、普通一般に純粋な神道の神社では文字だけのお札《ふだ》だが、江の島の場合のように神仏混淆の雰囲気の残っている所では絵姿の伝統が続いていて、ある程度化粧直しをすることで残っているのである（**図版7**）。この二枚のお札《ふだ》では、女神は古代の衣装、飾り、髪型で左手に鏡を持っているが、右手には仏教の弁才天から相続した宝珠を持っていることに注目したい。この二枚は、一九五四年と七三年と二十年を距てて手に入れたもので、**左図**は新しい方、表現をより良く改めようとしたのか、島の奥にある江の島の根本聖地の洞窟に女神を安置しているところが興味深い。

確かに十八世紀末から同形で続いている「大黒天」のお札

お札《ふだ》によっては見事な継続性を見せているものもある。そういう例としてここに挙げるのは熊野那智の奇妙な民芸調を思わせる「大黒天」である（図版8）。大黒天というのはインドの伝統では僧院の守護神でことに食料の供給神として祭られていた。黄金の袋と魔法の槌を持った太った小人の形をしていた。日本では出雲の地の大神と同一化されて広い人気を獲得したものである。このお札《ふだ》はその民芸調の感覚で、比較的近代に出来たように思われそうであるが、ほとんどそのままで十八世紀末に存在していた証拠がある。紀州八代藩主の母、清心院が江戸に住む娘光安院に送ったお札《ふだ》類の中に含まれていたもので、娘の没後（一七九四年）形見の文

図版8　熊野那智山「大黒天」
（ベルナール・フランク・コレクション）

類と共に厨子に入れて根来寺に納めてあったが、それが最近展示された（『七〇〇年記念根来寺展』七七頁）。

時にはお札の作者がことさら古い型に近づこうと努めている場合もある。坂東三十三番霊所の第一番、鎌倉杉本寺のお札《ふだ》がそういう例といえよう。これは長い腕と長い天衣を持った藤原時代末期の作とされる「十一面観音」（久野健『関東彫刻の研究』二五五頁。鎌倉国宝図録Ⅱ・1）を表している。このお札《ふだ》は忠実に本像を写しているのだが、しかしまたそれが、――特に顔の表現が――当麻寺に保存される十三世紀の祭式用大形版画（高さ一七〇センチメートル）のタイプに非常に似通っているのが興味深い。（『日本古版画集成』1）

本尊とは無関係に古様式を取り入れた「不動明王」のお札

古い形から取ったことがさらに明らかな例は、四国八十八所霊場の一つ、愛媛県の椿堂で配られる「不動明王」のお札《ふだ》である。このお札《ふだ》にある不動尊像は、有名な平安後期の図像画家円心《えんじん》の原図を模写した醍醐寺蔵写本（一一九五年）を全く正確に写している（図版9）。このように円心様式がとられているのは、同寺に円心様《えんじんよう》不動明王の絵、または彫刻が伝わっているからであろうかと、私は住職に書状で尋ね合せたところ、全く関係がないという返事であった。それは次のような話である。一九八二年、この寺の付近で巡礼者を乗せたバスの大事故があったが一人も負傷者が出なかった。地蔵菩薩を本尊とするこの寺ではそれまで不動信仰は無かったのだが、感謝のために不動明王を祭り始めたということである。理由は「波切不動」伝説でも知られるように、不動は交通安全の守りとされているからで

図版９　左：常福寺椿堂不動　右：醍醐寺蔵写本円心様不動明王
（ベルナール・フランク・コレクション）

ある。ここに不動尊を祭るについて、先ず行われたのはお札《ふだ》を作ることであったが、住職は、なぜこの様式の不動が選ばれたのかは記憶にないということだった。常とは逆に彫像自体は後になって（一九八七年）造立されたが、写真でみると初めに選ばれた様式に全く忠実であるとは言えない。

お札《ふだ》によっては、イコノグラフィとしては本尊に忠実でありながらも、画家独自の芸術的発

図版 10　知恩院「来迎阿弥陀」
（ベルナール・フランク・コレクション）

想で自由なユニークな表現になっているものもある。私が一九五四年に浄土宗本山の知恩院で貰った「来迎阿弥陀」のお札《ふだ》などはそうであろう（**図版10**）（二つの蓮の上にそれぞれに置いた足の位置によって動きを示し、これが来迎であることが分かる）。

また東京合羽橋の曹源寺が出している「毘沙門天」の幻惑的な影絵のお札《ふだ》もそういう部類に入れておこう。この寺は曹洞宗のお寺で（通称かっぱ寺で知られる）、この不思議な図様は、私には禅僧の墨絵の伝統が生きている好例のように見えるのである。

ステレオタイプ化していくお札

しかし最近はますます寺が独自に摺れる版板を持たず、専門の印刷店に依頼することが多くなっている。そういう専門店の一つを高野山で見受けたが、そこでは種々のモデルのアルバムがあって、適当に寺名を刷り込むようになっている。そういうモデルは寺の本尊と同形ではなく、時にはかなり違ったものになるのだが、残念にもこのお札《ふだ》を平凡化するやり方が、まだ総てとは言わないが徐々に進んでいるのは確かである。この印刷所で手に入れたお札《ふだ》によって、同じ絵姿が各地に拡がって、遂に一つの一般形《ステレオタイプ》となっている現象をここにお見せしよう。

「三宝荒神」の絵姿であるが、三宝荒神というのは火と竈《かまど》の神、つまり生命の源泉そのもので、伝統的に寺院や民家の炊事場に祭られている神である。ここでは仏教化した忿怒形で厳しく恐るべき性質を表し、炎の中で積み重った多面を持っている。**図版11**に挙げる①②③は全く同じ版で、「一切の障害を無くし、諸願を満たす」という文字も同じだが、①の印刷所の札には寺名がない。②は神戸の興隆寺（大池聖天）、③は四国の高野山高松別院のお札《ふだ》だがいずれも同店に注文したものだろう。④はイコノグラフィの点からも文銘からも全く似通っているが、絵としては同じではない。少し短身で線の表現が今少し豊かである。このお札《ふだ》は高野山の後に続く険しい山脈中の荒神ヶ嶽にある立里《たてり》荒神のもので明らかに別の版木で作られている。この社は鳥居の続く長い小道の奥にあり、「荒神社」と書いてある通り、祭所は神道の社であるが、仏教的なお札《ふだ》を出すのを妨げるものではない。この地方で「立里の荒神さん」といって大変人気のあるこの荒神像こそが、ここで問題のタイプの原形であろうと私は考える。

さてここでさきほど円応寺の閻魔とその台座の波の絵柄で言及した問題に戻りたい。それはお札《ふだ》のモチーフについて、より広くにはお札《ふだ》が多少とも表している図様《イコノグラフィ》の特徴の解釈という問題である。経験から言えば、モチーフはその背景の環境情況に照らし合せてのみ解釈出来るものである。同じモチー

図版11　「三宝荒神」（ベルナール・フランク・コレクション）

①

②

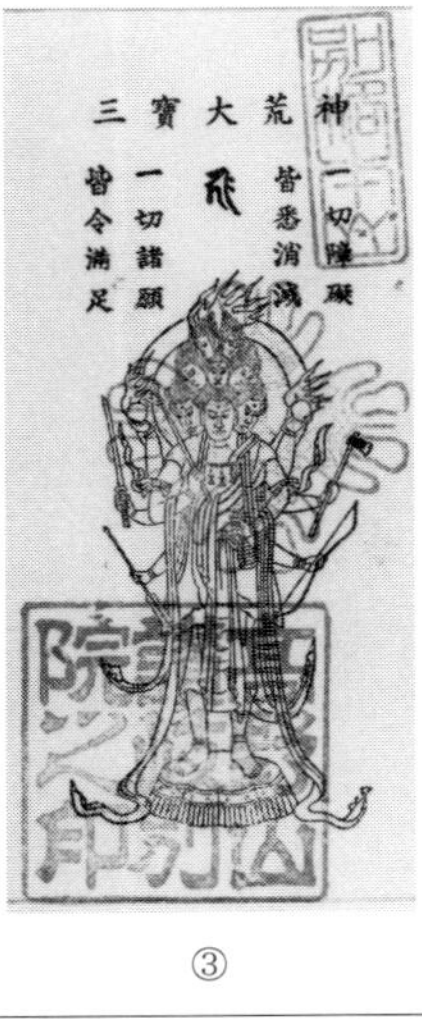

③

④

フが背景情況によって全く違った意味を持っていることがあり、また反対もあって、異ったモチーフが似通った意志や意味を現すために用いられていることもあり得る。

寺や堂の地理的条件を表しているお札

ある風景のモチーフがその寺の地理的条件を示す目的を持っている場合、例を山のモチーフにとってみれば、日本三大地蔵の一つ、栃木県の「岩船地蔵」がある。同寺が位置する（一七〇メートルの高さにある）岩船山は、その名が示すように大きな岩の舟の形をしていて、お札《ふだ》ではその岩は右手に舳《へさき》を向けたように描かれている。もちろんここには菩薩は総ての衆生を彼岸に渡す舟守りであるという意味もこめられている（図版12）。

図版12　下野国「岩船地蔵」
（ベルナール・フランク・コレクション）

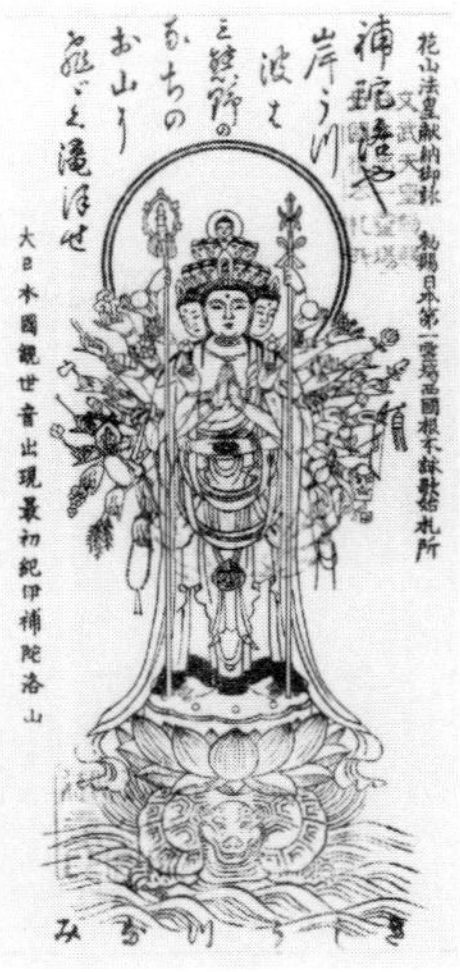

図版 13　紀伊那智「千手観音」（ベルナール・フランク・コレクション）

図版 14　銚子「飯沼観音」（ベルナール・フランク・コレクション）

今度は海から出現の「観音」のモチーフの二例を通じてみてみよう。この両者には二つの共通点がある。先ずこれもまた地理的条件を示しているという点、すなわちその寺が、一方は紀伊半島の先端勝浦に、もう一方は関東の東端銚子にとそれぞれ日本の先端にあって、どちらも補陀洛《ふだらく》という観音の浄土が海の向う側にあるということを想起させ、また、両仏像とも奇蹟的に海から出現したことを描き示しているのである。しかしその出現の仕方が違っていたことも言い表している。勝浦では仏像は自ら岸近くの波間から湧出したこと、それは海亀の背に乗っている図柄がそれを表し、銚子の方は海底から光る光輝によってその存在を知らせた、その光の表現が、おそらく日の出の光と解釈されることになった光線のもとであろう（**図版13・14**）。

仏像の縁起や像の特徴を表しているお札

もう一つ、漁師が波間に輝いていた仏像を網で拾い上げるテーマについて、伊東の仏現寺という寺に、網にかかって上って来た釈迦像を、当時伊豆に流されていた日蓮上人の下に漁師達が持って来たという話があることを付記しておこう（『日蓮上人註画讃』寛永九年版。便成社、一九七四年、（二）8）。

お札がこのようにモチーフによって、その造形言語の中にお堂や仏像の縁起を語り伝えているのだが、それはまた尊像自体の身体的特徴に関する場合もあるのは言うまでもない。例えば福井県三方《みかた》の「石観音」と言われている観音は、大きな花崗岩に彫られていて、その像の右手が欠除している。ここの伝説ではこれを彫ったのは他ならぬ弘法大師自身であったが、鶏声を聞いて仕事を止め、右手を彫らずにそのまま下山された。この伝説にちなんで、この寺は手足に障害を持つ、または手足に痛みを持つ人々が参詣する所となった。境内には御手足堂《みてあしどう》と呼ばれるお堂があって、恢復した人々がお礼として納めにくる小さな木の肢が山積していて、このお堂は一種の絵馬堂のようになっている（図版15）。

もう一つ弘法大師作とされている石仏で、京都千本通りに「釘抜き地蔵」がある（図版16）。伝説では大師が中国から請来の石塊に、すべての悩みや痛み、病いに苦しむ衆生を癒す目的でこの地蔵を彫ったと言われる。この仏像は初め「苦抜き地蔵」という名で知られていた。ところが後奈良天皇の御代の末（弘治二、一五五六年）、ある商人が急に両手に激痛を覚え、霊験で有名なこの地蔵に祈願に来た。願掛けの日が満ちた夜、商人の夢に地蔵が現れて、この痛みは前世において憎しみの行為をなしたから

図版 15　福井三方「石観音」
（ベルナール・フランク・コレクション）

図版 16　京都「釘抜き地蔵」
（ベルナール・フランク・コレクション）

だと説いた。人を呪って人形《ひとがた》の両手に八寸釘を打ったのだと。菩薩は「我が力によってこの憎しみの釘を抜いてあげよう」と言って二本の釘を見せた。商人は痛みの消えるのを感じ、寺に馳せつけ仏像の前にぬかずいたところ、像の前に二本の朱色に塗られた釘があった。その時から人々はこの地蔵を釘抜き地蔵と呼ぶようになったという。お堂内には今日、釘と釘抜きを留め入れた額が奉納されているのが見られる。同寺のお札《ふだ》にはこの二つのモチーフが非常に巧みに表現されていて、釘抜きが像の光背の形と一体となっており、釘の頭に当る円形に、地蔵菩薩の種字であるサンスクリット文字 ha（𑖮《カ》）が書き込まれてある。このようにして、ここには正典によるイコノグラフィのモチーフが民衆の創造によったモチーフと融合しているのである。

同様の融合が光背のような付属の部分でなくして、尊体自身の体に関して現れているのは、東京西落合の猫地蔵という名で知られている自性院のお札《ふだ》である。この像の起源に招き猫の話が出て来るのだが、その前に招き猫伝説として最も知られている話によれば、起源は万治二（一六五九）年に没し、世田谷豪徳寺に墓のある幕府の大老井伊直高にさかのぼる。ある日狩りの帰途に、大老はこの寺の門前に座って彼に合図をしているように見えた猫に引かれて寺内に入った。そこで住職に快く迎えられ、その住職の話に感銘を受けた。大老は当時非常に貧しかったこの寺に親しみを持ち、寄進をしたお陰で寺は豊かになったという。この猫が死んだ時には墓を建ててその姿を墓に彫った。豪徳寺のお札《ふだ》には招福のお守りとして、寺の本尊である観音にこの猫の姿を結び合せて表している（図版17）。

自性院の伝説もこれと同類の話であるが、時代はさらに遡っていて、それによれば江戸城の創始者太田道灌が文明九（一四七七）年江古田の合戦の前夜道に迷い、一匹の黒猫に導かれて自性院まで来たということである。この猫もまた感謝の印しに墓を造ってもらい、その上に地蔵尊像が建てられた。

周知のように六地蔵の一つは六観音の一つと同様に、六道（地獄・餓鬼・畜生・修羅・人間・天界）の中の畜生道を守護するとされる。後になって明和年間（一七六七年）詳しい理由は不明だが貞節を称えられたある女性の冥福のために、小さな石の猫面《びょうめん》地蔵が造られて、自性院の地蔵との縁でこの寺内に安置さ

図版 17　豪徳寺「招福の観音」
（ベルナール・フランク・コレクション）

図版 18　西落合自性院「猫地蔵」
（ベルナール・フランク・コレクション）

れた。この彫像は今でもここに秘仏として保存され、一年に一度しか公開されない。『全国寺院名鑑』には判明困難な写真が掲載されているが、**図版18**の美しいお札《ふだ》を見て頂きたい。猫の黒を現すために陰刻法で出来た版画である。この二枚のお札《ふだ》については、動物に対する仏教の態度に常々感銘を受けていた旧友ド・ベルヴァル氏に謝意を呈しておきたい。

信仰実践のエピソードを表しているお札

以上に紹介したお札《ふだ》は大体において、仏教の信仰でもむしろ現世利益に関していたが、いつもこういうものだと考えてはならない。ことに悟りの探求という仏教の根本的テーマを表すために作られたお札《ふだ》もあることは言うまでもない。

先ず千葉県安房清澄寺の、大きい立ち姿の「虚空蔵菩薩」を描いたお札《ふだ》を紹介しよう（**図版19**）。右手に願を満たす宝珠を持っている。これは智恵と福徳を授ける菩薩で、密教では有名な観想の法儀（求聞持《ぐもんじ》法）の本尊となっていて普通は

図版 19　千葉県清澄寺「虚空蔵菩薩」
（ベルナール・フランク・コレクション）

坐像である。（奈良弘仁寺の像はこの点で例外となっている）。ところがこのお札《ふだ》は立姿になっている、というわけは、日蓮上人が清澄寺で徒弟であった時に起こったこの菩薩の奇蹟的顕現を示すためである。上人がいかに懐疑に苦しんでいたか、そして虚空蔵にいかに「日本一の智者となし給え」と願ったか、すると「菩薩これをあわれみ給い、眼前に現れて明星の如くなる智恵の宝珠を授け給う」と日蓮上人自身が語っている。北斎筆として安政五（一八五八）年に出版された『日蓮上人一代図絵』は、実は北斎の弟子為斎《いさい》が描いたものだが、その中に日蓮上人が顕現した虚空蔵菩薩の前にぬかずいている図があり、このお札《ふだ》はこの場面の虚空蔵を想起しようとしているのである。すべての虚空蔵菩薩のお札《ふだ》と同様に、このお札《ふだ》もまた諸願を満たす霊験があるとされているが、しかし法華経信仰勧化の目的が強く込められていることは間違いない。

同じことが、昔永観堂で配られていた「見返り阿弥陀」のお札《ふだ》についても言えるように思われる（**図版20**）。この寺にある、振り返って一寸驚いたように右手をあげている美しい阿弥陀の小像は誰もが知る仏像である。日本には来迎阿弥陀のある型から派生したと思われるこういう形の例が他にも存在するが、しかし同寺の伝説では本来この像は見返ってはいなかった、後にこういう形になったのだと言われている。すでによく知られた話だが、永保二（一〇八二）年のある日、永観が阿弥陀像の回りを廻って念仏三昧の行《ぎょう》をしていた時、阿弥陀仏が壇から降りて来て永観の前を念仏しながら歩き始めた。瞬間、驚いて立ち止った永観に、阿弥陀仏は振り返って「永観、おそいぞ」と叱った。その後この仏像は振り返った頭を保ったままだという。次のような面白い話を紹介しておこう。パリのサン・シャ

図版 20　京都永観堂「見返り阿弥陀」
（ベルナール・フランク・コレション）

ペルに、フランス革命の時破壊されたが、頭を傾けたマリア像があった。伝承ではこの像が頭を傾けているのは、一三〇四年のある日、有名な哲学者ドゥンス・スコトゥスが、法王の命で集った教理論争において自説を弁護する取り分け困難な時に、このマリア像に、もし彼の説に賛成ならそれを示して欲しいと頼んだところ、マリアが賛成した印にこのように頭を傾けたという。しかし再び永観堂のお札《ふだ》に戻るが、このお札《ふだ》には永観の真摯な信仰と、阿弥陀の好意溢れる叱責が豊かに表現されているといえよう。

日本に滞在中――総べればほぼ八年の間――私は数え切れないほどの寺、社を廻った。多分二千は越えている。

その多くは仏教寺院であったがもちろん神社も含まれていた。一九七四年に登録された八万の神社、七万五千の寺（これには小さな堂などは含まれていない）を思えば、私の訪れた寺・社は極めてわずかなものであろう。そして日本列島の（北海道・沖縄を除く）ほとんどの県に行ったが、私の調査がどこでも均等であったとは言い難い。ある地方では詳しく、他地方では浅かったことを認めざるを得ない。このような不完全なものでは私の研究は一種の〝探測〟に過ぎないと見られるであろう。お札《ふだ》の無い寺・社も多いし、またすでに無くなっている所も多い。（筆者自身で同じ所に数年後に行ってみてその現象を確認した）。そういうわけで、私が集めたこれらの貴重な資料は千枚前後である。この中にはいわゆる「お守り」は含まれていない。「お守り」は図様が非常に小さく、また別の範疇のものである。この千枚余りの中、八百枚程が尊像の姿形を表したお札《ふだ》で、当然のことながら、それが私の最も興味を引くお札《ふだ》である。なぜならそれらはより多くの情報を伝えているからだが、とはいえ文字だけのお札《ふだ》もまた重要な情報を呈示していることは言うまでもない。

この尊像が刷り込まれたお札《ふだ》は当然お札《ふだ》の範疇に入るはずだが、唯お札《ふだ》と言うだけではお寺ではこの種のお札《ふだ》とは受取らないことが多い。むしろ一般にその場合は、祈願者の名や目的、あるいは呪文などを中に書き込んだ文字だけのものと受け取られがちである。したがって確実にこのような絵姿入りのお札を貰おうと思えば「お姿」または「御影《みえ》」と、またはもっと明確に「お姿のお札《ふだ》」と言わなければならない。最近民族学者や版画史の専門家は「絵札《えふだ》」という言葉を多く使っていて、それはおそらく良い用語であり、私が使用する *Ofuda à image* に全く一致する言葉である。しかしこの言葉は管見では寺で使われていず、歌がるたの絵を描いた方をさすのが普通である。そこで私は試みに「絵札のお札」と口調のよい言葉を作ってみたが、これは単なる思いつきに過ぎないことを断っておく。

抜群に多い観音菩薩（高僧では弘法大師）

ここであらためて、日本のイコノグラフィには伝統的に四種の大きな尊像別（四種部類）があることを喚起しておきたい。

一、如来。これは仏陀として完璧に到達したもの。
二、菩薩。未だ仏陀ではないが、やがて仏陀になることを約束されているもの。
三、明王。仏陀が悪の力を制圧するために取っている忿怒の形相の尊像。
四、天部。デーヴァやデーヴィーという神達、いわゆる「天」。

この四部に通常さらに次の二部が付け加えられている。

五、権現。つまり神仏習合の神々。
六、高僧。

なお種々の宗派において、その宗派に特有の礼拝尊があったり、またある尊像について宗派独自の像容を持っていることもある。

私が収集した図絵の中にほぼ八十種の崇拝尊の像容が数え上げられた。要約すれば次のようになる。

仏陀四種
菩薩九種
明王六種

天（権現を含める）四〇種余り

高僧二〇種余り、

それに加えて群像形式で現されている尊像もある。「仏陀・菩薩・明王」に関して言えば、その中で最も多くお札《ふだ》になっているのは先ず抜群に観音菩薩で、ことに千手観音である。次いで不動明王、地蔵、阿弥陀、薬師、釈迦の順になり、そして思いがけないことに、大多数の日本人が名前も知らないが虚空蔵菩薩が来る。この菩薩は地方によってはしっかりと定着して信仰されている。

「天」の部では先ず大黒天である。次いで弁才天、毘沙門天、妙見、三宝荒神となり、それに荼吉尼天《だきにてん》を加えなければならない。この荼吉尼天（サンスクリットḌākinīの音写）は稲荷大明神と習合された形の神であるが、稲荷そのものに関してはもちろん全く違った次元の問題となる。高僧の中では「お大師さん」と言って親しまれている弘法大師が遥かに先頭に立っている。

以上見てきたように、お札《ふだ》は充分注目に値する表現言語を持っていることを理解して頂けたと思う。私がここで強調したいのは、仏教パンテオンがどのような形で日本の土地に、習慣に、日本人の感覚の中に根を降していているかを、いかにお札が証明しているかということである。私の収集はまだ充分と言えないだろうし、今後もあくことなく集めたいと思っているが、時間と年齢を考えれば、今はこの私の集めたコレクションを出版すべき時であろう。それには解説を加えることが必要で、それ無しでは命の無い体のようなものになるだろう。執筆を依頼されている *l'Encyclopaedia Universalis* の「日本仏教パンテオンとそのイコノグラフィ」では挿絵はすべてお札《ふだ》を使用しようと思っている。こうしてお札《ふだ》に対する関心がそれに価いするほどに高まって行くことを希望するものである。

注

序文

（1）« Coup de foudre », *Traverses, Revue du Centre de création industrielle*, Centre Georges Pompidou, 38-39, novembre 1986, p. 53

第一章

（1）『今昔物語集』巻第一第一話。

（2）コレージュ・ド・フランス年報 *Annuaire du Collège de France*, 1979-1980, p. 654-657. を参照。

（3）ルイ・ルヌー Louis Renou, *L'Inde classique*, Paris, Adrien Maisonneuve, 1947, vol. 1, p. 319-320 及び 492-493 参照。

（4）ハインリッヒ・ツィマー Heinrich Zimmer, *Mythes et Symboles dans l'art et la civilisation de l'Inde*, Paris, Payot, 1951, p. 103. 以降を参照。

（5）『今昔物語集』巻三第二二話。同話の出典については拙著 *Histoires qui sont maintenant du passé*, Paris, coll. UNESCO, Connaissance de l'Orient, 2e éd., 1987, p. 87. を参照されたい。

（6）前注3 *L'Inde classique*, p. 536, 並びに前注4 *Mythes et Symboles dans l'art et la civilistion de l'Inde*, p. 53を参照。

（7）『日蓮宗の山巡り』遍山会、（静岡）二三八～二四一頁を参照。

（8）ギメ美術館番号23876.

（9）ギメ美術館番号23833.

（10）山田孝雄『三宝絵略注』（宝文館、一九五一年）二一七～二一八頁参照。

（11）『望月佛教大辞典』4、三一九三頁。

（12）『四天王経』（『大正大蔵経』第十五巻No. 590、一八頁、下）にもこの様な記述がある。

ミッシェル・ソワミエ、Michel Soymié, *Les dix jours de jeûne du taoisme.*『吉岡博士還暦記念道教研究論文集』（東京、一九五七年）を参照。同じく、*Les dix jours de jeûne de Ksitigarbha, dans Contribution aux études sur Touen-houang.*（パリー／ジュネーヴ、一九七九年、一四九頁）。インドの出典としては、エチエンヌ・ラモット Étienne Lamotte, *Le Traité de la Grande Vertu de Sagesse*, Louvain, 1949, vol. II, p. 832, n. 2. また、ジャン・フィリオザ Jean Filliozat, *L'Inde classique*, Paris /Hanoi, E. F. E. O., 1953, vol. II, p. 531, を参照されたい。

帝釈天に衆生の行為の視察官という役職を付するこの信仰は、帝釈天を地獄の高官とみなすことになり、したがって閻魔王と同様視することになった。日本における平安時代の例としては『大日本国法華経験記』巻下、第一二四話（「日本思想体系」二〇八頁並びに五六五頁）を参照。

（13）『今昔物語集』巻第十四、第三話。

（14）『釈氏要覧』（『大正新脩大蔵経』第五十四巻、No. 2127, p. 304）

第二章

（1）小杉恵子・ジャクリーヌ・ピジョー編『七夕』。奈良絵本集パリ本。古典文庫、No. 582。一九九五年、を参照。この話は同二氏共訳、佐竹昭広監修の『異郷への旅』（仏文）に選された五話の一つとして収載されている。*Voyages en d'autres mondes*, Philippe Picquier / Bibliothèque nationale, 1993, p. 164.

（2）当稿執筆以降、筆者は一例を『日本仏教パンテオン——エミール・ギメ・コレクション』*Le Panthéon bouddhique au Japon—Collections d'Émile Guimet*, Paris, Réunion des musées nationaux, 1991, p. 190-191. の中で指摘して置いた。

（3）四天王の装束の幾種かの形式に関しては拙稿『コレージュ・ド・フランス年報』*Annuaire du Collège de France*, 1980-1981, p. 574-575. を参照されたい。

（4）ストゥーパについての主要な論考としては、ミレイユ・ベニスティ女史の研究を挙げておく。Mireille Bénisti, *Le stūpa dans l'Inde ancienne*, Bulletin de l'Ecole française d'Extrême-Orient, L, 1, 1960.

（5）二仏並座については本書五一頁図版3を参照されたい。また詳しくは前注3、『コレージュ・ド・フランス年報』、一九八〇～一九八一年、五八八頁～五八九頁。前掲『日本仏教パンテオン』七八頁～八一頁参照。

（6）写真として、諸例の中でも『奈良六大寺大観』東大寺二、岩波書店、一九六八年、一二三頁。

（7）『四天王経』『大正新脩大蔵経』第十五巻（No. 590）、一一八頁下を参照。また、田島隆紀 *Les Deux Grands Maṇḍalas et la doctrine de la secte Shingon*,『日仏会館学報』新第六巻、一九五九年、一

四〇頁には同経の引用文が掲載されている。なおこの件について中国の資料が Kuo Li-ying（郭麗英）*Confession et contrition dans le bouddhisme chinois du Ve au Xe siècle*, Paris, Publications de l'École française d'Extrême-Orient, 1994, p. 90 以降に収集されているので参照されたい。

（8） この問題に関しては拙著『方忌みと方違え』岩波書店、一九八九年を参照。なお前掲『日本仏教パンテオン』一六四～一六五頁でもふれている。

（9） この事件を伝える数多い出典の中で、先ず、『日本書紀』崇峻天皇の御代、二年七月（「日本古典文学大系」『日本書紀』下、一六二～一六三頁）の項を挙げておく。

（10） 『別尊雑記』は『大正新脩大蔵経』図像三に所収。なおまた、『コレージュ・ド・フランス年報』一九八六～一九八七年、五六六～五八〇頁を参照されたい。

（11） 特に戒壇院の邪鬼を見られたい。前注6、『奈良六大寺大観　東大寺』二、一三〇～一三三頁参照。

（12） 『法寶義林』一、七九～八〇頁。毘沙門の項を参照。

（13） 前注2、*Le Panthéon bouddhique au Japon*, p. 296-297.

（14） 『法華経』観世音菩薩普門品第二十五。一般に観音経と呼ばれている。

（15） 『鞍馬寺縁起』は多種の著作に引用、利用されているが、その中、『普桑略記』新訂増補国史大系第十二巻、一一一頁。また、『今昔物語集』巻第十一、第三十五話を挙げておく。

（16） 鞍馬寺には、東寺蔵の地天女に支えられた兜跋毘沙門像（四二頁図版1）と同形式の兜跋毘沙門像が現在もまだ保存されている。『日本の美術』No. 240「四天王像」、至文堂、八〇頁を参照されたい。しかし鞍馬寺毘沙門本尊の像はこの形式ではない。同像は三尊形式になっていて一一二七年造の銘があり、毘沙門の両脇には、妃とされる美と福の神、吉祥天と、侍者で息子とされる禅膩師童子が従っている。

この現在の毘沙門像は非常に特殊な形で、右手に槍を持ち、左手は遠方を見渡す様に額にかざした様態である。しかし調査によるとこれは元来の形ではなく、槍は左手に持ち、右手を腰に置いた形であった。(『日本仏像百科』第四巻「天」、ぎょうせい、一九九一年、一四四〜一四五頁に所収の写真と解説を参照されたい。) この原形とされる古い姿が「お札」として頒布されているので五六頁図版5に挙げておこう。むかでのモチーフがこのお札の毘沙門像の右上に描き現わされているが、これについては六六頁と図版一〇に後述する。

(17) 海で起った同類の霊験物語として、救いを求めて観音に祈ったところ、毘沙門天が現れたという物語がある。鎌倉時代の仏教説話集『私聚百因縁集』巻七、大日本仏教全書、一九一二年、一三二頁に所収(また『古典文庫』No. 267)。なお、*l'Annuaire de l'École pratique des Hautes Études, section des sciences religieuses*, 1961-1962, p. 58. 参照。

(18) この問題については、喜田貞吉『福神の研究』日本学術普及会、一九四一年、二〇四〜二〇五頁を参照。

(19) 前注18、喜田貞吉、同書を参照。

(20) 前掲、*Le Panthéon bouddhique au Japon*, p. 110.

(21) 『密教美術大観』第四巻、朝日新聞社、一九八四年、図版一九、及び図版解説二〇九頁。並びに前掲 *Le Panthéon bouddhique au Japon*, 天部 p. 152-153. を参照されたい。

(22) 上注、『密教美術大観』第四巻、図版18、及び二〇九頁。

（23）『原色日本の美術』５（密教寺院と貞観彫刻）小学館、一九七二年、三五頁。並びに『密教美術大観』第四巻、図版16及び二〇八頁。また、前掲 *Le Panthéon bouddhique au Japon*, 天部 p. 148-149. を参照。

（24）この問題についての参考文献資料は前掲 *Le Panthéon bouddhique au Japon* 一九六頁に挙げているので見られたい。

（25）本書「妙見」の章を参照されたい。

（26）例えば、『伝説春日山昔話』一九八〇年、九頁以降を参照。この小冊子は上杉城址に建てられた春日山神社記念館（新潟県直江津）で刊行されたものである。

（27）前注同書を参照。

（28）布施秀治『上杉謙信伝』第三章、仏教の信仰。謙信文庫、高田、一九一七年。八五頁〜八六頁を参照。なお、秋田県庁に勤務の歴史家加沢正人の著『上杉謙信の信仰と信念』も貴重な資料である。

（29）一例として、春日山城において謙信が祭っていたという毘沙門天像を挙げておく。小冊子『越後春日山林泉寺』同寺発行（一九八七年以前）一五頁を参照されたい。

（30）『密教美術大観』（前掲）第四巻、図版17と二〇八頁を参照。

（31）前掲『法寶義林』一、八二頁下、参照。また、『新版大日本人名辞書』一九二六年、上巻九〇〇頁に少し詳しく書かれている。

（32）多くの研究文献が出版されているが、その中、例えば『日本絵巻物全集』Ⅱ、角川書店、一九五八年。また、詞書の解説は、『寺社縁起』日本思想大系20、岩波書店、一九七五年、二三頁以降を参照。

(33) 寺伝では聖徳太子の創建になると伝えている。太子が物部氏討伐（前掲注9）途上でこの地に留まり、戦勝を祈願したという。（同寺発行の小冊子『信貴山略史』一九九四年を参照）。しかしこの伝説は、大和の信貴とほとんど同音の河内の志紀との混同ではあるまいか。朝廷軍が危機に陥った物部氏攻撃はこの志紀（現在の八尾市付近）から物部氏の本拠、渋川（現在の布施市付近）に向ったのであった。「日本古典文学大系」『日本書紀』下、一六二頁〜一六三頁、及びその注21〜22を参照。志紀から北北西に当る渋川に行くのに北東の信貴山を通ったとは考え難い。

(34) 『奈良県の地名』日本歴史地名大系30、平凡社、一九八一年、五七頁を参照。

(35) 前注17を参照。

(36) 『今昔物語集』巻第三、第二十二話。盧至長者ノ語《コト》。

(37) この経のことは『仏書解説大辞典』には記載されていない。しかし同名の、既に江戸時代に失われていたより古い偽経があったことが織田得能『補訂仏教大辞典』一四八七頁に見られる。

(38) ここでは寺院の長官が元来は法親王であった寺院という意味。しかしこの語については、語源、その推移も非常に複雑である。『国史大辞典』13、吉川弘文館、九〇三頁を参照。

(39) お伽草子「俵藤太物語」。一例として、『日本古典文学大辞典』第四巻、二〇二頁を挙げて置く。

(40) 中山太郎編『補遺日本民俗学事典』梧桐書院、一九四一年、三三四頁を参照。

(41) 一例として『東都歳事記』天保四年、(一)、東洋文庫 No. 159、三四頁を参照。またそれを補足するものとして、上田萬年『大辞典』No. 10395を参照されたい。

(42)「お足」は幾つか挙げられている語源の一つに過ぎない。ある意見によれば、おあしは室町貴族がよく使った言葉「要脚」の女性語であるともいわれる。要脚とは支えに必要な足、今日の言葉で言えば〝基礎的支持〟とでもいうべき、費用、金銭を意味する。『日本国語大辞典』3、三〇八～三〇九頁を参照。

(43)前注41『東都歳時記』の校注者朝倉治彦氏の説である。

第四章

(1) Alfred Foucher, *La vie du Bouddha, d'après les textes et les monuments de l'Inde*, Paris, 1949, (chap. I et II p. 23-69.)

(2) 麻耶の懐胎・出産・忉利天再生の話は『長阿含経』巻一、大本経の中に語られている。(『大正新脩大蔵経』第一巻)

(3) 仏陀の入涅槃に際し、諸天が詠じたと伝える頌は、長阿含経、巻第四、遊行経第二後に収載されている。(『大正新脩大蔵経』第一巻二七頁参照) 麻耶は次の頌を詠んだ。

爾時仏母麻耶。復作レ頌曰

仏生二楼毘園一　其道広流布

還到二本生処一　永棄二無常身一

(4) 仏涅槃に麻耶が忉利天から沙羅林に降りる場面は、五世紀末に漢訳された麻訶麻耶経、巻下に語られている。(『大正新脩大蔵経』第十二巻、宝積部下、一〇一二頁。)

(5) 『大唐西域記』巻第六、拘尸那掲羅《くしながら》国の条を参照。(『國訳一切経』和漢撰述部、史伝部十六上、二九八頁)。
(6) この伝説の源泉は『増一阿含経』巻第二十八(『大正新脩大蔵経』第二巻、七〇三頁以降)。『國訳一切経』では印度撰述部阿含部九、九九頁に掲載されているので参照されたい。通説ではこの上天は釈尊の正覚後十六年目であったとされるが、『三国仏記』巻第二、第四話(『中世の文学』三弥井書店、一九九六年、上巻、一一三頁)では八年目であったとされている。

(7) **Deva-avatara**(天界から下降)、三道宝階として知られるこの伝承は多くの文献で語られているが、参考文献については、A. Foucher, *La vie du Bouddha*, p. 375, n. 276 に詳しい。また同書二七四頁以降にも詳述されているが、ここでは次の諸出典を挙げておく。

麻訶摩耶経、巻上(『大正新脩大蔵経』第十二巻、n. 383、一〇〇八頁)。「この時、帝釈天、鬼神をして三道宝階を作らしむ。中央階は閻浮檀金、右面階は純瑠璃、左面階は純瑪瑙」とある。『大唐西域記』巻第四、却比他《こうひだ》国(Kapitha)(『國訳一切経』和漢撰述部史伝部十六、二一〇頁)。「……天帝釈は乃ち神力を縦《はな》って寶階を建立せり。中階は黄金、左は水精、右は白銀なり。……」『大唐大慈恩寺三蔵法師伝』却比他国(前項、同部十二、五一頁)。階段の描写は『大唐西域記』と同じ。『法顕伝』僧伽舎国(Sāṃkāśya)(「東洋文庫」一九四、平凡社、一九七一年、五八頁)にも同様の記述がある。

(8) 一例として仏説大乗造像功徳経、巻上(『大正新脩大蔵経』第十六巻、経集部三 No. 694、七九〇頁)を挙げておく。また『大唐西域記』巻五(『國訳一切経』撰述部史伝部十六、二七五頁)にも語られている。

(9) **Lalita-vistara** はサンスクリット本からエドワード・フーコー(Edouard Foucaux)によって仏

訳され、*Développement des jeux* という題名になっている。*Annales du Musée Guimet*, VI, に収載。シャカ菩薩誕生の条は七六頁。

(10) 例えば『原色日本の美術』仏画、小学館 を参照されたい。

(11) A. Foucher, *La vie du Bouddha*, 六五頁参照。

(12) 『太平記』巻第七「日本古典文学大系」（二）二二八頁以降参照。

第五章

(1) *L'Inde classique*, II, Paris, 1953, 2270 項を参照。

(2) Alfred Foucher,『インドの遺蹟と文献による仏陀の生涯』（*La vie du Bouddha, d'après les textes et les monuments de l'Inde*, Paris, 1949）。諸所の中、特に一五一〜一五二頁を参照。仏敵（Saddharmaripu）であるマーラ神を愛の神（Kāmadeva）と同一視するのは明らかにアシュヴァゴーシャ（馬鳴《めみょう》）による。――E. H. Johnston, *The Buddhacarita, or Acts of the Buddha*（サンスクリット本、Calcutta, 1935, p. 145, 一〜四行、英訳 1936, p. 188）を参照。「Him who in the world they call the God of Love, him of the bright weapon and also the flower arrowed, that same one as the monarch of the activities of the passion and as the ennemy of liberation, they style Māra」。漢訳の『仏所行讃』（『大正新脩大蔵経』巻四、No. 192, 第四、二五頁）では、カーマ神は五欲自在王（感覚器官が呼び起こす五つの欲を自由に享受する王――S. Beal, *Sacred Books of the East*, XIX, p. 147, 英訳）と翻訳されている。

(3) Louis Renou, *L'Inde classique*, I, Paris, 1949, 1022 項。また、M.-Th. de Mallmann, *Les*

Enseignements iconographiques de l'Agni-Purāṇa, Paris, 1963, p. 47-48. も参照されたい。

（4）求那跋陀羅《グナバドラ》 Guṇabhadra 訳、過去現在因果経『大正新脩大蔵経』巻三、No. 189、第三、六四〇頁、一九～二一行。また、『ラリタヴィスタラ』(*Lalitavistara*) 二一章、Ph. -Ed. Foucaux のフランス語訳 *Développement des jeux, I*, Paris, 1884, p. 271. も同様に参考になる。

（5）佐和隆研『御室版両部曼陀羅』京都、一九七二年、一一一頁、No. 330.

（6）鳩摩羅汁《クマラジュウ》がVimalakīrtinirdeśa《ヴィマラキールティニルデーシャ》から翻訳した『維摩詰《ユイマキツ》所説経』(略して維摩経) 第四品に次の一節がある。「諸煩悩《しょぼんのう》　是道場《これどうじょうなり》。知如実故《にょじつをしるがゆえに》。」(もろもろの煩悩は悟りの道場である。なぜならばそれは現実のあるがままを知るからである。) (『大正新脩大蔵経』第十四巻、No. 475, 五四二頁、中段二九行)『國訳一切経』(インド撰述部経集部六、三三四頁) の注釈ではこの文を訂正して、この句の前に「滅」の字を置いて「煩悩の消滅が悟りの道場である」と解釈することを提案している。それは、鳩摩羅汁訳以前のテキスト (紀元三世紀前半)、例えば支謙《しけん》の翻訳 (『大正新脩大蔵経』同巻 No. 474, 五六五頁、中段三行) では、「息諸煩悩是妙菩提」(もろもろの煩悩の停止こそが妙なる悟りである) となっているのを参照としている。エチエンヌ・ラモットがチベット異本から翻訳したのもこれと同じ様になっているのを次に挙げよう。「悟りというのはすべての煩悩が静まった所である」。(*L'Enseignement de Vimalakīrti*, Louvain, 1962, p. 202.) したがって明白に、鳩摩羅汁《クマラジュウ》の訳はここでは異例である。しかし鳩摩羅汁《クマラジュウ》自身が維摩経を誤って解釈したか、――またはその底本が間違っていた――とするのは早まりであろう。というのは、この訳本の少し先で、この思想がこれ以上なく明白に再び取り上げられているからである。「仏為増上慢人《ほとけはぞうじょうまんのひとのために》。説離婬怒癡為《いんぬちをはなれるを》　解脱耳《げだつとときたまうのみ》。若無増上慢者《もしぞうじょうまんなきものには》。仏説婬怒癡性《ほとけはいんぬちのしょう》即是解脱《すなわちこれげだつなりととく》。」（第七品。『大正新脩大蔵経』同巻、五四八頁、上段一六行。または『國訳一切経』インド撰述部、三五八頁）次に挙げるエチエンヌ・ラモットのチベット異本の翻訳もここは完全に一致する。「迷った者（より正確には自分に自信があり過ぎる者、abhimāna）に対して（仏は）愛欲・憎しみ・愚かさを破滅すること、それが解脱というものだと言った。しかし迷っていない者（同上の説明……）に対しては、愛・憎・愚はそれ自体で解脱であると説いた」。（ラモット訳仏訳より、二七四頁）。この外にも『大蔵経講座』第八巻、二二六、三二六頁にある維摩経註釈も参考にされたい。

（7）智顗『摩訶止観巻』巻第一上、『大正新脩大蔵経』第四十六巻、No. 1911, 一頁、下段二六～二八行。『國訳一切経』和漢撰述部、諸宗部三、一七頁参照。また、J.-N. Robert, *Les Doctrines de l'école japonaise Tendai au début du IXe siècle...*, Paris, 1990, p. 151, n. 593-598. にも幾つかの参考文献が挙げられている。

（8）『大日経疏』巻十、『大正新脩大蔵経』第三十四巻 No. 1796, 六八五頁、並びに『國訳一切経』和漢撰述部経疏部十四、三四二頁、二節目。『法宝義林』一、一六頁の初めにも引用されている（愛染明王の項）。

（9）一切法自性清浄《いっさいほうじしょうしょうじょう》は呉音発音で、真言宗で使われている漢音では「いっせいほうしせいせいせい」と読む。

（10）神林隆浄『大蔵経講座』6、一九三三年、東方書院、三四三頁。英訳 Ian Astley-Kristensen: *The Rishukyō: The Sino-Japanese Tantric Prajñāpāramitā in 150 verses*. Buddhica Britannica, III; The Institute of Buddhist Studies, Tring, 1991. また、ベルナール・フランク *Dieux et Bouddhas*, p.

163-164, Éditions Odile Jacob, Paris, 2000. も参考にされたい。

(11) 田島隆純 *Les Deux Grands Maṇḍalas et la doctrine de l'ésotérisme Shingon*, Bulletin de la Maison franco-japonaise, nouv. sér., VI, Tokyo, 1959, p. 206-211.

(12) 『瑜祇経』については佐和隆研編『密教辞典』六九〇頁。同経の要約は八田幸雄『主要密教経軌解説』東京、一九八五年、一七八〜一八一頁。またこの経典の日本への伝来については、有賀祥隆『愛のほとけ愛染明王』(『密教文化講座』3、密教のほとけたち、人文書院、一九八五年、一七五〜一八五頁) を参照。

(13) 『大正新脩大蔵経』第十八巻、二五六頁。『国訳密教、経軌部二』には読みと簡単な解説がある。九六〜九七頁。

(14) 周知のように、獅子は仏陀シャカの王格のシンボルであり、抗し難い威力のある彼の説教のシンボルである。釈尊は「シャカ族の獅子」(釈迦獅子)、彼の声は「獅子吼《ししく》」、彼の座席は「獅子座」、彼の歩みは、独りで他の動物の中でも恐れを知らず歩む獅子の歩みに比せられる「独歩無畏《どくほむい》」。(『大智度論』第六巻、『大正大蔵経』第二十五巻一一一頁下。並びに『大日経疏』第一巻上掲本五八一上段)。愛染明王に付せられているこの獅子冠は、瑜祇経の注釈によれば、仏教の断固とした態度と、またあらゆる災いを食い止める保証だと明示されている。「無畏の所表也。即息災の義也」と。(『瑜祇経口決抜書《ゆぎきょうくけつばっしょ》』聖一国師、別名円爾辨円《えんぎべんえん》(一二〇二〜一二八〇年)、天台宗より来て東福寺の開祖となった著名な禅僧。『続天台宗全書』密教部二、二三九頁参照) 同項によれば、この獅子冠は髻《もとどり》の上に着けられ、利毛 (鋭く立つ毛) であること、それは忿怒形を表すと見るべきで、獅子のたて髪に他ならない。「しばしば言われているように愛染そのものの髪とするのは間違いである」と明示している。それほど断定的ではないが、真言宗の性心《しょうしん》（一二八七〜一三五七年）は「頭上に獅子のたて髪のように逆立っている髪、それは怒りの最も激しいほえ声の表現で、胎蔵マンダラの「持明王」に見られる場合と同様である」と述べている。（『瑜祇秘要決、第四』真言宗全書五、八六頁）。獅子冠はイラン東部の五世紀のフレスコ画にもその例を見ることが出来る。それについては、J. Auboyer, *Le Trône et son symbolisme dans l'Inde ancienne*, Paris, 1949, p. 166 et n. 2, また同記は、J. Hackin, *L'Œuvre de la Délégation archéologique française en Afghanistan*, 1922-1932, p. 52. を参照としている。

(15) A. Daniélou, *Le Polythéisme hindou*, Paris, 1960, p. 473. で言及されている。

(16) 一四九九年にAlde Manuceより出版された *Le Songe de Poliphile*（フランス語版一五四六年）。詳しくはベルナール・フランク *Le Panthéon bouddhique au Japon-Collections d'Emile Guimet*, Paris, Réunion des musées nationaux, 1991, p. 154. を参照されたい。

(17) この壺はpūrṇaghaṭa, 豊穣、充満の壺で、漢訳では「宝瓶」。またはbhadraghaṭa「賢瓶」（良き壺、福の壺）と言われている。（良き、福の、を賢と訳するのは悪訳とする『法宝義林』III、二六七頁の意見は適当ではないと思われる。ここで賢は普賢菩薩の名にある賢のように、「良き、恵み深い」等という意味で説明出来よう。前掲ベルナール・フランク、*Le Panthéon bouddhique au Japon*, p. 125を参照）。マリー＝テレーズ・ド・マルマンは（前掲 *Les Enseignements iconographiques de l'Agni-Purāṇa*, p. 242, 並びに *Introduction à l'iconographie du bouddhisme tântrique*, Paris, 1975, p. 16.）この壺は「ふくらみのあるどっしりとした一口の壺で、……枯渇することがないというシンボルを持ち、しばしば福の神の足許に置かれているのが特徴」と述べている。ド・マルマンは、C. Krishna Gairola, ***Évolution du pūrṇaghaṭa*** (宝瓶) ***dans l'Inde et l'Inde extérieure***, **Arts asiatiques I** (**1954**), **3**, **p. 209-226**, を参照するように言っているが、C・K・ガイロラの論考の中で提示されている幾つかの壺が既にこの図版（第五章1）に近い形をしている。なるほどどっしりしていて、布帯で飾られているのである。C・K・ガイロラの指摘によれば、このような壺は先ずメソポタミアにおいて、水が湧き溢れる壺の形であったことが実証されており、そのモチーフは次第に発展して葉をあしらった壺形となった。インドではすでに紀元前二世紀にこのような壺が蓮華をあしらって現れていたらしい。こうして日本では密教によってもたらされた伝統の中に、特に二大マンダラの中にこの壺が見られるのである。胎蔵マンダラのそれは最外院に水瓶の印として描き現わされ、また他にも水天の象徴として描かれている。金剛界マンダラでは一印会の四隅に、大日如来を取巻く四仏の智を現わすものとして壺が描かれている。（前掲『御室版両界曼荼羅』九九頁、一〇七頁、一五八〜一五九頁）。J・オーボワイエ（前掲 *Le Trône*... **p. 103**）は三尊形式の仏像の「台座を支える蓮華の茎がしばしば水瓶から出ている」ことを指摘している。この図版（図版1）でみられるのもそれで、炎の円輪の下部に内接して愛染を支えている蓮華台が、壺の上に軽く浮いているように見える。茎がはっきりと壺に入っているように見える場合もあるが、ここではそれは恐らく正しい描き方ではなかろう。というのは愛染の場合は壺に満ちてそこから溢れ出ているのは、愛染の増益を意味する宝珠だからである。この壺は又如意瓶とも呼ばれ、その利益《りやく》は如意宝珠そのものと同じである。（前掲『瑜祇秘要決』九三頁）。時には宝山寺の愛染像図（『密教美術大観』朝日新聞社、一九八三〜一九八四年、第三巻、一四八頁）のように、壺から溢れ出る宝珠が、普通、如意宝珠の形となっているところの、光を放射する小さな珠の形を呈している。

(18) 分かれた五つの先端は、鈎《こう》の場合は、金剛杵《しょ》の場合と同様に、大日如来の五智のシンボルとなっている。鈎（aikuśa）はインドで特に乗物としての象を仕込む道具である。しばしば縄と組合せてみられ、縄に近い捕獲という意味をもっている。（M.-Th. de Mallmann, *Les Enseignements iconographiques de l'Agni-purāṇa*, p. 249; *Étude iconographique sur Mañjuśrī*, *Publications de l'Ecole française d'Extrême-Orient*, *LV*, Paris, 1964, p. 49-50）

(19) 『覚禅抄』（『大正新脩大蔵経』第八十一巻、No. 3022, 図像部五、二三九頁、図二八〇）は一一六〇年の初めから一二一三年（後白河院政の時代から鎌倉前期）の覚禅の没年まで、半世紀以上をかけて撰された大図像集である。詳しくはベルナール・フランク *Dieux et Bouddhas au Japon*, Paris, 2000, p. 247-254, を参照。また後述の、さらに大きい図像集、承澄《しょうちょう》（一二〇五～一二八二年）著『阿娑縛抄《あさばしょう》』についても同著 p. 261-267 を参照。智証大師円珍《えんちん》（八一八～八九一年）は中国に八五三年から八五八年にかけて滞在し、多くのイコノグラフィのモデルを持ち帰った。（前掲ベルナール・フランク *Dieux et Bouddhas*... p. 271）真言宗の覚印《かくいん》（一〇九七～一一六四年）によると、天に向って矢をつがえている愛染のタイプは、すでに弘法大師が個人的に崇拝していたと思われる像に認められるという。その像と、宇治平等院の経蔵に安置されていたという愛染像とはどのような関係であろうか。（『大正新脩大蔵経』第七十八巻、No. 2480, 二二〇頁。この問題について、有賀祥隆《よしたか》がその論考（前注12、『愛のほとけ……』一七九頁、一八三～一八四頁）の中でふれている。またこの平等院の像については『覚禅抄』前掲、二三八～二三九頁と図二七八を参照されたい）。

覚印は、天空に引く弓の姿勢は瑜祇経愛染王品の「金剛の矢を以って星の光を射るが如く……」(如射衆星光)という一節を誤って解釈したところから来たものであろうと考えた。この解釈困難な一節は、元は単に愛のシンボルを意味付けたものだっただけかも知れないが、何人かの師僧によって「流星に似た矢の速さを現す形容」であろうと説明されている。(『阿娑縛抄』巻一一五、『大正新脩大蔵経』No. 3190 図像部九、三〇〇頁)。

しかし「天弓」のテーマは、誤って解釈されたものということは恐らくないであろう。実はこれは西洋にまで伝わった伝統に見出されるテーマで、前注16の『ポリフィルの夢』の中にも、「空に向って矢を放つ」キュピドン神が見られるのである。

(20) 『愛染王紹隆記』は、真言密教史で著名な櫛田良洪氏を中心に、一九六〇年から始められた東寺「宝菩提院《ほうぼだいいん》」蔵の文献調査の際に発見された。この書は一巻本で、明応七(一四九八、室町時代)年の日付がある。片仮名混りの和様漢文で書かれている。この巻本は櫛田氏自身によって『虫余漫筆』(『大正大学学報』第二十二号、一九六四年、八〜一四頁)並びに『愛染王紹隆記について』(『仏教史学』第十二巻、第三号、一九六六年、一七一〜一七六頁)に紹介され、次いで永井義憲の『愛染王紹隆記——解説と翻刻』が出版された。(『大妻大学文学部紀要』II、一九七〇年、八九〜九七頁)。櫛田氏とそれに続く永井氏の研究の結果、この著作は建長(一二四九〜一二五五)年間、あるいはその少し後、伊勢に在したある寺院、若しくは後に東福寺に属した最勝金剛院において成立したものだろうと考えられる。東福寺は一二三五年、関白九条道家(一二五二年没)によって禅僧円爾弁円のために建立されたが、この弁円は前注14に記したように、先ず台密を学んだ人で、瑜祇経の注釈を書き、愛染明王のイコノグラフィに大きな関心を示している人物である。この外にも当時、東福寺には特に愛染王の修法のために、宝光院という六角堂があったことを指摘しておこう。(東福寺誌、京都、一九三〇年、七一頁、建長二(一二五〇)年当時となっている)。

(21) ここに挙げられた十種の徳は、瑜祇経の中で説かれている五種の重要な密教修法、すなわち、息災、増益、敬愛、鉤召、降伏の修法を行うことによって期待される愛染の徳と同じようになっている。

(22)『自行』。『阿娑縛抄』巻一一五(『大正新脩大蔵経』図像部九、二〇〇頁)による。この箇所についてと、またその後の貴族階級における愛染信仰の発展については、有賀祥隆(前注12)を参照されたい。また、この問題については、速見侑《たすく》『平安貴族社会と仏教』(東京、一九八五年、一一四〜一一七頁)も重要な研究である。

(23) 成尊(一〇一二〜一〇七四年)は曼荼羅寺の第二世別当。後には、仁海が小野流を開いた随心院の別当となった人である。早くから未来の後三条天皇の法友で、また、皇子に課せられた長い屈辱の年月をよく知る人でもあった。皇子がある日髪を切らせていた時、既に白髪になった髪が落ちたのに涙を流したのを見て、成尊はこの「速疾悉地」の修法を皇子のために修しようと決心したという。その結果は右記の通りであった。(前掲『阿娑縛抄』同巻、二九九頁参照。また前掲永井版『愛染王紹隆記』「悉地速疾」の項を参照)。

(24)『愛染王紹隆記』は、はっきりとこれを成尊の修した「迅速な成功」と受けとっているし、また、成尊は後三条天皇の御願により、曼荼羅寺に丈六(坐像で二・五メートル)の愛染像を造立したと付け加えている。『阿娑縛抄』には、天皇は成尊に、愛染明王修法の奥義を個人的に授かりたいと頼み、また、その皇子白河天皇に伝わるように確約させたと書いている。白河天皇もまた熱心な愛染の信者となり、その御願による法勝寺（一〇七七年建立）の八角堂に愛染明王像を安置させた。この法勝寺の愛染像の特徴は、日輪を全く含んでいないことで、光背は炎の暈《かさ》に取り変っていたし、上段左手が持っていたのはただ三足烏《さんぞくう》（中国の伝統ではこれは奇数に結びつけて陽のシンボルとなっている）の標しがついた円であった。台座は十二角形であった。多くの愛染像がこの像の様式を伝えていたようで、現在、根津美術館に十三世紀の、この形の愛染画像が蔵されており、また、外にも白描で二例があり、一つは醍醐寺に、もう一方は仁和寺に伝えられている。（図版2仁和寺蔵白描愛染像）（『大正新脩大蔵経』図像部六、別刷29）。法勝寺様式愛染像（根津美術館蔵）については、『密教美術大観』第三巻、一四七頁。白河天皇の御代と、それに続く天皇たちの御代における愛染信仰の展開に関する参考文献は、有賀祥劉（一一四〜一一五頁）、速見侑（一八七頁以降）の研究の中に詳しい。

(25) 後冷泉天皇に俄な死をもたらした事件に関する興味深い異文が、遅くとも主要部分は一二三七年には成立していたと思われる。岩清水『宮寺縁事抄』の中に見出される。（『新校群書類従』第一巻、三五一頁。または『神道大系』神社篇七、岩清水、三六頁）。それに「剣の御前」と呼ばれる岩清水末社に関する記事があり、この末社には不動明王を本地とする剣が祭られていると記されている。剣は不動明王のシンボルとなる形（三摩耶形）で、よく魔縁を降伏できることで知られているとこの記事は指摘している。後三条天皇が皇太子であった時、この剣をこの社の下に埋め、先帝を呪詛し奉ったという。これに続く記述はすでに知られた通りだが、次のような興味深い詳細が記されている。「(成尊は）小野に等身の愛染像を造立し、調伏の修法を終えた時、獅子冠の中に後冷泉院の御名を籠めた。（おそらく獅子の口中にであろう）。その後ほど無く後冷泉院崩御云々」と。この異文ではこの行為はより一層魔術的性格を帯びて見えて来るが、しかしこのように天皇の名を獅子の口で噛み砕かせることによって（今日でも行われる危払いの獅子舞に比せられよう）、この天皇をはっきりと有害な力とみなしているという見解を忘れてはならない。

(26) 叡尊は西大寺中興の祖。また、真言宗の教理と実践の一環として、仏教戒律復興の熱心な推進者であった。和島芳男『叡尊忍性』（東京美術叢書再版、一九五九年）を参照。基礎資料としては『西大寺叡尊伝記集成』（奈良博物館、一九五六年）がある。

(27) 『奈良六大寺大観』第十四巻（西大寺）図版10～11、及び図版46～49。解説三八～四〇頁参考。『奈良西大寺展図録』東京国立博物館、一九九一年、一七四頁を参照。

(28) この話は『西大寺光明真言（会）縁起』第二校訂本に所収されているが、この原本はこれほど詳しくはないとしても、叡尊の在世当時（一二八六年）に成立したものである。（『続群書類従』巻七九七。一九四一年版では第二十七輯下、一五〇頁、『西大寺叡尊伝記集成』前注26、二五〇頁）。同話は『異国襲来祈祷注録』にも語られている。これは叡尊の直弟子阿一《あいち》が、弘安の役の二ヶ月後に書いたとみなされているが、現在は明応二年（一四九三）の写本しか知られておらず、この部分には加筆があるらしい。（『石清水文書』大日本古文書、家わけ、第四巻、四五四～四五八頁。並びに『西大寺叡尊伝記集成』四〇二～四〇四頁）。阿一に関しては『仏家人名辞書』一頁参照。

(29) これらに関する資料は『史料綜覧』第五、二九五～二九六頁。外に『増鏡』第十、「老のなみ」。（「日本古典文学大系」岩波書店、三六七頁）を参照。ここでは石清水社から鏑矢が飛び出したことが書かれているが、それが叡尊の愛染像の矢であったとは明記されていない。神風の源とされるもう一つの有名な場所は伊勢神宮であるが、ここにも叡尊は自身で赴き、二度の祈祷を行っている。この「風の宮」はその神風の功を賞されて、永仁元年（一二九三）に昇級されている。（『史料綜覧』第五、二九三頁）。

(30)『奈良六大寺大観』西大寺、解説三八頁では、この矢は弓と同様に銅製鍍金であることが指摘されており、木製の補修として挙げられている五鈷杵、五鈷鈴、蓮茎には含まれていない。

(31)『伏見常盤《ふしみときわ》』「近代日本文学大系」二、舞の本（集）、一〇一頁。略述としては『日本古典文学大辞典』第五巻、二六〇頁参照。

(32)『日本書紀』『古事記』が伝える話、須佐之男命が八俣大蛇を退治して助けた櫛名田比売と婚姻の際に歌った有名な「八雲立つ……」の伝承から来ている。

(33)一六一七年頃（慶長の末、または元和の初め頃）に成立した仮名草紙『恨の介』の中に始まっている。（『仮名草紙』「近代日本文学大系」一、五九頁、並びに四八四頁）。

(34)井原西鶴集『好色一代女』（「日本古典文学全集」一、五四一頁）。他にも同類の興味深い例証として、恐らく貞享時代（一六八四〜一六八七）に成立したとされている浄瑠璃『愛染明王影向松』（宇治加賀掾作）がある。これは謀計によって相続を追われた美濃国の大名政方とその愛人、京都の遊女宮城野の物語である。政方は暗殺を逃れて僧衣の姿で身をかくしていたが、宮城野は殺されて井戸に捨てられた。後に京都に辿り着いた政方は、知らず知らずに宮城野の家に導かれる。その家では宮城野の命日の供養が三幅の絵の前で行われていた。中央は宮城野が信仰していた愛染明王、そして両側は風流男女が描かれていたが、政方はそれが宮城野と彼自身の肖像であることが分った（一二三頁）。政方を追跡して来た裏切者が政方を襲おうとした時、愛染明王が画面から姿を消し、周囲が明るくなると制裁者となって現れ敵を切り裂いた。宮城野の方も、政方の心を引いてここに連れて来た若い遊女に嫉妬していつしか画面から出て来るが、やがて菩提の安らぎを得ることが出来る、という物語である（二二六頁）。

(35) 飯島吉晴「愛染祭り――愛染明王と信仰」（『仏教行事歳時記』六月。（瀬戸内寂聴・藤井政雄・宮田登監修、第一法規出版、一九八九年、一五八頁以降）。

(36) 『愛染かつら』講談社（一九六八年版、五二〜五五頁、愛染堂の章）Cécile Sakai の仏訳がある。(Paris, L'Harmattan, 1987) 川口松太郎は「かつら」と平仮名にしているのは、中国では伝統的に「桂」の字は普通肉桂《にっけい》、または木犀《もくせい》を指す字であることから、混同を避けるためであったろうか。

(37) 自性院。『全国寺院名鑑』関東地方、三〇三頁。また同寺より出版された『本覚山自性院誌』一一頁及び一七頁を参照。

(38) 常楽寺。『全国寺院名鑑』中部地方、一五一頁。また同寺で出しているパンフレット『信州別所温泉、北向観世音、本坊常楽寺、及び愛染堂と天然記念物愛染桂の写真。この桂に霊現したという観音の縁起伝説では、この樹は「愛染桂」と呼ばれる以前に「影向《ようごう》（顕現のこと）の桂」として知られていた。この語は前注34に述べた浄瑠璃の題名と同じ。『常楽寺総覧』半田孝淳（常楽寺美術館、一九九〇年、七三頁）参照。

(39) 小冊子『愛染さま、勝鬘院愛染堂』勝鬘院出版、一九八九年、一一〜一三頁。「桂」と、つる性植物の、これもまた赤い花をつける「葛《かずら》」をかけて、寺では境内の古い桂の方の幹に巧みに葛（のうぜんかずら）をまとわせている。これは初夏の、ちょうど愛染祭の頃に赤い花をつけるという利点があり、この二つの植物が一緒になっているのを男女にたとえている。

(40) 飯島吉晴、前注35、一五九頁。勝鬘院『全国寺院名鑑』近畿地方、二一七頁。

(41) 井原西鶴、前注34、三〇九～三二六頁。なお、仏訳、G. Bonmarchand, *Cinq amoureuses*, 英訳、Ivan Morris, *The Life of an Amourous Woman* がある。

(42) この二色が象徴する身体的解釈として、『摩訶止観』では「赤白二渧《しゃくびゃくにたい》（つまり血と精液）の和合は、識を託して身体をつくる」という教理をもって説明している（『摩訶止観』第七上、『國訳一切経』和漢撰述部、二七四頁）。この教理は日本で十二世紀から十四世紀の間に、「立川流」という教理の発展に根本的な役割を果した。これは密教を性的に解釈する。特に二大マンダラを陰陽道に基づく視点で解釈しようとしたものである。これについては以来幾多の研究があるが、重要な著作としては水原堯栄『邪教立川流の研究』（京都、一九三一年版）

(43) Monier-Williams, *Sanskrit-English Dictionary*, p. 861, 872. Stchoupak, Nitti et Renou, *Dictionnaire sanskrit-français*, p. 597, 602.

(44) 圭室文雄氏（明治大学教授）の教示によるもので、同氏に謝意を表する。

(45) 『全国寺院名鑑』中部地方、一六頁。また、同寺より出版されている『愛染明王御由来記』、『御縁起』、『御霊験記』を参照。同寺の愛染像は非常に力強い表情を持った像で、一二六五年に伊豆から持って来られたと言われる。旧国宝、現在は重要文化財。元の赤色は時代を経てほとんど黒くなっている。

(46) 飯島吉晴、前注35、一六〇頁。

(47) 『愛染さま、勝鬘院愛染堂』前注39、三九頁。

(48) 『全国寺院名鑑』関東地方、二九一頁。焼失前の堂内の様子は、写真『大日本寺院総覧』上巻(一九一六年初版、一九六六年再版)、二三頁参照。ここに叙述の事柄は一九八二年、現地において筆者が口頭で集録したものである。

(49) 日曜寺。住所は板橋区大和町四二—一。『日曜寺参拝の由来』日曜寺出版(年代不明)を参照。また『板橋の街道めぐり』文化財シリーズ第八、板橋区教育委員会、第四版、一九七一年、二二～二三頁を参照。十九世紀初頭における同寺の寺宝の有様については『新編武蔵風土記稿』第十二。これは将軍の命によって、文化十年から文政十一(一八一三～一八二八)年の間に編纂された地誌である。(『大日本地誌大系』第一巻、東京、一九七二年、二六四～二六五頁)。本尊愛染像は宗武の等身像だといわれ、寛延三年(一七五〇)に落成したと述べられている。

(50) Bernard Frank, *Le Panthéon bouddhique au Japon*, p. 154-155 参照。その後、西大寺を訪れ、筆者は同本の愛染明王の項で、ギメ美術館の愛染明王像は西大寺末院の宝生護国院愛染堂のために造立された像ではなかろうかと書いた意見を訂正するに至った。むしろこの像は、西大寺の愛染堂そのものが、宝暦十二(一七六二)年に建立された際にいくつか作られた同型の像の一つではなかろうか。

(51) これは染色の仕事を特別に想起させる要素を具えているかということ。例えば弁財天とその侍者が彼等のもたらす幾つかの功徳を意味付けて手に持っているもの、または家畜の守護神とされる御殿場の馬頭観音の像が、牛・馬を随伴している、というのと同類の、イコノグラフィの問題である。(馬頭観音については Paul Demiéville『法宝義林』一、五九頁、の研究がある)。

(52) 時に南須原豊太『勁草《けいそう》——私の戦後史』第十一章「愛染堂」。私家出版、一九八七年、八三〜九〇頁。

(53) 南須原氏より提供された『磯村音介翁伝』第四章「愛染堂の由来と末期の書信」。

(54) 田中美祐《よしひろ》。一八八九年山口県に生れる(磯村音介と同郷であった)。一九二六年、郭雲と名乗り、後に(一九六〇)馨雲《けいうん》と変えた。『田中馨雲彫刻展』一九三三年、山口県における回顧展目録を参照。

(55) 筆者の間違いでなければ、横浜市緑区の東漸寺である(『全国寺院名鑑』関東地方、三九二頁)。

(56) シルヴァン・レヴィが一九二二年にネパールで発見し、出版、翻訳した経典で、この様に解釈されている。*Mahākarmavibhanga, La grande classification des actes*, Paris, 1932. p. 82 et 143. Vastrāṇi を衣(着るもの)と解釈してもよかろう。

第六章

(1) ラルース大辞典のこの項は、妙見像の図も掲載したものである。その像は甲冑を着けた少年の形で、右手には刀を立てて持ち、左手はV印をとり、また二人の侍者に囲まれている。なお参考文献として左記の著書をあげておく。

野尻抱影『星と東方美術』東京、恒星社、一九七三年。

野尻抱影『星の神話伝説集成——日本及海外篇』東京、玄真社、一九七一年。

吉田光邦『星の宗教』東京、淡交社、一九七〇年。

広瀬秀夫『日本の天文観、星と暦と人間』東京、一九七二年。

（2）『史記』巻二十七、天官書、第五。斗を帝車と為し、中央に運《めぐ》り、四郷を臨制《りんせい》す。陰陽を分ち、四時を建て、五行を均《ひと》しくし、節度を移し、諸紀を定《さだ》むる。皆斗に繋《かか》る。

（3）『論語』為政《いせい》第二。為《スニ》レ政《ヲ》以レ徳《ヲ》、譬《ヘバ》如《シ》下北辰《ノ》、居《テ》二其《ノ》所《ニ》一、而衆星共《ノフガ》上レ之《ニ》。

（4）フイリオザ（J. Filliozat）教授は、「アルンダティー（Arundhatī 輔星）を見させる」という表現が、学生に能力テストを受けさせるという意味になるということを指摘してくれた。

（5）四天王寺と法隆寺の刀剣の製作年代は、六世紀から七世紀初頭と考えられている。正倉院の剣の方はそれより少し後になるが、聖武天皇の遺品であるから、いずれにしても、その没年の七五九年を下らない。法隆寺の剣は、元は、六五〇年の完成を記された金堂内の四天王グループの一体、持国天が持っていたということを指摘しておこう。伝承によると、この剣は聖徳太子（五七四〜六二二年）自身のものだったという。近代になって持国天の剣は複製のものに取替えられた。

（6）『続日本紀』巻三十八、延暦四年十一月十日の条。壬亩。祀《ル》二天神《ヲ》於交野《ノ》柏原《ニ》一。賽二宿祷《ヲ》一也。

（7）『続日本紀』巻三十九、延暦六年十一月五日の条。天神を交野に祀る。その祭文に曰く「……敢《あ》へて昭《あきらか》に昊天上帝に告さしむ。……」また曰はく「……粛《つつし》みて郊禋《こういん》に事《つか》へ、用《も》て燔祀《はんし》を昊天上帝に致す。……」

（8）『文徳天皇実録』巻七、斉衡三年十一月二十二日の項に「今月河内国交野乃原にて昊天祭を行う」という勅があり、祭は十一月二十四日に行われた。

（9）『日本後紀』巻八、桓武天皇延暦十八年九月。（七九九年）是月。禁三京畿百姓奉二北辰燈一。以三齊内親王入二伊勢斎宮一也。『日本後紀』巻廿一、嵯峨天皇弘仁二年九月。（八一一年）壬辰朔。禁下今月祭㆓北辰㆒挙哀《きょあい》改葬等事㆖。以㆔齊内親王入㆓伊勢㆒也。

(10) 吉野裕子『隠された神々（古代信仰と陰陽五行）』講談社現代新書（四〇五）。一九七五年、二一五頁を参照。

(11) 鎮宅霊符神像は明治の神仏分離の際、神宮を追われ、現在は信者グループによって保存されている。その管理人であり、刀鍛冶でもある盛高靖博氏は、御幣を飾り回らした場所で儀式装束を着け、宗教的清浄の雰囲気の中で仕事をされていた。

(12) この問題に関しては金指正三『我が国における星の信仰』森北書店、一九四三年、九二～九三頁を参照。

(13)『日本霊異記』下巻、第五話並びに第三十二話。

(14) 例えば『入唐求法巡礼記』巻一、承和五年七月二日、（大唐の開成三年）「……以後漂流の間、風強く涛猛くして船将《ま》さに沈まんとするを怕れ、矴《いしかりいし》を捨て、物を擲《なげう》ち、口に観音妙見を称し意《こころ》に活路を求む。……」外にも開成三年十一月二十九日の条では、大使が病に苦しみ、妙見菩薩の像を画き作らんと発心することが記され、次いで妙見像を模写させたり（同年十一月三十日）、出来上がった画の供養（同年十二月九日、開成四年三月五日）のことなどが記されている。

(15)『今昔物語集』巻第三十一、第二十、霊巌寺別当砕巌語《りょうがんじのべっとういわをくだくこと》。

(16) 天文学者であり、星の祭祀にも興味を持つ野尻抱影氏は一九三四年に法輪寺の妙見菩薩を写真に撮ることができた。星の祭祀と密教の関係については、岩原諦信『星と暦と真言密教』高野山出版社、一九五八年、六八頁を参照されたい。

(17) 吉岡義豊『妙見信仰と道教の眞武神』智山学報第十四輯、一九六六年を参照。

（18）樋口誠太郎『中世武家社会における守護神信仰――千葉一族の妙見信仰から』國學院大学紀要第八輯、一九七一年、二六七～二八八頁を参照。

（19）野村燿昌『妙見信仰の系譜と展開』京都平楽寺書店、一九六八年（この論文は望月歓厚編『近代日本の法華仏教』別冊に収載されたものである）を参照。

（20）広重『絵本江戸土産、柳島妙見の社』浮世絵大系、第十六巻集英社、昭和五十年、八四頁を参照。

（21）辰政を普通「たつまさ」と読むのは鈴木氏によれば間違いで、「しんせい」または「ときまさ」と読む。

（22）一九六八年より、このコレクションはギメ美術館別館（19, avenue d'Iéna）において常時陳列されている。

第七章

（1）筆者はすでにこの問題について、一九六八年、フランス国立高等研究院（École pratique des Hautes Études）において簡単に触れた。（Annuaire de l'École pratique des Hautes Études, IVe section, 1968-1969 所収、筆者の講義要録五四六頁を参照）。また他にも、小乗仏教とセイロン・東南アジアに伝わる信仰実践について、ポール・レヴィ（Paul Lévy）氏が一九七七年、エルネスト・ルナン協会主催第二回宗教史学会（テーマ、Le Dieu personnel）において重要な発表を行っている。（Paul Lévy, "Culte rendu au Bouddha présent dans ses statues" C. I. F. E. I. S. T., Orsay, 同年出版、九三～一〇五頁）。

（2）　ここにいう宗派とは伝統的仏教の宗派のみに関する。いわゆる新興の宗派では問題は著しく異ったものとなる。一般的な参考文献として *Histoire des Religions*, I, *Encyclopédie de la Pléiade*, を参照されたい。（インド仏教 André Bareau, 中国仏教 Paul Demiéville, 日本仏教 Gaston Renondeau et Bernard Frank）。またその外にも、ルネ・ド・ベルヴァル René de Berval が編纂し、一九五九年、大幅に改訂出版された大著、*Présence du Bouddhisme*, Gallimard, "Bibliothèque illustrée des Histoires" も挙げて置く。

（3）　ベルナール・フランク、コレージュ・ド・フランス「開講講演」一九八〇年、二一頁。同『講義要録』一九八〇〜一九八一年、五七二〜五七四頁。一九八四〜一九八五年、六九〇頁。一九八六〜一九八七年、諸所。他にも Essais et Conférences, "L'intérêt pour les religions japonaises dans la France du XIXe siècle et les collections d'Emile Guimet,"（十九世紀フランスにおける日本宗教への関心及びエミール・ギメ・コレクション）P. U. F, 1989, p. 26-29. を参考として挙げておく。

（4）　日本仏教の伝統では、釈迦仏陀の生涯を紀元前一〇二七年から前九四九年とする年譜を採っていた。それがこの国の末世思想の時期を決定するものとなった。（拙訳『今昔物語集』所収の概説を参照。UNESCO, *Connaissance de l'Orient*, Gallimard, p. 217-219）。今日、通説とされているところでは、釈迦の年代は紀元前五世紀後半となっている。

（5）　ダルマ（dharma）を「事象の秩序」と解釈するのはジャン・フィリオザ（Jean Filliozat）による。（*L'Inde classique*, II, *Bibl. de l'École française d'Extrême-Orient*, Paris et Hanoi, 1953, p. 519）。報身（sambhogakāya）を「聖体を受けた体」、"Corps communiel"（徳を受領し用いる体）と解釈し

たのはポール・ミュス（Paul Mus）である。*Barabuḍur, Avant-propos*, Hanoï, 1935, 再版 Arno Press, New York, 1978, p. 264.

（6）基礎的論文として『法宝義林』（中国及び日本の出典を基とした仏教百科辞典）II、東京日仏会館、一九三〇年、「仏身」の項。

（7）ルネ・グルッセ（René Grousset）はこの箇所を引用符の中に置き引用文の形で述べている。(*Histoire de l'Extrême-Orient*, Paris, 1929, I, p. 123)。しかしその出典根拠には言及していない。

（8）日本で、二仏並出の義を取りあげた『天台論義問答』についてジャン＝ノエル・ロベール Jean-Noël Robert の興味深い論攷があることを指摘しておこう。*Mélanges offerts à M. Charles Haguenauer en l'honneur de son quatre-vingtième anniversaire*, Collège de France, *Bibl. de l'Institut des Hautes Études Japonaises*, Paris, 1980, p. 489-496.

（9）「インド及びチベットの宗教基層と仏教との関係」David Seyfort Ruegg, "Sur les rapports entre le bouddhisme et le substrat religieux indien et le tibétain," *Journal asiatique*, 1964, 1, 七七頁以下を参照。

（10）本書第六章「妙見菩薩」を参照されたい。

（11）大乗仏教においてapratiṣṭhita（無住処）といわれる涅槃については、望月『仏教大辞典』2、「四種の涅槃」の項（一八三八〜一八三九頁）を参照。なお参考文献として、Edgerton, *Buddhist Hybrid Sanskrit Grammar and Dictionary*, II, p. 48. この項では、シルヴァン・レヴィ Sylvain Lévi, *Sūtrālaṃkara*, Trad. iii. 3, n. 4 を参照として挙げている。

（12）その所以は、神々というのは——エチエンヌ・ラモットの言葉を借用すると——観念的存在

(“être de raison”）とは認められず、既述のように輪廻の中に捕えられた人間や他の生き物と同様に、経験的所与（donné empirique, 感覚的にそこにあるもの）に属するとされているからである。つまり神々は、一切の生き物のように、観点によって、あるいは実在性を、または非実在性を同程度に持つものであると。業と輪廻の世界という相対論的見地からすると、仏教はもちろん、神や鬼等は在るものと認めている。それ等が「存在する者」であるか否かが真面目に問題提起された立証例がある。例えば閻魔王の許で、地獄に落ちた者どもを拷問する鬼というのは「存在する者」であるか、悪人自身の業が生み出す幻覚であるか、というようなことである。これらについて参考として Paul Mus, *La Lumière sur les Six Voies*, Paris, Institut d'Ethnologie, 1939, p. 209-211, を挙げて置く。また、同じ「地獄の門衛鬼は存在する生き物か?」について、『倶舎論仏訳』、ラ・ヴァレ・プサン La Vallée-Poussin, *L'Abhidharmakośa de Vasubandhu*, rééd. Bruxelles, 1971, II, p. 152-154. 及び Lin Li-Kouang, *L'Aide-mémoire de la Vraie Loi*, Musée Guimet, Bibl. d'Études, LIV, Paris, 1949, p. 14-16 にも記載がある。

(13) エチエンヌ・ラモット（Étienne Lamotte）は龍樹の著とみなされている大著『大智度論』の翻訳で有名であるが、他にも「空」論に関する幾多の重要な論文を残している。その詳細な著作目録は、ユベール・ユルト氏の *Bulletin de l'École française d'Extrême-Orient*, LXXIV, p. 9 に所収を参照。

(14) *T'oung Pao*, vol. XLVIII, liv. 1-3 (1960), p. 9.

(15) *Le Bouddhisme dans son essence et son développement*, *Bibl. historique*, Payot, Paris, 1952, p. 128. を参照。

（16） 一九五一年三月十六日、コレージュ・ド・フランスにおいての講演 *La chute de l'arhat*（阿羅漢の失墜）で述べられたがこの講演の稿は未刊のようである。

（17） あらゆる「存在成立の由縁とされる関係性」を「空」と厳しく認識する思想の出現は、この関係性の非実体性を現出させることとなり、したがってそれ（由縁・関係性）を解消してしまう結果となる。しかしこの問題は本稿の所期するところではないので詳述しないが、このような理由で、『維摩経』のように「空」の概念を説く重要な経典は、ことに病の空しさに光をあてたテキスト（維摩経問疾品）は秀れた治癒性を持っているとされた。例えば藤原鎌足が六五六年、朝鮮渡来の尼僧から維摩経の説教を聞き、病が癒えた話は有名である。般若心経に認められている強力な災除けの力も同様の原理によるものである。（本章二三二頁及び後出注72を参照）。

（18） 『易経』（『国訳漢文大成』下経、二〇〇頁）。「……二気感応して以て相與す。……」とある。

（19） 太上感応篇という賞罰報応を説く小修身書のような少くとも後期、民衆道教の中に立証される。ちなみに、本書は十九世紀フランス中国学者により、"Livre des récompenses et des peines" という題で翻訳・研究されている。

（20） 拙訳 *Histoires qui sont maintenant du passé*, 前掲、二三三頁参照。

（21） 三十二相については、ラモット訳『大智度論』Lamotte, *Traité de la Grande Vertu de Sagesse*, I, *Bibl. du Muséon*, vol. 18, 1944, p. 271 以降に詳述されている。

（22） この問題に関して、古典的ともいえる研究は、ポール・ミュスの論文『荘厳仏』である。Paul Mus, *Le Buddha paré*, *Études indiennes et indochinoises*（*Bulletin de l'École française d'Extrême-Orient*, XXVIII, 1928, 第二部）

(23) この問題一般については、『法宝義林』III, 1937, Paris,「仏像」の項を参照されたい。

(24) サーンカーシャ (Sāṃkāśya) の奇蹟については、アルフレッド・フーシェ、*La vie du Bouddha*... (本書前出三四四頁第四章注1) p. 374-375 に要約されているところを参照。

(25) 日本の仏教美術では、久遠寺に伝存の鎌倉時代(十三〜十四世紀)の『仏伝図』が好例であろう。この絵は一九七〇年、京都国立博物館主催『日本の説話画』展目録(便利堂、一九六一年、図版8)に収載されているので参照されたい。

(26) 『大唐西域記』巻第五、『大正新脩大蔵経』第五十一巻、八九八頁上。日本で同話が『今昔物語集』巻第六、第五話に語られている。この仏像が京都嵯峨の清涼寺釈迦堂まで移転して来たという伝説がある。この釈迦像は当堂に現存するもので、中国における十世紀末の木彫として稀な例であり、体内に布製の臓物が納められていることでも珍しい例となっている。

(27) Paul Mus, *Le Buddha paré*, 前注22、一〇四、二五〇頁。

(28) 同右書、一〇二、二四八頁。

(29) 『法宝義林』「仏像」の項(二一一下〜二一二頁上)には『大正大蔵経』第二十八巻「律」(七八二頁上)より引用して収載されており、またこの条については、ジャニンヌ・オボワイエ (Jeannine Auboyer) もその *Le Trône et son symbolisme dans l'Inde ancienne*, Musée Guimet, Bibl. d'Études, LV, 1949, p. 155-156. に指摘している。

(30) 筆者はこの「代りとなった身体、代替の体 (corps substitué)」という表現を、ポール・ミュスから借用した。ここで指摘しておきたいのは、この語は後述の「身代り (substitution corporelle)」という語の逆に相当することである。ポール・ミュスはこの表現を *Barabuḍur*, 二一四頁(以降)

で使用しており、またその小論攷 "La Tombe vivante", Esquisse d'une série ethnographique naturelle, (*La Terre et la Vie*, n°4, juillet-août 1937, p. 124 上に所収) でも用いている。

(31) 東アジアの埋葬信仰において広範に慣習となっている観念で、死者の生前の所持物、さらに髪や爪のような体の一部分を、その死者の人格全体の代替として扱おうとする。ある伝承では、ストゥーパ（塔）は既に釈尊の在世時代、彼が正覚を得た後、表敬に来た Trapuṣa, Bhallika という二人の商人に与えたところの髪と爪の上に造られたと伝えている。同様の慣行は日本にもあり、第二次大戦中、兵士が出発前に家族に髪や爪を、遺体が見出せなかった場合、それに代るものとして残して行った。以上のような類の代替物や、またより一般的には火葬による遺灰・遺骨というような代替物に関して、ポール・ミュスは以下のように強調している。すなわち、そういう代替物は死の証拠とするためでなく、以後は隠れてそれは継続して行くであろう生命の媒体であり保証としてであると。単なる外見の向こうを見知り出来る者に対しては、この代替物はそれを啓示するであろう。「聖遺物を見る者は Jina（勝利者、つまり釈尊）を見る」と。セイロンの史書ではそれを特に塔の「生命（jīvita）」と呼んでいる。しかしこの見解は次の別観点によって微妙な相異を呈することになる。つまり、ストゥーパ（塔）というのはその形だけで充分意味のあるもので、既にそれ自体で、「建築体」として、亡くなった、しかし、かく存在する釈尊の人格を代替するものであり、そこに聖遺物（遺骨）を加えることは、「本来の価値に補足するに過ぎない」。すなわち、「納入は象徴主義を最後に飾るものであって、象徴を生み出すものではない。」（*Barabuḍur*, p. 210-214, 285 他各所。また、"La Tombe vivante", p. 124 下）。ストゥーパ（塔）の持つこの様な価値は、他の「代替の身体」としての仏像にも同じく通用するものであり、しばしば周知のように、その体内を空洞にしてそこに聖遺物、経典、願文を入れたりする。また他の彫像では仏像のミニアチュールや、次項に述べるように象形的な物を納めたりすることも見られる。

(32) 彫刻の中に霊的生命の基となるように、内臓の装置を解剖学に適合して置くというような、例えば清涼寺釈迦堂の釈迦像にみられるような慣行は、ユベール・ドラエ Hubert Delahaye 氏が極めて的確に指摘しているように、その起源は恐らく周時代、または前漢に遡るものであろう。("Les antécédents magiques des statues chinoises", *Revue d'Esthétique*, nouvelle série, n°5, 1983, p. 45-53.) 中国仏教はこの件については、仏教本来の伝統をより豊かにするために、中国古来の伝統を利用したに過ぎないと思われる。

(33) 『道行般若経』(「道」を示す完成智の経)、『大正大蔵経』第十巻、四七六頁下、と『大明度経』(偉大なる智慧の完成の経) 同上第六巻、五〇七頁上。これらの経は、前者は西紀一七八〜一七九年、後者は二二五年、『八千頌般若経』(Aṣṭasāharsrikā prajñāpāramitā sūtra) から漢訳されたものである。この経はインドにおいても最古とされる大乗系思想を表す重要な文献である。(E. Conze, *The Prajñāpāramitā Literature*, 東京、霊友会、一九七六年、一〜三頁。及び四五頁以降参照)。『法宝義林』(前注6) 仏像の項 (二一四頁) もこの条にふれているが、この項の執筆者ポール・ドミエヴィル Paul Demiéville は、当部分は刊行された現存サンスクリット校訂本には欠除していることを指摘しておられる。("L'iconoclasme anti-bouddhique en Chine", *Mélanges d'histoire des religions offerts à Henri-Charles Puech*, Collège de France et E. P. H. E., Ve section, 1974, p. 21)、それはむしろ当然のことで、なぜならば、インド仏教はこの魂 (神 shen) に相当する概念も語も持たないからである。中国においてごく馴れ親しんでいる魂という概念と語が表現するもの、それをこの分野においても除去して考えることが出来ず、中国の仏教は当初から――つまり西紀一世紀末から――業の報いを背負って輪廻転生して行く不死性のものを指す言葉としてそれを取り入れたのである。日本では既に一九〇六年に妻木直良がその『霊魂論』の中でこの重要な問題について注意を喚起している。なおこの問題についてKenneth Ch'enの貴重な指摘を参考として挙げておく。(Compte rendu du *Harvard Journ. of Asiat. Studies*, XX, juin 1957, p. 378。またその著書、*Buddhism in China*, Princeton, 1972, p. 46, 111-112.)

(34) 『今昔物語集』巻第四、第二十八話。(『日本古典文学大系』一、三二四〜三二五頁)。本話の全訳と出典等については拙訳*Histoires qui sont maintenant du passé*, p. 68-69, 227-229. を参照。

(35) 観世音菩薩の別称。

(36) 玄奘自身は、この箇所はただ単に断食と述べている。玄奘伝記の作者がこのように細部を明記したものである。穀物断ちは道教の食養生の慣習として知られている。

(37) 『大正大蔵経』第十九巻、六五八頁上参照。なお筆者の『コレージュ・ド・フランス講義要録』一九八四〜一九八五年度を参照。

(38) この金剛は金剛手(または執金剛)(Vajrapāṇi)の略。「手に金剛(雷光)を握り持つ者」は元は単なる仏陀の護衛神であったが、やがて、ことに密教において、重要な一尊となった。金剛(ヴァジュラ)は「雷光」であり、同時に「ダイアモンド」であり、そして「ダイアモンドの様な」とされる純粋な悟りの義を内包するからである。

(39) フランス語テキスト"se présentifie"(顕現すると訳した)。この語はここにいう情況に非常に近いので、筆者がジャン＝ピエール・ヴェルナンから借用した。(Jean-Pierre Vernant, "De la

présentification de l'invisible à l'imitation de l'apparence", *Rencontres de l'École du Louvre*, "Image et Signification", février 1983)。

（40）『栂尾明恵上人遺訓』「日本古典文学大系」『仮名法語集』六九頁、参照。なお、フレデリック・ジラール氏の仏訳がある。（Fréderic Girard, "Les Enseignements du maître Myōe de Togano-o", dans *Mélanges offerts à M. Charles Haguenauer...*, 前掲、p. 515。これは浄土宗の祖法然上人（一一三三～一二一二年）が次の様に述べているところと対比出来よう。「上人宣。生身の仏、此本尊（ここでは阿弥陀の像をさす。筆者注）に入り給へば、本尊の御眼に見へ奉るは、頓て生身の御眼にみへ奉ると思ふべし。本尊の御耳に申す事聞れ奉るは、やがて生身の御耳にきかれ奉ると思ふべし。かやうに思へば、本尊に向ひ奉る功徳目出度事也と」。（隆寛律師の門弟の伝承せる御詞、其五。『昭和新脩法然上人全集』七五七頁）。

（41）『沙石集』巻二（六）「日本古典文学大系」一一三頁を参照。H. O. Rottermund 氏の仏訳がある。"Collection de sable et de pierres," UNESCO, *Connaissance de l'Orient*, p. 92.

（42）フランス語訳者は「生身《しょうじん》」という語を仏自身と訳しているが、これは「生身《いきみ》」とも読み、活きている体とも解し得る。ここではこの言葉は「生きている体、骨肉を具えた体」を持って現れる（示現する）ことを指し、より再々使われ、教訓的ではあるものの、やはり聖像を介して現れ出る「生身」程驚異的ではない。（例えば『今昔物語集』巻第十七、第八話、「日本古典文学大系」三、五一四頁、「地蔵小院《ショウイン》ハ、此レ実《マコト》ニ生身《ショウジン》ノ地蔵菩薩ニ在《マシマ》シケリ。而《シカ》ルニ我等罪重キガ故ニ、忽チ我等ヲ捨テ浄土《ジョウド》ニ返リ給《タマイ》ヌル也ケリト云テ……」。

（43）身代りというものは〃活きた体〃の崇拝尊、またはここに取り上げているように、彫像ではあるが、しかしまた、日本の信仰慣行でよくみられるような、それを便利に簡略化した形、すなわち崇拝尊の名、呪、姿を印した木札であったりもする。それが信者が事故等の危機を脱した瞬間に割れていた、というような話もしばしば伝えられている。類似の信仰は中国にもあり、もちろんその方が源泉であろうが――これはさらに調べる必要があろう――全く同様の言葉で知られている。

(44) 前注29、Hubert Delahaye の論文、四五、五〇頁を参照。

(45) 例として『今昔物語集』巻第十六、第四話（「日本古典文学大系」三、四二六～四二八頁）を挙げよう。そこでは、餓死に瀕したある僧を救うために、観音の像がどのようにして猪の屍体に成り替り、僧はその腂肉《ももにく》を切取って食べたか、という話が語られている。その後、観音像の腂《もも》が切り取られていたことがわかり、不幸な僧は大いに恥じ悲しむ。結局のところこの僧の語ることが真実だと証すために、観音の「腂が元の如く成合《なりあ》った」という話である。これが成相《なりあい》寺という名の縁起とされ、この寺は今も存在し、西国三十三番札所の二十八番である。（成相山、成相観音）。『沙石集』の例をみよう（巻第二（三）、「日本古典文学大系」九四～九六頁）。念仏に深く帰依して常に誦唱している女童子の召使いがあった。この召使いが女主人の前で具合の悪い時に念仏を唱えたので、赤く焼いた銭を頬に当てられた。暫く後に焼傷の跡が、召使いの頬には現れず、女主人の持仏堂にあった金色阿弥陀像の頬に残っているのが発見されたという話である。身代り伝説によって現在もよく知られているお寺の中で、東京小石川の「こんにゃく閻魔」を挙げておこう。この寺では、自身の眼の一つを与えて貧女の眼が見えるようにしてやったということで有名な閻魔像を祀っている。また鎌倉の延命寺に祀られる「裸地蔵」は、公衆の中で裸体を強いられた女の身代りになったと伝えられるものである。

(46)『史料綜覧』巻三、保延六年一二月八日の頃。「高野山僧徒、伝法院覚鑁ヲ追フ」。

(47)『大伝法院本願聖人御伝』長承三年、四年。(『続群書類従』巻第二百十五。『群書解題』巻四、(二)九五～九六頁。『国文東方仏教叢書』伝記(二)一八〇～一八一頁。『興教大師伝記史料全集』伝記、七七～七八頁)。

(48) 同右『国文東方仏教叢書』一八二頁。『興教大師伝記史料全集』七八～七九頁。一五九頁。(なお二九六頁には図版で掲載。同書史料部六五二頁及び六六六頁)。元亨二(一三二二)年の典拠というのは外でもない『元亨釈書』である。その巻第五、十二(『國訳一切経』和漢撰述部、87。史伝部一九、一二二頁)では、同話が非常に簡略に、「……寺徒鼓噪して鑁《ばん》が房に入るに、鑁を見ずして只不動の二像のみ在るあり。胥議《あいぎ》して曰く『その一像は必ず鑁ならん』と……」とだけ述べられ、次いで衆徒がなした行為については明確に述べていない。これに反し、西行(一一一八～一一九〇年)は覚鑁襲撃があった当時二十歳過ぎであったが、彼の編著と伝えられる『撰集抄』において、事件のこの続きを、襲徒が覚鑁と信じて切りつけた像は、「ある僧の、不動をさぐり奉りければ、すこしあたたかに侍れば……」であったと書いている。(『撰集抄』第七(八)。小島孝之・浅見和彦編、桜楓社、一九八五年、二一五頁)。もしこの『撰集抄』が確かに西行の編著であれば、当伝説のこのように古い立証は非常に興味深いものであるが、しかし実はこの著作の成立はずっと後期になり、その原形と考えられるものが恐らく一二六五年以後、最終的な成立は一四三九年以降であろうとされている。(上述、小島・浅見編『撰集抄』三二五～三二六頁)。

(49) 前注43所掲の文献には「矢ノ根ヲ抜テ、二体ノ不動ノ御膝ヲ刺シ奉ル処ニ、二体共ニ血出タリ」という異文がある。(『興教大師伝記史料全集』伝記、七九頁)。

(50) こうしてこの不動は「身代り不動」とも呼ばれた。

(51)『日本書紀』巻二十七、天智天皇十年十月(『日本古典大系』下、三七八〜三七九頁)の条を参照。第二の例は持統天皇十一年七月である。(同右、五三二〜五三三頁)。この二例とも、天皇崩御の前に善行として造仏された仏像の開眼儀式であったことを指摘しておく。古代における最も有名な開眼で、しばしば日本初の開眼と誤り示されるのは、天平勝宝四(七五二)年聖武天皇と孝謙天皇が宮廷をあげて列席した、東大寺盧舎那仏の開眼である。その開眼筆は、中国を経て七三六年に渡来したインド僧ボーディセーナが開眼導師として使用したとされている。伝承によればこれは正倉院御物として伝わり、焼失した元の大仏の後に造られた二番目の大仏開眼に当り、文治元(一一八八)年、後白河天皇が使用したと銘文が刻まれている筆がそれであるとされている。(『正倉院展目録』奈良博物館、一九六七年、No. 1。『東大寺展』一九八〇年、図版初頁)。

(52) この儀式はバラモン教では、まさに開眼(nayanonmīlana)という言葉で知られている。ルイ・ルヌーは次の様に述べている。「眼球を鮮明な色で塗るか、または金を嵌入する。その間、神の鑚仰を行い、火中に供物を捧げ、〝宝物の清め〟等をする。」(*L'Inde classique*, I, Paris, 1949, p. 573)。ポール・レヴィ(Paul Lévy)は、エジプトの埋葬儀式に「開口、開眼の根本儀式」として同類の慣行があることを指摘し、(前注1、学会発表、九五〜九六頁)この問題についてはAlexandre Moret と Jacques Vandier を参照している。『漢訳密教辞典』の中には、開眼行事の必要性が指示されている。例えば大威力烏芻瑟摩明王経《だいいりきうすしまみょうおうぎょう》「大正大蔵経」第二十一巻、一四八頁下。及び一切《いっさい》如来安像三昧儀軌経《にょらいあんぞうさんまいぎききょう》、前同巻、九三四頁下。前者は西紀七三二年、後者は九八〇年にそれぞれ漢訳された。前者では「開目」という語を使ってある。筆者の管見では、中国仏教で開眼が実際に行われた例は未見であるが、日本仏教は中国からこれを受け入れたと考えられる。ドラエ（H. Delahaye）氏はその論攷（前注32、三五七頁）で、彫像に生命を与える儀式の重要性を強調しているが、その例を挙げていない。ただ、中国文学の中に、特に絵画に関して、秀れた画家が龍や鳥に眼を描き込むと飛び立った、というような叙述が数多くあることを指摘している。こういう話は日本の書画の伝統にも同様によく知られたものである。

（53）例えば『仏教美術用語集』中野玄三編著、淡交社、一九八三年、二一一頁。開眼供養の項ではそのように説明されている。

（54）入魂。魂を入れること。肝心のことを忘れたという意味でよく知られる諺に「仏作りて眼を開けぬ」「仏作りて魂を入れず」と二つの形があることは、眼を開ける、魂を入れる、という二つの表現が同等の意味を持つことを示している。P. Ehmann, *Die Sprichwörter und Bildlichen Ausdrücke der Japanischen Sprache*, Tōkyō, 1927, p. 83）。開眼といわれるこの反対の行事（開眼ほどには知られていないが、『日蓮宗大辞典』九〇〇頁には収載されている）は、〝魂を抜くこと〟として開眼に対応するものであり、修復などの為、一定期間聖像を非神聖化したい時に行われる。それは、悪意に充ちた絵からその活力を除くというようなことにも行われるのは後述（二三〇頁）を参照されたい。

（55）百四十五箇条問答『昭和新修法然上人全集』浄土宗務所、一九五五年、六四八頁。

（56）仏眼（Buddhalocanā）は仏母とも言い、仏陀の智慧を擬女人化、擬母性化した表現。（『法宝義林』Ⅲ、二〇五〜二〇七頁を参照）。

(57) すなわち、汎仏陀である大日如来（本章二〇七頁参照）。

(58) 『木絵二像開眼之事《もくえにぞう》』文永十（一二七三）年。これは『昭和定本日蓮上人全集』第一巻、七九一～七九四頁に収録されているのを参照。この他、建治二（一二七六）年、弟子四条金吾に与えた消息文も大変興味深い（同上第二巻、一一八三頁）。ここで日蓮は恐らく前述の般若古経典にある「像中に魂は有りや」に関する条（本章二三〇頁。また前注33を参照）を参考にしていると思われるが、「此の画木（絵や彫刻）に魂魄《こんぱく》と申す神《たましい》を入るる事は、（唯）法華経の力（のみ）なり」といっている（括弧内はフランス語訳文にあり）。

(59) 仏陀の声は神々の中で最も秀れた声とされる梵天（Brahmā）の声に比せられ、仏相三十二相の第二十八番目に挙げられている。（『法宝義林』Ⅱ、一三三～一三五頁。またラモット訳『大智度論』Lamotte, *Traité de la Grande Vertu de Sagesse*, I, p. 279. を参照）

(60) 千輻輪は仏の説教開始のシンボルマークであると共に（本章二一六頁参照）インド伝統においては太陽と王位の印ともされるものである。

(61) 本章二一七頁を参照。

(62) ［訳注］フランス語では「有対色」は *éléments résistants* とし、この用語に関しては、前掲書、世親『倶舎論』仏訳（La Vallée-Poussin, *L'Abhidharmakośa de Vasubandhu*, I, p. 64）を参照となっている。これを「手答えある要素」と日本語訳にしたのは、同書の解釈で、rupa＝色＝不可入性のもの、場所を占めるもの、したがって物質、というようになっていたからである。

(63) 真言宗開祖空海（七七四～八三五年）によって表わされた「即身成仏」の概念については、田島隆純『両部曼荼羅及び密教教理』（*Les deux Grands Maṇḍalas et la doctrine de la secte Shingon*,

Bull. de la Maison franco-japonaise, Nouv. sér., VI, Tokyo, 1959, p. 248 以降を参照。

(64) 論じられた「論議」「論題」などについては、佐和隆研『密教辞典』七二八頁参照。天台宗論議については、ジャン＝ノエル・ロベール (J.-N. Robert) 氏の秀れた論攷がある（前注8）。

(65) 『密教辞典』（同右注）「開眼作法」七二頁、「偶像崇拝」一三九頁、「彩画形像」二五〇頁、「絵木法然」五二頁。『密教大辞典』では主に（2）、七四五頁。「絵木法然」についての基本文献は、根来寺の僧聖憲によって書かれた大日経疏に関する三重問答、『大疏百条第三重』第四巻、三十五番目の問答である（『大正大蔵経』第七十九巻、六五二～六五三頁）。

(66) トゥッチがその著で述べているところを引用して置こう。「行者が見る尊姿は、行者自身の心の中枢から発出し、宇宙空間を満たし、次いで行者の中に再び吸収される……。」(G. Tucci, *The Theory and Practice of the Mandala*. London, 1961, p. 105,

(67) 諸本の中でも、例えば『大日経』巻七（補巻）、第一及び第二章。（『大正大蔵経』第十八巻、四六頁・中、四九頁・上）「諸仏・諸菩薩勧請の真言、招請の真言」の条を参照。またその他にもこれらの用語については以下の文献を参考にされたい。金剛頂瑜伽中略出念誦経、第四巻。（『大正大蔵経』第十八巻、二五一頁・上、二五三頁・中・下）。この経については拙稿『コレージュ・ド・フランス年報』一九八三～一九八四年度、六六一頁を参照。なお、密教儀式が行われるに際して、諸仏・菩薩・天の招請、奉請の「印」については、土宜法龍『四度印図』(*La symbolique des mudras*, 再版 Paris, 1985, p. 67, p. 142-143, 初版 Musée Guimet 1899) の中にも紙面が与えられている。

(68) Paul Mus, Louis Finot 美術館における講演「東方から見た印度」。*L'Inde vue de l'Est, Cultes*

indiens et indigènes au Champa, Hanoi, 1934, p. 6 以降。

（69） Paul Mus, コレージュ・ド・フランスにおける講義。一九六四年十一月七日。

（70） 前注（68）*Cultes*... p. 11-12.

（71） 同、p. 10.

（72） この小さい有名なお経はサンスクリット本で現存しており（英訳注と共に Edward Conze, *Buddhist Wisdom Books containing The Diamond Sutra, The Heart Sutra*, London, 1958, p. 83-107)、多くの漢訳異本がつくられた。その中でも玄奘訳が抜群に有名で、天台、真言、禅宗の典礼において広く日常的に読まれている。ラフカディオ・ハーンの短編を読み、映画「怪談」を見た人は覚えておられようが、琵琶法師芳一の体を不可視にするために、体全体にこの般若心経を書いて覆ったのだが、残念にも、耳だけが忘れられていたという話を。

*

［補注］

本稿出版の後、郭麗英（Kuo Liying）（コレージュ・ド・フランス所属研究員）から、開眼が実際に中国において行われたことを立証する出典数例、教示があった。

『法苑珠林《ほうおんじゅりん》』。この西暦六六八年に編了の仏教大類書には、唐の太宗が、太穆皇后のために寺院を建立し、寺の完成後親しく寺院に赴き、自ら仏陀の瞳を「点」じたと述べている（『大正大蔵経』第五十三巻、一〇二七頁・上）。より後期の史書（一二六九～一二七一年）『仏祖統紀《ぶっそとうき》』巻三十九、にはその儀式が西暦六三四年に行われたことを明記し、「自ラ開二仏眼ヲ一」という表現を使っている。（『大正大蔵経』第四十九巻、三六四頁中）。『仏祖統紀』巻三十六（大正・同巻、三四〇頁・中）に所収の別条では、それより大いに遡って西暦三六三年、東晋の時代に、有名な顧愷之《こがいし》が維摩の像に「眸子を点」じた情況を伝えている。

なおこの他にも郭麗英女史は、道教や中国民間信仰では「開」く儀式が重要な位置を占めていることを付け加えている。すなわち、道教では「開」は単に眼に止らず、像の全身にわたって行われた（大渕忍爾編『中国人の宗教儀礼』東京、一九八三年、三六八～三六九頁）。現今の道家では「開光」は同様に「魂身」にも行われる。（同書、五六六頁以降）。民間信仰についても同書一〇七五～一〇八三頁を参考にされたい。

第八章

（1） 鎌田一窓（一七二一～一八〇四年）の和歌。『目《ま》のあたり』に収められている。一窓は石田梅岩（一六八五～一七四四年）の心学派の門弟であった。心学派については、加藤周一が一九八三年四月二十九日、コレージュ・ド・フランスにおいて講演した「徳川時代の主観性哲学と現代日本」というテキストがある。（*Travaux et conférences de l'Institut des Hautes Études Japonaises du Collège de France*, Paris, Maisonneuve & Larose, 1986）

（2） これらの問題についてはアンドレ・バローの仏教に関する秀れた論文、また同様にジャン・フィリオザの著作を参考にされたい。André Bareau, *Les Religions de l'Inde*, « Bibliothèque historique », Payot, 1966. Jean Filliozat, *L'Inde classique*, *Manuel des études indiennes*, II, Paris et Hanoi, 1953. また、少し古いが現在も大変有用なものとして、ルイ・ド・ラ・ヴァレ・プサンの著がある。Louis de La Vallée-Poussin, *Bouddhisme*, *Opinions sur l'histoire de la dogmatique*, 5e éd., Paris, Beauchesne,

1925.

（3）日本で最も古い涅槃図は金剛峯寺（和歌山県）に伝存し、応徳三（一〇八六）年の制作である。『原色・日本の美術』第七巻、仏画、図版1～5を参照。同じ情景の立体表現としては、法隆寺五重塔、塔本塑像群がある。『奈良六大寺大観』第三巻、岩波書店、一〇～一一、五六～五七頁参照。

（4）Paul Mus, *Barabudur*, Hanoi, 1935, p. *77, p. 210-214. « La Tombe vivante », dans *La Terre et la Vie*, juillet-août 1937, p. 124.

（5）金銅製の仏舎利塔の例として、西大寺蔵、金銅宝塔（十三世紀）を参照。仏舎利は水晶の容器の中に収められている。『奈良六大寺大観』第一四巻、参照。また、アルフレッド・フーシェ、*L'Art gréco-bouddhique du Gandhāra*, t. 1, p. 595, fig. 296. も参照。

（6）過去仏と未来仏が一緒のグループに表された群像が、紀元二～三世紀頃のガンダーラ美術に見られる。ペシャヴァール美術館（musée de Peshavar）蔵である。(A. Foucher, *L'Art gréco-bouddhique du Gandhāra*, fig. 457). 思惟像の弥勒としては、七世紀初期の、おそらく韓国出の、有名な広隆寺弥勒菩薩がある。また、宝塔を持った弥勒の例としては、薬師寺蔵弥勒菩薩坐像――十三～十四世紀――を挙げておこう（『奈良六大寺大観』第六巻、一九八頁参照）。巨腹の弥勒の例は京都の万福寺、十七世紀のものである。

（7）ジャン＝ノエル・ロベールによって漢訳よりフランス語訳された法華経がある。J.-N. Robert, *Le Sūtra du Lotus*, traduit du chinois, Paris, Fayard, 1997.

（8）ギメ美術館には北魏時代（五一八年）の金銅仏、「二仏坐像」があることを記しておこう。

(*Sérinde, Terre des Bouddha : Dix siècles d'art sur la Route de la Soie*, Réunion des musées nationaux, 1995, p. 355).

（9）例えば藤原清衡の造営になる平泉中尊寺の金色堂（一一二四～一一二六年頃完成）、この須弥壇は阿弥陀の浄土を地上に再現しようと意図したもので、貴族的夢幻の光景である。もう一例としては、宇治平等院の鳳凰堂、この中の阿弥陀如来の姿は定朝の有名な寄木造り、漆箔の像で、結んでいる印はこの仏の完全なる瞑想の状態を表している。

（10）図版5は『浄土教絵画』京都国立博物館、一九七五年、図版一五二より引用。また、同『浄土教絵画』図版一五一は、島根県の万福寺に保存されている「二河白道図」で、ここでは阿弥陀は来迎雲に乗って、信者を迎えに来ている。

（11）Paul Mus, *Barabudur*, p. *264（前注）。

（12）『密教美術大観』第一巻、五〇～五三頁参照。

（13）「秘蔵宝鑰《ひぞうほうやく》下巻第十」『弘法大師空海全集』第二巻、一二八頁。このテキストは姉崎正治のコレージュ・ド・フランスにおける講演で引用されている。*Quelques pages de l'histoire religieuse du Japon*, Conférences faites au Collège de France, Paris, Geuthner, 1921, p. 55. しかしここではより字義どおりのフランス語を試みた（筆者）。Les buddha nombreux comme des poussières de mondes ne sont autre que le Buddha qui siège en notre pensée. Leur lignage de Diamant et Lotus profus comme les gouttes de la mer est, pareillement, notre corps.

第九章

（1）この経過については、久野健氏が『仏教藝術』二〇二号（一九九二年五月号、毎日新聞社）に、当勢至菩薩の様式・法量などの詳しい説明と共に発表されているので参照されたい（三六～四五頁）。また、銅の分析、レントゲン写真などの技術的な詳細は、フランソワ・ベルチエ氏の論文を参照。François Berthier, "A propos d'un bodhisattva en bronze provenant des collections d'Émile Guimet," *Arts asiatiques*, XLVI, 1991, p. 142-146.

（2）西の間阿弥陀像光背銘の読み下し（ベルナール・フランク）。

鋳顕《ちゅうけん》し奉る

阿弥陀如来　観世音菩薩　大勢至菩薩

右、去る承徳年中。白波金堂に入りて。仏像を侵し道具を盗む。爾《それ》より以降一百余歳。寺僧等《ら》須弥座の空しく残るを見る毎に、屡《しばしば》端厳なる像の永隠《えいいん》を悲しむ。たゞ（啻）一寺の含悲《かんび》のみならずして、争《いか》で四隣の傷意《しょうい》ならざらむか。それに依りて十方の施主を勧進《すゝ》め、三尊の聖容を磨瑩《まえい》す。時、寛喜三年辛卯《かのとう》三月八日　前権僧正範円　寺務の時に鋳始む

貞永元年壬辰《みずのえたつ》八月五日　法印権大僧覚遍　寺務の時に供養す

本師の阿弥陀仏を仰ぎ願ひ、本願の聖霊を伏して乞ふらくは、面々の懇志を納受し各各の結縁を空しからざらしめんことを。然れば即ち断悪修善《だんあくしゅぜん》の道を漸く以って満足せむ。

貞永元年八月　日　大勧進僧《だいかんじんそう》　観俊

大仏師　法橋康勝

銅工《どうこう》　平国友《たいらのくにとも》

（3）法隆寺伽藍縁起並流記資財帳（天平十九（七四七）年）、金堂日記（一〇七八年に遡り、鎌倉中期にまで及ぶ）、古今一陽集（延享三（一七四六）年）などに載収される。金堂内仏像の様子については、ベルナール・フランク、*Amour, Colère, Couleur, Essais sur le bouddhisme au Japon*, p. 149-175. を参照。

第十章

（1）カンヘリー石窟、十一面観音像（『図説・日本仏教の原像』法蔵館、京都、一九八二、七二頁参照）

（2）向源寺（旧渡岸寺・滋賀県）十一面観音像（『原色日本の美術』小学館、第五巻、図版60参照）。

（3）唐招提寺、十一面千手観音像（『奈良六大寺大観』唐招提寺2、図版14参照）。

（4）岡見正雄・佐竹昭広『洛中洛外屏風・上杉本』岩波書店、一九八三、八頁参照（この屏風は、狩野永徳の筆に成る六曲一双の屏風図で、一五七四年織田信長が上杉謙信に贈ったものである）。

（5）Chap. 58. P. Luís Fróis, S. J., *Historia de Japam*, ed. José Wicki, S. J., Lisbonne, Biblioteca Nacional, vol. II, 1981, p. 22.

（6）傍点筆者。

（7）G. Schurhammer と E. A. Voretsch はフロイスの『日本史』のドイツ語訳 *Die Geschichte Japans* (*1549-1578*), Asia Major, Leipzig, 1926 において、当箇所を次のように訳している。"Jede Figur hat ferner auf dem Kopf eine Krone mit sieben kleinen Statuen von Hotoke, von der Brust aufwärts, und dahinter ein Diadem, von dem viele Strahlen ausgehen..." また、現代日本語訳は二種あるが、両

者間の相違はほとんど無く、次のように訳されている。「さらにどの（仏像）にも、胸から上（だけ）の小さい仏の像が七つ付いた冠を頭上に戴き、その後ろの頭飾りからは幾多の光が放たれている」（フロイス『日本史』第三巻、松田毅一・川崎桃太訳、中央公論社、一九七七年、二四〇頁）。「さらに、どの像も胸から上の小さな仏の像が七つついた冠を頭につけていて、その後方に光背があり、それからは多くの後光が射している」（フロイス『日本史』第三巻、柳谷武夫訳、平凡社、一九七八年、七七頁）。

（8） Jean-Pierre Maffei, *Rerum a Societate Jesu in Oriente gestarum volumen*, Naples, 1573; Cologne, 1574; 当箇所についてはケルン版四三七頁を参照のこと。なお、この書物については次の書誌に詳しく紹介されている。P. Carlos Sommervogel, *Bibliothèque de la Compagnie de Jésus*, t. 5, Bruxelles/Paris, 1894, c. 294-295.

（9） *Imagini de gli Dei delli Antichi*. フランス学士院図書館は一六一五年版（王立建築アカデミー紋章入り製本）を所有する（4°Z 8）。フェッロヴェルデが図版の作者であることは、読者へのまえがき第三頁に書かれている。

この「図像集」第二部（インドの神々の図像）は、ローマ数字で、第一部とは別建て頁づけになっている（4+LIII p.）。また、第二部に先立ち（p. 501-576）、詳しい解説が施されている（ロレンツォ・ピニョリアによるカルタリ著「図像集」解説）。

一六二六年に同じ出版社から出版された第二刷では、第一部・第二部続けて頁づけが行われている。ソルボンヌ図書館が所蔵するのはこの版である（R XVII 20 in-4°）。この版では第二部についてタイトル頁に “Discorso intorno le Deita dell'Indie Orientali, et Occidentali”（東西インドの神々について）とその内容がはっきり明記されている。

その後、一六四七年には、ヴェニスのトマシーニより、同じ図版を使って活字の間隔を詰めた新版が出版されたことを付け加えておく。この版は一九八七年、マルコ・ブッサリ、マリオ・ブッサリがそれぞれ執筆した序文二つをつけて復刻された（*Biblioteca di curiosi*, Gênes, Nuova Stile Regina, p. 400）。

（この序文のうち第二番目のものに、騎獅像を至上の仏陀、虚空蔵菩薩であるとしているが、これは智を象徴する文殊菩薩であり、この点を訂正しなければならない。また、ピニョリア執筆の文中においても、四方位の守護神を象徴する色彩について等、訂正しなければならない点がある）。

なお、一五七一年版（*Le Imagini de i Dei de gli Antichi*, Venise, Vincentio Valgrisi）は、ボロニーノ・ザルティエリによる図版を収録しているが、これはこの作品の挿絵入り本として最初の版である。また、この版は *The Renaissance and the Gods* という題で一九七六年に復刻された（Garland Publishing, Inc., New York and London）。

（10）ジェローム・アレアンドル二世（一五七四～一六二九年。ルイ十二世治世時にパリ大学総長であった同名の枢機卿の甥）については、*Dizionario biografico degli Italiani*, t. II, Rome, 1960, p. 135-136 に簡単な記述がある。この注目すべき人物については、拙著 *L'intérêt pour les religions japonaises dans la France du XIXe siècle et les collections d'Émile Guimet*（*Essais et conférences du Collège de France*, Paris, P. U. F., 1986, p. 12）で述べた。

（11）アポロン像（*Imagini...*, éd. de 1615, p. 52; éd. de 1626, p. 49; éd. de 1647, p. 31）

（12）ホモカヤ神（*Imagini...*, éd. de 1615, p. v; éd. de 1626, p. 548; éd. de 1647, p. 363）

この図は、バチカン図書館所蔵 "Codex Rios" (n°3738) の挿絵を基に非常に忠実に描かれている。この図像については、次の文献を参照のこと。Jean Seznec, "Un essai de mythologie comparée au début du XVIIe siècle", *Mélanges d'archéologie et d'histoire publiés par l'École française de Rome*, t. XLVIII, 1931, p. 268-281.

(13) 守護神持国天。この守護神のイコノグラフィーについては次の拙著を参照されたい。*Le Panthéon bouddhique au Japon. Collections d'Émile Guimet*, Réunion des Musées nationaux, Paris, 1991, p. 184 et 193.

(14) 「古代の神々の図像集」の図版の作者が描いた三十三間堂観音菩薩像 (*Imagini...*, éd. de 1615, p. xxx; éd. de 1626, p. 566; éd. de 1647, p. 378)。この図版は前注10、前掲書および *Le Panthéon bouddhique au Japon* (p. 14) にも収録した。

(15) この図像のモチーフの起源につき、大変有益な助言を賜わり、このような説得力のある解釈に注意を向けて下さったフランソワ・シャムー氏に厚く御礼申し上げる。シャムー氏は、この問題についての多くの参考文献が *Lexicon iconographicum mythologiae classicae* (*LIMC*), II/1, p. 755-763, et II/2 (planches), p. 564-573 に掲載されていることを御教示下さった。

なお、当書より次の図版を参照されたい。まず、有名なナポリ国立博物館所蔵エフェソスのアルテミス像（アラバスター及ブロンズ製）(*LIMC*, n°49)。ここで一つ重要な点を明記しておきたい。エフェソスのアルテミスには、よく持ち物が左右対をなして両腕から垂れ下がっているが、シャムー氏によれば、それは初期には、結び目を連続的に結び合わせた羊毛の紐であった（ボストン美術館所蔵の女神像、*LIMC*, n°131)。この紐はその後、節のついた杖と考えられるようになった。また、杖が槍になった場合もある。「古代の神々の図像集」の三十三間堂観音像が両手に持っている槍はここからヒントを得たのではないかと思われる。

(16)「解説」に次のような記述がある。「狩猟姿のダイアナはスカートをまくり上げている。エフェソスのダイアナは数多くの乳房を備えている。四つ辻のダイアナは三つの頭と多くの手をつけ恐ろしい」。

(17) ここに掲載する図像は、チェーザレ・マルファッティによる説明文（「自然に隠されている徳性を宇宙が摂取していることを示すため、身体中に乳房をつけている自然の女神」）から、少々の違いはあっても、紐、節のある杖、槍など恒例の持物を携えたエフェソスのアルテミスとみてもおかしくない。（*Imagini...*, éd. de 1615, p. 109; éd. de 1647, p. 65）

(18) *Ambassades mémorables de la Compagnie des Indes Orientales des Provinces Unies vers les empereurs du Japon*, 1680（フランス語初版）

アーノルド・モンタヌスの著作とされているこの書物は、まず一九六九年にフランドル語、ドイツ語版が、次いで一六七〇〜一六七三年に英語版が出版された。Léon Pagès, *Bibliographie japonaise, ou Catalogue raisonné des ouvrages relatifs au Japon qui ont été publiés depuis le 15e siècle jusqu'à nos jours*, Paris, Benjamin Duprat, 1859, p. 35（n°314）参照。フランドル語、ドイツ語版については、次の書誌に非常に詳しく紹介されている。Peter Kapitza, *Japan in Europa, Texte und Bilddokumente zur europäischen Japankenntnis von Marco Polo bis Wilhelm von Humboldt*, Munich, Judicium Verlag, t. I, 1990, p. 689-745. なお、この書誌では、フロイスの報告中、本稿において特に興味のある文章は、モンタヌスの著作の該当箇所に従い、次のようにドイツ語に翻訳されている。"In ihrer Brust stehen sieben kleine Menschengesichter eingegraben."（胸には七つの人間の小さな顔が取り付けられている）（p. 707）。

日本語訳は、『モンタヌス日本誌——一名蘭使紀行』として（和田万吉訳）図版入りで一九二五年に丙午出版社（東京）より出版された。

（19）*Ambassades mémorables*..., ibid.,（二頁にわたる、p. 102-103）「千体の偶像のある寺」。

（20）*Ambassades mémorables*..., ibid., p. 134.

（21）Philipp Franz von Siebold, *Nippon. Archiv zur Beschreibung von Japan*, Leyde（1832-1852）.

解説

ジャン＝ノエル・ロベール

師ベルナール・フランクについてはこれ以上書くまいと私は決心していた。先生の友人や弟子たちが書いた多くの文章ですべて言い尽されたということではない。しかしそれ以上に書くためには、さらに不躾けに一人の人間の内面に入って行くか、それとも先生がうち立てた該博な労作と、その思想全体を理解し評価するという大作業に取りかからなければならない。前者については、私には必要な厚顔さが欠けていたし、後者に関してはその知識と時間の不足によるものだった。

しかしこの度、『日本仏教曼荼羅』の出版に際し、再び筆を執るように依頼され、敬虔な義務としてお受けしたのだが、それはここに読者の方々が目にされるテキストのお陰で、単に日本研究のみでなく、極東学全般にとって非常に重要だと思われるベルナール・フランクの学究方法を、なお少し明確に再考することが出来るのではないかと考えたからである。

この方法論を理解し、評価することが今、私達にとってことさら必要だと思われるのは、仏教学が西洋、特にアメリカにおいてあらためて根本的に問い直される時代が来たからである。アメリカで生れた流行が他国に及ぼす影響は周知のことで、このアメリカの大学サークルにおいて日の目を見た批判が、仏教を文献学的・歴史学的に研究する他の機関をゆるがすのは時間の問題に過ぎないだろう。

この批判は次のように要約出来るものである。つまり仏教というような範疇、またそれ固有のこのような研究分野は、アジアでは決して存在しなかった、それは全くヨーロッパの東洋学者がこの宗教の本来の所有者から奪い取り、そして先ず知的支配、しかし終局的には政治的支配の手段として適合するように作り上げたものであると。「仏教学者」という学者階層は、最初にヨーロッパで形成されたのだがその研究方法をアジアの知識階級に押しつけ、ヨーロッパ特有の文献学的方法によって理想の「仏教」というものを再現し、それに適っているか否かと定義する権利を手に入れて、自分達を「仏陀の管理者」という風に仕立て上げたのである。この復原された仏教は、ヨーロッパの大学や図書館のみで見受けられるもので、決して実在しなかったのではないか。しかし、それが一つの規範となり、その名のもとに十九世紀のヨーロッパはアジアの伝統を押収した。こうして「仏教学者」は「東洋学者」の小グループを構成し、東洋学者と同様に、アジアをヨーロッパの学問に隷属させる役目を果すと共に、ヨーロッパのアジア植民地掌握を正統化したのだと。

ベルナール・フランクは、このアメリカのチベット仏教専門家の間で現れた伝統的仏教学に対する批判を知る前に他界した。しかし先生は、ヨーロッパ仏教学に対する主な非難点の一つ、アジア文化圏全体の宗教的カテゴリーとして、チベット語には存在しない「仏教」という用語（チベット語ではむしろ「法」と言い、仏教徒は「内者」と呼ばれている）が創られたという点に対しては、これは中国語の仏教伝統を考慮するならば直ちに一掃される筈だ、と指摘されたに違いない。中国化された全極東においては、仏教という固有用語は儒教と道教という他の大思想、信仰体系と区別して、仏陀の教義を特に指すものとして確かに存在しているからである。

こういう論拠をさらに拡げようとは思わないが、ベルナール・フランクはその鋭敏な知性で、明らかに理論的弱点のあるこういう批判にほとんど留意しなかっただろうと信じられる。しかしながら、そうしてこの点をこそ私は強調したいのだが、この偉大な師の方法そのものが、東洋学に介入したヨーロッパ人の隠れた目的をあばこうという意図の非難に対して、前もっての返答となっているのである。ベルナール・フランクは自分をブッドログ（仏教学者）と自称することにはいつも否定的だった。おそらく生来の謙虚さという理由と同じほど、このフランス語の醜さのせいでもあったろうが、それにもかかわらずその主な研究、生前出版された著作の大部分は日本仏教に関していたことは否定できない。そこがアメリカの批評家たちに摘発された「仏教学」とは全く異るところである。ベルナール・フランクは大学の「東洋学者」となるより以前に、日本という国の素晴らしさを、ラフカディオ・ハーン（今日のフランスでは人気を失っている作家だが）を通じて発見し、その国を知ることに専念しようと決していたのである。その後の研究がますます深く仏教に入って行くが、しかしそれは何よりも先ず日本仏教であり、大部分が今では手の届かないインド仏教を理想的に復原した、つまり「仏教学」の仏教という抽象的体系ではない。まぎれもなく往時の日本の精神世界である。教壇と研究の年月を通じて、先生は日本古典文明の黄金時代、平安時代に対する真の情熱を示された。初めて出版された論文は『今昔物語集』に関するものであったし、絶筆となったコレージュ・ド・フランスの講義要略は『平家納経』で終わっている。主要著の中の二冊は平安時代に関するもので、驚嘆的な解説によっていっそう充実した『今昔物語集　抄訳と注釈』、今一つは同じ今昔物語から出発した『方忌みと方違え』の研究である。ベルナール・フランクは特に好んだこの時代を次のように定義しているが、それは同時にその好みの理由の説明にもなっているだろう。「それは驚くべき中国の寄与が、――当時の中国は唐時代の国際文化の実に開放的で、実に寛大な容貌を持っていた――それが日本の文化の軌道に何の軋轢もなく組み込まれ、誇りゆえの力みにも、自己卑下の現象にも苛まれないこの地の意識に豊かに調和した時代であった」。(*Dieux et bouddhas*, p. 51)

ベルナール・フランクの仏教に対する関心は、したがって平安時代をよく知ろうとするところから出発している。そしてこの時代は大陸から来た宗教が、天台宗と真言宗と共に最も豪華な形で開花していた。しかし先生がこれらの教義の深い研究にこれほど熱中したのは、容易に推察できるのだが、そこに自身の根本的な関心事を見出していたからである。ボードレールの「この世界に宗教ほど興味深いものはない」という言葉を好んで繰り返し、往昔の日本の精神的、知的、芸術的世界の内部を把握したいという抑え難い願望から出発して、その研究を中国とインドの仏教に拡げて行ったのである。

日本漢文に加えて、ベルナール・フランクは中国語とサンスクリットをフランス最高の教授の下に学び、アジアの三国といわれるインド・中国・日本を結ぶ絆、すなわち大乗仏教という絆を全面的に辿るために必要な用意が出来ていた。おそらくこれほど日本以外の東洋文化に精通していたのは、フランス日本学界でも彼一人であろうが、その該博な知識を日本研究という絞った視座の中に置いていた。

そこで読者は本著の中に、ベルナール・フランクの研究方法がよく現れているのを見られるはずである。アジア全体にわたった博識が、インドと中国の仏教を通って遠大な迂回をするその目標はただ一つ、日本の土地に根を張って、そこで実践された宗教の最も具体的な様相を知ろうとすることであった。彼が目標とした課題、すなわち仏教の「礼拝対象」の——例えば「お札《ふだ》」の中に現れているような——象徴的イメージを研究しようと述べたテーマが、これらの論文の中で具体化されているのが見えるだろう。

「この各方面に飛び散っている崇拝対象の姿を再び編成して、その諸尊を正統教義と民衆的解釈という二重の見地から研究し、それら礼拝対象がどれほどの一貫した体系をなしているかを調べること、各々の礼拝尊と個人の生活や団体生活との繋り、さらに家族的・職業的な繋り、文学・言語・諺の中に、宣伝広告の中にさえ占めている地位も含めて、各尊の全体像を明らかにする、それは確かに広大な作業であるが、しかしまた大変興味深い結果を約束するものである。信仰の活力は調べによれば、伝統的な職業に結びついていたためにその職業と共に消えて行く運命に見えたような信仰でも、近代工業社会の中で再び根を張る驚くべきチャンスを見出している」。

このようにベルナール・フランクによって素描されたプログラムが、本書の中の「愛染明王」の章には、どの細部までも印象深く例証されている。カーマ神／マーラ神のバラモン教的仏教的インドの姿から出発して、それが二十世紀に創立された日本の化学工業の守護神となるまで、その変身の過程を追って行く。同じ方法論の糸は帝釈天・妙見・麻耶の章にも見えるが、ここでは最初の興味を誘われた点からいわば逆行し、日本での状態を解明するためにその都度源泉のインドに回帰し、次いで日本まで歴史の流れに従って下って行く。

しかしベルナール・フランクはそれがいかに学問的であっても、現象の描写だけでは満足しない。外観の奥に、また民衆や専門家の供述を越えた奥にある問題性に近づいて行かねばならない。そこにおいては、その思考方法は純粋哲学に、おそらくは神学といえるものになっている。本書中のその最も良い例は「空《くう》と現身仏《げんしんぶつ》」で、副題の「日本の仏教伝統にみる形像中の礼拝尊の存在について」はこの章の内容をよく要略したものである。この章の出発点には、ヨーロッパのカトリックでも仏教界においても等しく生ずる根本的な問題が設定され、しかしここでもまた幅広い検証が焦点である日本に向って進められている。ところでこの日本仏教を、先生は宗教史にとって大変重要な次の数行に要約した。「(日本仏教は)インドの大宗教が中央アジア・東アジアを経て歩んだ果てに位置し、その途上(……)ほとんどすべての思潮を収斂し、そしてそうしたものを当地の古い神道によって培われた独特の環境の中に延長、発展させたものである。（……）しかし実際に行われた信仰体験が示すところによれば、明らかに独自の省察を促す一つの総体（体系）をなしている」と。ここでもまたその真の目的、すなわち日本をその独特な歴史的経験において把握するためには、アジアを研究することが彼にとって方法論的に避けられない回り道であることが明白である。

このベルナール・フランクの日本一途の関心は次の具体的な些事によく表れている。日本ペンクラブが一九七二年に日本研究の国際会議を開いた時、この機会に参加者を国別に分類して日本学者索引をまとめた。最終欄は習得言語の項で、各人が（私は今も赤面するが）多少とも勉強した、さほど出来ない言語まで長々とリストに入れた（信じ難い「etc.」で結んだ人もいた）中で、ベルナール・フランクは一言「日本語」と記入したただ一人のフランス人であった。英語・ドイツ語・漢文を繊細に解し、サンスクリットの堅固な知識にもかかわらず、記入を良しとした唯一の言語は、その最終の関心事の日本語だけだったのである。

ベルナール・フランクが釈尊生誕の地へ旅行の帰途、カトマンズからパリに向う機内で自由に語った仏教の解説を筆写した第三章の「仏陀」は、深い象徴的意味を持っている。これはその場で何の資料もなく話された「空中話法」と私は呼びたいものだが、アカデミックな形式抜きで、彼の見た普遍的次元の仏教と、その全アジアに渡る歴史的展開を我々に理解させるものである。これがベルナール・フランクの最後の旅行となった。数週間後、その翌年に先生を連れ去った病の徴候が現れて、授業も旅行も止めなければならなくなった。こうしてベルナール・フランクの生涯の道程は源泉への巡礼によって、長年の間その最遠隔地における展開を研究した宗教の、その起源の場に最初で最後の敬意を捧げて閉じられた。

（Jean-Noël Robert／パリ国立高等研究院〔École Pratique des Hautes Études〕宗教学部教授、日本仏教担当）

訳者あとがき

本著はベルナール・フランク著 ***Amour, colère, couleur. Essais sur le bouddhisme au Japon.***（二〇〇〇年、コレージュ・ド・フランス日本学高等研究所）に掲載された論文を中心に編集・翻訳した論集である。

ベルナール・フランクは日本における仏教思想と、それを象徴する多くの尊像に早くから深い興味を持ち、諸尊の体系である『日本仏教パンテオン』を書こうと計画していた。そのパンテオンを構成する各尊の、正統的仏典に述べられた解説のみでなく、伝承や文学の中に反映しているイメージ、又一般の人々が礼拝尊に寄せている心象なども合わせて各々の「総合的ポートレート」を書き表すことであった。そのために日本の各地を回り、実地に信仰されている諸尊の姿を把握し、「日本の心」の歴史を知ろうと努めた。それは彼には過大な目的であったろうか、計画は未完に終ったが、この度一部分が藤原書店から上梓の運びとなったのは幸いである。藤原書店とは何かの糸で繋った御縁があったのだろうか。というのは一九五〇年代の終り頃だったと思うが、突然わが家にブローデル教授が夫人と現れたことがある。当時フランス国立高等研究院の第六セクション（人文社会科学）が拡大されて、中国学などの講座が増えた頃で、ブローデル教授はそこに日本学講座の創設を考えておられたようである。具体的な話があったわけでなく、とりとめもなく社会学、宗教学などについて話して帰られたが、この不意の訪問は若かった私共には大事件であった。当時フランクはすでに第四セクション（歴史・文献学）に入る話があり、その後ブローデルとの御縁は絶えていたが、半世紀近く後になって、『地中海』を出版した藤原書店でやっと御一緒になれたような不思議な思いをしている。

翻訳に当って直面したいくつかの問題について簡単に記しておきたい。「仏陀」という漢字は言うまでもなくサンスクリットの buddha の音写である。中国人がブッダの観念を表すのにこの字を選んだのはどういう理由からだろうか。本著の翻訳では初め、「ブッダ」と片仮名表記にしたい気持ちがあった。ところがすぐに、では菩薩や阿弥陀はどうするかという問題に直面し、やはり伝統に従わなければならないと考え直したわけである。しかし話がインドの初期仏教になってくると、どうも「仏陀」より「ブッダ」の方が合うような気がして来る。このようなことで、本著の中では仏陀の表記の統一について問題が解決されていない。ところでフランス語の原文では、ブッダを普通名詞としている場合と、第一字がBと大文字になっている場合がはっきりと書き分けられている。Bが大文字の場合は特定の、つまり仏教の創始者シャカムニを指すか、又は唯一の象徴としてのブッダを指している。大文字の方の前者は「釈尊」と訳し、後者を「仏陀」と訳したが、仏・ブッダ・仏陀・釈尊をフランス語にあるように正確に使い分けるのは難しい。

マンダラの表記では、「金剛界曼荼羅」のように慣習となっている場合は漢字で残し、単一で使われている場合は「マンダラ」とした。原文はいずれも maṇḍala である。

フランス語の仏教用語はサンスクリットの意味を直接翻訳したものが多いので、漢訳そのままの日本の仏教用語より解り易いことがあり、なるほどと思うことがある。この解り易さを残したいと思ったが、ここでも伝統の重みは動かしがたく、すでに日本語となってしまっている用語は変えない方がいいのだろう。例えば「悟り」は、フランス語ではサンスクリットの直訳で「(真理に)目を醒ます」(Éveil, éveillé)と明瞭である。そこで「樹下で悟りを開いた」とするのと、「樹下で真理に目醒めた」とどちらが良いか。こういう問題が諸々に起り、時には「覚醒《さとり》」としたり又は「悟り」としたりと混乱があることを批難されると思う。勿論訳者の未熟によるものであるが、この不統一は本来漢訳にもあるようなので、少しは意図的であることを記しておきたい。

　四十年間著者と一緒にいて、その言葉・考え方などに親しんでいたつもりだったが、一語一語の選び方、特に仏教用語に関してはこれでいいのだろうかという不安がいつまでも残っている。読者からのお教えを待つところである。

　数年来この翻訳に関して種々御意見を下さった多くの友人の方々に心からお礼を申し上げる。ことにコレージュ・ド・フランス日本学高等研究所のプチマンジャン松崎碩子氏には、資料の確認、注や図版写真につき計り知れない程の御援助を頂いた（なお第十章は松崎碩子氏が翻訳を担当された)。又、御牧克己氏に御多忙の中をお願いしてサンスクリットの記述と読み方を見て戴いた。両氏に深く感謝の意を捧げたい。

　それと共に、幾つかの章の翻訳に協力して下さった福井澄氏、本著刊行につき御心配下さったフランソワ・マセ氏、中谷英明氏にもお礼を申し上げる。又フランス語の解釈につき、毎日のように話し合ったルイ・フランクの協力にもふれて置きたい。時宜に貴重な助言を下さったマダム・サス山崎、私の乱雑な全訳稿をワープロに清書して下さった高校時代の旧友岸畑俊昭、前田米造両氏の御助力も本当に有難かった。

最後に藤原書店と、精密に編集の労をとって下さった清藤洋氏に心から敬意を表すると共に厚くお礼を申し上げる。

二〇〇二年四月

仏蘭久淳子

図版 4　鎌倉円応寺「閻魔王」(ベルナール・フランク・コレクション) ……… 313
図版 5　出羽亀岡「文殊菩薩」(ベルナール・フランク・コレクション) ……… 315
図版 6　江の島「弁才天」(ベルナール・フランク・コレクション) …………… 316
図版 7　江の島「弁才天 (江の島大神)」(ベルナール・フランク・コレクション) 317
図版 8　熊野那智山「大黒天」(ベルナール・フランク・コレクション) ……… 318
図版 9　常福寺椿堂不動　醍醐寺蔵写本円心様不動明王 (ベルナール・フランク・コレクション) ……………………………………………………………… 320
図版 10　知恩院「来迎阿弥陀」(ベルナール・フランク・コレクション) …… 321
図版 11　「三宝荒神」(ベルナール・フランク・コレクション) ………………… 323
図版 12　下野国「岩船地蔵」(ベルナール・フランク・コレクション) ……… 324
図版 13　紀伊那智「千手観音」(ベルナール・フランク・コレクション) …… 325
図版 14　銚子「飯沼観音」(ベルナール・フランク・コレクション) ………… 325
図版 15　福井三方「石観音」(ベルナール・フランク・コレクション) ……… 327
図版 16　京都「釘抜き地蔵」(ベルナール・フランク・コレクション) ……… 327
図版 17　豪徳寺「招福の観音」(ベルナール・フランク・コレクション) ……… 329
図版 18　西落合自性院「猫地蔵」(ベルナール・フランク・コレクション) …… 329
図版 19　千葉県清澄寺「虚空蔵菩薩」(ベルナール・フランク・コレクション) 330
図版 20　京都永観堂「見返り阿弥陀」(ベルナール・フランク・コレション) 332

図版 8　北斎が信仰した江戸柳島妙見堂のお札（ベルナール・フランク・コレクション）…… 204

第八章

図版 1　金剛界一印会　大日如来　9 世紀（伝真言院曼荼羅・部分）（東寺・京都市）…… 242
図版 2　「涅槃図」3 世紀　（カルカッタ美術館）（A. Foucher『ガンダーラ仏教美術』より）…… 249
図版 3　ガンダーラ美術に見える初期舎利塔（ストゥーパ）　（ラホール美術館）（A. Foucher『ガンダーラ仏教美術』より）…… 251
図版 4　東本願寺本尊・阿弥陀像（『明治造営百年東本願寺』本願寺維持財団提供）255
図版 5　「二河本尊図」（白河白道）（清浄光寺・神奈川県藤沢市）…… 256
図版 6　釈迦如来・阿弥陀如来並立像（二尊院［本尊］・京都市）…… 257
図版 7　胎蔵曼荼羅（伝真言院曼荼羅）（東寺・京都市）…… 262
図版 8　金剛界曼荼羅（伝真言院曼荼羅）（東寺・京都市）…… 263

第九章

図版 1　勢至菩薩像（ギメ美術館）…… 270
図版 2　脇侍観音菩薩　（法隆寺）（『奈良六大寺大観／法隆寺（2）』岩波書店より）273
図版 3　1994 年「国宝法隆寺展」における阿弥陀三尊像（飛鳥園撮影）… 279
図版 4　「聖皇曼荼羅」［版画］（ベルナール・フランク・コレクション）…… 286
図版 5　「聖皇曼荼羅」最上部　中央に阿弥陀三尊が描かれている…… 287

第十章

図版 1　*Imagini de gli Dei delli Antichi*（1615 年版）に掲載された三十三間堂十一面観音像 …… 292
図版 2　京都三十三間堂の観音菩薩立像千体中の一体（妙法院・三十三間堂・京都市）…… 294
図版 3　「身体中に乳房をつけた自然の女神」*Imagini de gli Dei delli Antichi* 所載 …… 297
図版 4　『モンタヌス日本誌』（1669 年版）掲載の千体観音像図 …… 298
図版 5　千手観音を礼拝する図（同上書）…… 299

第十一章

図版 1　上野「不忍池辯天」（『法宝義林』より）…… 304
図版 2　御殿場円通寺「馬頭観音」（ベルナール・フランク・コレクション）… 310
図版 3　上野清水寺「千手観音」（ベルナール・フランク・コレクション）…… 312

第四章

図版 1　釈迦誕生　ガンダーラの浮き彫り　カルカッタ博物館（A. Foucher『ガンダーラ仏教美術』より）……… 136
図版 2　摩耶夫人像　法隆寺金仏のうち釈迦誕生群像の一体（東京国立博物館）141
図版 3　釈迦誕生　「釈迦八相図」部分（MOA 美術館・熱海市）……… 142
図版 4　「釈迦金棺出現図」　11 世紀後半（京都国立博物館）……… 143
図版 5　釈迦如来三十三天への昇天の図　「清涼寺縁起絵巻」16 世紀（清涼寺・京都市）……… 145
図版 6　ガンダーラ浮き彫りに見られる三十三天より仏陀が三道宝階を下降の場面（カルカッタ博物館）（A. Foucher『ガンダーラ美術』より）……… 146
図版 7　図版 6 と同場面の日本における表現　「釈迦八相図」13 世紀（久遠寺・山梨県）……… 147
図版 8　訶梨帝母（かりていも）倚像　13 世紀（園城寺〔＝三井寺〕大津市）　148
図版 9　鬼子母神のお札（真成寺・金沢市）（ベルナール・フランク・コレクション）150
図版 10　切利天上寺　「摩耶夫人」像お札（神戸市）（ベルナール・フランク・コレクション）……… 152

第五章

図版 1　絹本着色愛染明王像（宝山寺・奈良県生駒市）……… 156
図版 2　白描愛染明王（仁和寺・京都市）（『大正新脩大蔵経図像』第 6 巻別紙より）166
図版 3　手に鏑矢を持つ「愛染明王像」（叡尊旧蔵）（西大寺・奈良市）（『奈良六大寺大観』西大寺）……… 167
図版 4　愛染会配布のお札（ベルナール・フランク・コレクション）……… 177

第六章

図版 1　星座に囲まれた四臂の妙見菩薩像　12 世紀　『別尊雑記』第 48（『大正新脩大蔵経図像』第 3 巻より）……… 180
図版 2　妙見菩薩立像（読売新聞社蔵）（『密教美術大観』朝日新聞社 より）…… 181
図版 3　童形の妙見菩薩像（1301 年国宝）のお札　（よみうりランド・川崎市）（ベルナール・フランク・コレクション）……… 196
図版 4　亀の背に乗る妙見菩薩像（ギメ美術館）……… 197
図版 4　能勢妙見小像（ギメ美術館）……… 200
図版 5　能勢妙見のお札（ベルナール・フランク・コレクション）……… 201
図版 6　“Mio-ken”『大ラルース辞典』挿絵（1897-1907 年）……… 203
図版 7　柳島妙見小像（ギメ美術館）……… 203

図版一覧

第一章
図版1　手にヴァジュラを持ち象に乗る帝釈天半跏像（9世紀　国宝）東寺講堂立体曼荼羅の一体 ……18
図版2　頂上に喜見城が見える須弥山図（町田甲一著『仏教イコノグラフィー』岩波書店）……29
図版3　王冠を頂き右手に金剛杵を持ち、山頂に座す帝釈天（仁和寺蔵『大悲胎蔵曼荼羅』『大正新脩大増経図像』第一巻）……31
図版4　柴又題経寺　板本尊のお札（ベルナール・フランク・コレクション）…33
図版5　帝釈寺（兵庫県香住）帝釈天のお札　右手に筆、左手に登記帳を持つ（ベルナール・フランク・コレクション）……35
図版6　永明寺（広島県）帝釈天お札　宝珠をつけた帽子を着け、右手に金剛杵、左手に鏡を持つ（ベルナール・フランク・コレクション）……38
第二章
図版1　兜跋毘沙門天立像　唐時代（東寺蔵）……42
図版2　正覚を成就した釈迦に鉢を捧げる四天王　服装は宮廷風（ラホール美術館）（A. Foucher『ガンダーラ美術』より）……49
図版3　塔中二仏とそれを囲む四天王　東大寺戒壇院のお札（ベルナール・フランク・コレクション）……51
図版4　増長天　『別尊雑記』12世紀 白描（『大正新修大蔵経図像』第3巻より）52
図版5　鞍馬寺「毘沙門天 三尊」お札　（ベルナール・フランク・コレクション）56
図版6　中国様式の甲冑を着けた兜跋毘沙門像の一例（ギメ美術館）……58
図版7　「毘」の字の軍旗（上杉神社・山形県米沢市）……61
図版8　上杉謙信信念持仏「毘沙門天立画像」（上杉神社・山形県米沢市）……62
図版9　信貴山毘沙門天三尊のお札（朝護孫子寺・奈良県信貴山）（ベルナール・フランク・コレクション）……63
図版10　山科毘沙門堂　毘沙門天のお札（ベルナール・フランク・コレクション）66

柳島妙見(小像)　200-201
山科の毘沙門堂　65

唯識(派)　90, 247
維摩経　159
瑜祇経(ゆぎきょう)　163-164

欲界　19, 29, 104, 138, 157

ら　行

来迎阿弥陀　321
羅刹　54
ラフカディオ・ハーン　307-308
ラリタ・ヴィスタラ　140

理趣会(りしゅえ)　161
理智不二(りちふに)　260
律(ヴィナヤ)　94-95
龍王　23
龍女　114
　八歳の小さな——　115
龍樹　91, 94
霊鷲山(りょうじゅせん)　109
臨済宗　212
輪廻(転生)　76, 79, 87-89, 244-245

ルイス・フロイス　295

霊石　237

六牙の白象　137
六道　101, 328
　——絵　27
盧遮那仏　28
ロレンツォ・ピニョリア　296-297
論(アビダルマ)　95
『論語』　182

北斎　201-202
北辰燈　187
北辰妙見大菩薩　191
北斗七星　60, 182, 183-184
　――祭祀　184, 186, 188
　――の神　194
法華経　→　妙法蓮華経
菩薩　28, 99-101, 115, 216, 222
ポザニアス　305-306, 308
菩提(ボーディ)　71
菩提薩埵(ボーディーサットヴァ)(菩薩)
　98
北極星　181
法身　213-214, 229, 235, 258
布袋(ほてい)　252
仏涅槃　→仏陀涅槃
梵音　234
　――相　225
梵＝我　213
本源的自我　88
本源のマンダラ　261
本生譚(ほんじょうたん)　85
梵天(ブラフマー)　28, 30, 103
煩悩　87
　――即菩提　126, 159

ま　行

魔〈殺す者〉　77
マーヤー(麻耶)　73-74　→麻耶
マーラ神　157-158
摩訶麻耶経　138
マトゥラー　225
摩尼寺(まにじ)　36-37
麻耶(マーヤー)　36, 137-139, 141, 151
　――の下降（仏陀涅槃時の）　140, 143
曼殊院　238
マンダラ(曼荼羅)　124-125
マントラ(真言)　120　→真言

三井寺(みいでら)　193
見返り阿弥陀　331
三方(みかた)・石観音　326
身代り　231
密教　259
源頼朝　316
明王　162-163, 217
明王アチャラ(不動明王)　231
　→不動明王
妙見(菩薩／像)　60, 181, 190-192, 194, 220, 335
妙高寺　173
妙法蓮華経(法華経)　109-120, 211-212, 253
命蓮(みょうれん)　62
未来仏　99, 251-252
弥勒(菩薩)　99, 214, 216, 251-252

無我　244
ムカデ小判　66
無色界　104
無住国師　230
無住処涅槃　221
無常　107
牟梨曼陀羅呪経（むりまんだらじゅきょう）
　229
無量寿　254
無量の光　106, 254

女神(デーヴィー)　22　→デーヴィー
滅諦　79

文殊菩薩　101, 115, 217, 315
「文殊菩薩」(エチエンヌ・ラモット)
　222

や　行

八百万の神　44-45
屋形紋　188
薬師仏(如来)　28, 107-108, 215, 335
　――光背銘　280
夜叉　23, 54, 219
康勝(仏師)　274, 276
八代(やつしろ)妙見　188

『入唐求法巡礼行記』　192
二仏並坐(にぶつびょうざ)　50, 119, 253
『日本霊異記』　192
如(タターター)　92-94
如意宝珠　37
女人の忉利天再生　37
如来　92, 212
ニルヴァーナ(涅槃)　79, 86
仁和寺阿弥陀三尊　277

猫地蔵　328
根来寺(ねごろでら)　231
涅槃(ニルヴァーナ)　80, 84-85, 248
　——図　144, 249

能勢妙見小像　199
能勢頼次　199

は　行

白毫　110, 225
白象　26, 73
波旬(ハジュン)　157
八枝の正道　81, 94
八正道　80
馬頭観音　310-311
ハムサ　28
バラモン教　22, 27-28, 75, 88
パンテオン　43-45, 127
般若心経　126, 238
般若波羅蜜　222
般若理趣経　160
汎仏陀　129, 215, 259-260, 264-265

東本願寺　255
毘沙門天　27, 48, 53-54, 56, 58, 60-62, 64,
　67, 321, 335
　——とムカデ　65
毘沙門(天)王功徳経　64-65
毘盧遮那(ビルシャナ)　128
ヒンドゥー教　125
　——パンテオン　219

不空　160
不空成就仏　127
普賢菩薩　217
補陀洛(ふだらく)　325
仏眼　128
仏教パンテオン　43
仏現寺　326
仏舎利塔(ストゥーパ)　252
仏身　258
仏陀　28, 71, 212, 264-265
仏陀阿弥陀　105
仏陀釈尊　81, 138, 221, 248, 253
仏陀涅槃　139-140
仏陀の三身　213
仏頂　225
不動明王　163, 218, 231, 319, 335
プドガラ　89, 245
部派仏教　95, 213
ブラフマー(梵天)　28-30, 104, 219
ブラフマン　88, 93
文覚上人　316

ヘーリオポリスのジュピター　302
『別尊雑記』　52
『別当次第』　282
遍計所執性(へんげしょしゅうしょう)　248
弁才天 (サラスヴァティー)　24, 125,
　220, 335

法(ダルマ)　93, 249, 258
宝生仏(ほうしょうぶつ)　127
報身(ほうじん)　213, 258
宝塔の出現　117
法然上人　233
宝瓶　164
法隆寺金堂　52
　——西の間・阿弥陀三尊像　271, 274,
　276, 278, 285, 288
　——阿弥陀三尊光背銘　282, 284
『法隆寺資財帳』　281
法隆寺多聞天　53
『法隆寺別当次第』　278, 281
法輪　83

260-262
大地(地天)　57, 77, 117
『大唐西域記』　138, 226
大日経　129, 159
大日経疏　159
大日如来(ヴァイローチャナ)
128-129, 216, 235, 260-261
大般若波羅蜜　228
代理の身体　227
第六天　157-158
荼吉尼天(だきにてん)　335
他化(たけ)自在天　158
タターガタ　82, 92
立里(たてり)荒神　322
多宝如来　253
多宝仏　118-119
多聞天　48, 53
陀羅尼(ダラニ)　122, 218
タントラ仏教(密教)　125-126, 132

知恩院　321
地居天(ちごてん)　29, 46
智証大師　164
乳の大海　26
地天　57
智(認識)のマンダラ　261
千葉氏　60
『千葉妙見大縁起絵巻』　198
中央仏　264
中観(ちゅうがん)派　92, 247
中尊阿弥陀光背銘　280
中道　76
中論　91
長阿含経　138
朝護孫子寺(ちょうごそんしじ)　63
長勝寺(ちょうしょうじ)　34
超世間　252-253
鎮宅霊符神　189-190
椿堂　319

通印　277

dieu(ディウ)　48

訂校釈迦八相物語　143
deus(デウス)　48
デーヴァ(神)　23　→神
デーヴァダッタ　116
デーヴィー(女神)　23　→女神
天　23, 219
天界からの下降　139
天界からの再下降　140
天弓(てんきゅう)愛染　165, 175
天極　182, 184
伝真言院曼荼羅　261
天帝釈天　25
天台宗　211, 259
天女　23
天人五衰　19
天部　23
転法輪印　277
転輪(法輪)　224

童形妙見　196
東寺・彫刻(立体)マンダラ　27-28
道成寺物語　36
唐招提寺　28
道諦　80
忉利天　29, 36
忉利天上寺　151
兜率天　20
独覚仏　82
兜跋毘沙門　54-55, 57, 59
「砦破り」(Puraṃdara)　26

な　行

ナーガ　121
那智・千手観音　325
波切不動(なみきりふどう)　319

二河白道(にかびゃくどう)　256
二尊院　257
日曜寺　174
日蓮宗　212
日蓮上人　233, 331
『日蓮上人一代図絵』　331

『釈氏要覧』　38
釈尊三十三天へ昇天図　140, 145
シャクラ　25
蛇神　23
十一面千手観音　294
十一面観音菩薩　293
宗教的地下層　237
宿星　181
シュッドーダナ王　71, 74
須弥山(しゅみせん)　29, 46, 50, 102, 105
須弥壇(しゅみだん)　50
定印(じょういん)　276-277
勝軍地蔵　313
聖皇(しょうこう)曼荼羅　285, 287-289
「城塞を打破する」者(Puraṃdara)　25
清浄光寺(しょうじょうこうじ)　256
小乗仏教(ヒーナヤーナ)　102
生身(しょうじん)　221, 229
勝敵の毘沙門　57, 313
浄土　254
浄土宗　211
聖徳太子　52, 283
『聖徳太子伝私記』　283-284
浄土真宗　211, 255
招福の観音　329
勝鬘院　169-170
証明仏　118
声聞(しょうもん)　84
浄瑠璃世界　108
聖衆来迎寺　27
諸尊　44-45
諸法　93-94
『知られざる日本の面影』(ラフカディオ・ハーン)　308
神(じん)　23
真言(マントラ)　121-124, 218
→マントラ
真言宗　211, 259
真言乗(マントラヤーナ)　122
真成寺　149
真俗二諦　223
真諦　247
真如(タタータ―)　213-214, 248
神仏混淆　24
親鸞　283

垂迹　44
ストゥーパ(塔)　50, 127-128, 224, 250

聖遺骨　250
勢至(せいし)菩薩　271-272, 274
成尊(せいぞん)　165
清澄寺　330
清涼寺縁起絵巻　145
世俗諦　247
世尊　110
説出世部　246, 252
刹那派　90
世天　23, 28
禅　212
善見　29
千手観音　28, 57, 313, 335
禅膩師童子　55, 65
善法堂　48
善無畏　159

増一阿含経　139
曹源寺　321
曹洞宗　212
尊星王(そんしょうおう)　193

た　行

太一(たいいつ)　186
題謂波利経(だいいはりきょう)　35
題経寺(だいきょうじ)　31
大孔雀の呪　121
大孔雀明王　218
大黒天　220, 318, 335
太子信仰　283, 285, 287, 289
『太子伝私記』　288
帝釈寺　36
帝釈天(インドラ)　27-28, 32-37, 47
大乗仏教(マハーヤーナー)　96, 101-102, 246
胎蔵マンダラ(曼荼羅)　130, 158,

『好色一代女』 169
庚申 33
——信仰 34
——の日 31-33, 35
昊天(こうてん)上帝 186
豪徳寺 328
弘法大師空海 59, 265, 287-288, 335
——像 276
広目天 36, 50
ゴータマ 76-77, 81-82
『古今一陽集』 282
虚空蔵菩薩 330-331, 335
五尊像 288
『古代の神々の図像集』(ヴィツェンツォ・カルタリ) 296
五大明王 163
子安観音 149-150
権現 44
金剛(ヴァジュラ) 130
金剛界マンダラ（曼荼羅） 130, 161, 260-263
金剛薩埵 161-162, 164
金剛乗(ヴァジュラヤーナ) 120, 123, 130
金剛智 163
金剛頂経 130
金剛峯寺 144
『今昔物語集』 19, 27, 192
『金堂日記』 280, 282

さ　行

サーンカーシャの奇蹟 139, 226
西大寺(さいだいじ) 166
坂上田村麻呂 313
刺車紋(さしぐるまもん) 188
猿田彦(さるたひこ) 32
三十三間堂 119, 294-295
三十三身(変身) 119
三十三天(忉利天) 29, 36, 47
→忉利天
三十二相 225
三蔵 95
三道宝階(三列の階段) 140, 146, 226
三毒 158
三仏寺(さんぶつじ) 64
三宝 249
『三宝絵』 35, 38
三宝荒神 322, 335
三密瑜伽(さんみつゆが) 259

幸せの地 107, 254
シヴァ神 30
自我(アートマン) 87, 89, 245
『史記』 182-183
色界 29-30, 104
信貴山縁起絵巻 62
自性院 169, 328
——・猫地蔵 329
地蔵菩薩 217, 335
始祖釈尊 258
四大真理(しだいしんり)(四聖諦(ししょうたい)) 76, 78
七星剣 185
七星祭 184
七福神 64
執金剛 161
シッダールタ 71
集諦 78
悉地速疾(しっちそくしつ) 165
四天王 36, 48-54
四天王寺 52
不忍池弁天 311-312
柴又 32-34
——の帝釈天 31
四仏 261
四方仏 127, 215, 264
四門出遊 72
寺門の御修法 193
ジャータカ 85
ジャイナ教 116
釈迦(釈尊) 86, 109, 335
釈迦三尊光背銘 275, 284
釈迦誕生 140
釈迦如来仏 112
釈(シャク) 47

閻魔王　34, 38, 308, 313-314
縁結びの神　168

王舎城　109
応身(おうじん)　258
大熊座　181
園城寺(おんじょうじ)　149

か　行

カーマ神　→愛(カーマ)の神
開眼　232-235
隠された宝玉　113
覚醒(さとり)　71, 84
『覚善抄』　164
覚鑁(かくばん)　231, 289
下降図(釈迦)　145
過去(七)仏　214, 251-252
迦葉(かしょう)　114
『葛飾北斎伝』　202
カピタの奇蹟　139
神(デーヴァ)　22　→デーヴァ
神風　166
神々の集団(パンテオン)　43
亀岡文殊　315
珂梨帝母(かりていも)(ハーリティー)　149
ガルダ(金翅鳥)　121
迦楼羅(カルラ)　23
歓喜天(ガネーシャ)　125
観自在(観世音)菩薩　217
観世音寺　58
観世音菩薩三十三変化身　55, 239
観世音菩薩普門品　119
観想　124
ガンダーラ　224
観念派(唯識)　91-92
感応　223, 228
観音菩薩　100-101, 119, 217, 274, 325, 335

喜見城(きけんじょう)　29-47
鬼子母神　149-150
北向(きたむき)観音　170
吉祥天　65, 191
救世主(メシア)待望　99, 216, 252
経(スートラ)　94-95
教法仏　118
清水寺　312
錐もみ不動　231

苦　76, 78-81
空　91-93, 214, 223, 239, 246-247
空海　27
空居天(くうごてん)　29, 46-47
空派　91, 159
空也上人像　276
久遠寺　146
久遠釈迦　221
久遠常住　253
久遠仏　215
釘抜き地蔵　326
楠木正成　61
苦諦　78
熊野那智　318
鞍馬寺　56
鞍馬(山)の毘沙門天　55, 57, 65

化城(けじょう)の譬え話　112
化身(達)　213, 229, 258
賢劫　251, 264
遣迎二尊(けんごうにそん)　256
玄奘　226
顕真　283-285, 288
現身　228-229
現身仏　228
幻想(マーヤー)　73
剣の護法　63
玄武　198

劫　103, 112
　恵まれた――　83
業　79, 87, 89, 239, 244
行為(業)　87-88, 239, 244-246
　――の果実(結果)　87-90
向源寺　293

索　引

あ　行

アートマン(自我)　88-90
アーナンダ(阿難陀)　→阿難陀
藍染　172
愛染王　165
『愛染王紹隆記』　165
愛染かつら(ドラマ)　169
愛染桂　170
愛染講　172-173, 175-176, 178
愛染金剛　162
愛染明王　162-164, 169
　——品　163
愛(カーマ)の神　77, 157-158
愛の神キューピッド　77
アイラーヴァタ　26-137
『阿娑縛抄』(あさばしょう)　195
アジア台風圏　237
阿閦(あしゅく)　105, 123, 127
阿修羅　27
阿難陀(アーナンダ)　85, 114
　→アーナンダ
天つ神　186
阿弥陀　106-108, 127, 211, 215, 254, 335
　——三尊　272
天御中主神(あめのみなかぬしのかみ)　189
阿羅漢　84, 98

板本尊　32-33
一行阿闍梨　159
一仏一切仏　264
一切如来　215
一切法自性清浄　160
稲荷大明神　173, 335
飯沼観音　325
岩船地蔵　324
印相(ムドラー)　123-124
インドラ(帝釈天)　24-27, 74, 219
インドラ(神々の王)　74

ヴァイシャーカ　141
ヴィシュヌ神　30
ヴァジュラ(金剛杵)　26
ヴィツェンツォ・カルタリ　296
ヴェーダ聖典　22, 25, 120, 217-219
上杉謙信　61
宇賀神信仰　311
優塡王(うでんおう)　226
運慶　314

永観　331
永観堂　331
　——・見返り阿弥陀　332
叡尊　166
永明寺(えいみょうじ)　37-38
『易経』　189
依他起性(えたきしょう)　248
江の島の大神　316
江の島弁才天　316
エフェソスのアルテミス(神像)　297, 302
延喜の加持　62
円成実性(えんじょうじっしょう)　248
円仁　192
円心様式　319
円通寺　311
円応寺(えんのうじ)　308, 313

翻訳協力者紹介

松崎碩子（まつざき・せきこ）

東京都生まれ。ソルボンヌ大学卒業。博士課程前期免状取得。フランス中世文学専攻。1974年よりコレージュ・ド・フランス日本学研究所に勤務。フランス国立科学研究センター技官。1997年、ベルナール・フランク教授のあとをうけて、日本学研究所所長。

福井澄（ふくい・すみ）

東京都生まれ。青山学院大学仏文科卒業。パリ第7大学で中国語・文学を専攻、博士課程前期免状取得。現在 ESTP, ENS（カッシヤン）で日本語講師、翻訳家。

著者紹介

Bernard FRANK（ベルナール・フランク）

1927年パリ生まれ。パリ大学法学部卒業、国立東洋語学校・ソルボンヌ大学文学部において日本語・中国語・サンスクリットを学ぶ。国立科学研究センター研究員、国立高等研究院教授、パリ第7大学教授を経て、1979年よりコレージュ・ド・フランスの初代日本学講座の教授。1972-74年日仏会館フランス学長を務める。1996年逝去。フランス学士院会員、日本学士院客員会員。主な著書として、*Kata-imi et kata-tagae*, BMFJ, Nouvelle Série, t.V. No. 2-4, 初版, Collège de France, Institut des Hautes Études Japonaises. 1998, 増補再版.（邦訳『方忌みと方違え』岩波書店, 1989）; *Histoires qui sont maintenant du passé, Introduction, traduction et commentaires*, Collection UNESCO, « Connaissance de l'Orient », Paris, Gallimard, 1968（『訳注今昔物語集』）; *Le Panthéon bouddhique au Japon, Collection d'Émile Guimet*, Paris, Réunion des Musées nationaux. 1991（『日本仏教パンテオンとギメコレクション』）；『風流と鬼』, 平凡社, 1998; *Dieux et Bouddhas au Japon*, Odile Jacob, Paris, 2000; *Amour, colère, couleur. Essais sur le bouddhisme au Japon*, Collège de France, Institut des Hautes Études Japonaises, Paris, 2000, などがある。

訳者紹介

仏蘭久淳子（ふらんく・じゅんこ）

和歌山県生まれ。東京芸術大学絵画部卒業。1956年ベルナール・フランクと結婚。画家、サロン・ド・オートンヌ会員。絵画活動のほか、ベルナール・フランクの講演・論文などの翻訳に協力。

日本《にほん》仏教《ぶっきょう》曼荼羅《まんだら》

2002年 5月30日 初版第1刷発行©
2005年12月10日 初版第8刷発行

訳 者 仏蘭久 淳子
発行者 藤 原 良 雄
発行所 株式会社 藤 原 書 店

〒162-0041 東京都新宿区早稲田鶴巻町523
TEL 03（5272）0301
FAX 03（5272）0450
振替 00160-4-17013

印刷・製本 美研プリンティング

落丁本・乱丁本はお取り替えします
定価はカバーに表示してあります

Printed in Japan
ISBN4-89434-283-9

Ⅵ 魂《こころ》の巻——水俣・アニミズム・エコロジー　　**解説・中村桂子**

Minamata: An Approach to Animism and Ecology

四六上製　544 頁　**4800 円**（1998 年 2 月刊）◇4-89434-094-1

水俣の衝撃が導いたアニミズムの世界観が、地域・種・性・世代を越えた共生の道を開く。最先端科学とアニミズムが手を結ぶ、鶴見思想の核心。

月報　**石牟礼道子　土本典昭　羽田澄子　清成忠男**

Ⅶ 華の巻——わが生き相《すがた》　　**解説・岡部伊都子**

Autobiographical Sketches

四六上製　528 頁　**6800 円**（1998 年 11 月刊）◇4-89434-114-X

きもの、おどり、短歌などの「道楽」が、生の根源で「学問」と結びつき、人生の最終局面で驚くべき開花をみせる。

月報　**西川 潤　西山松之助　三輪公忠　高坂制立　林佳恵　C・F・ミュラー**

Ⅷ 歌の巻——「虹」から「回生」へ　　**解説・佐佐木幸綱**

Collected Poems

四六上製　408 頁　**4800 円**（1997 年 10 月刊）◇4-89434-082-8

脳出血で倒れた夜、歌が迸り出た——自然と人間、死者と生者の境界線上にたち、新たに思想的飛躍を遂げた著者の全てが凝縮された珠玉の短歌集。

月報　**大岡信　谷川健一　永畑道子　上田敏**

Ⅸ 環の巻——内発的発展論によるパラダイム転換　　**解説・川勝平太**

A Theory of Endogenous Development: Toward a Paradigm Change for the Future

四六上製　592 頁　**6800 円**（1999 年 1 月刊）◇4-89434-121-2

学問的到達点「内発的発展論」と、南方熊楠の画期的読解による「南方曼陀羅」論とが遂に結合、「パラダイム転換」を目指す著者の全体像を描く。

〔附〕 年譜　全著作目録　総索引

月報　**朱通華　平松守彦　石黒ひで　川田侃　綿貫礼子　鶴見俊輔**

人間・鶴見和子の魅力に迫る

鶴見和子の世界

R・P・ドーア、石牟礼道子、河合隼雄、中村桂子、鶴見俊輔ほか

学問／道楽の壁を超え、国内はおろか国際的舞台でも出会う人すべてを魅了してきた鶴見和子の魅力とは何か。国内外の著名人六三人がその謎を描き出す珠玉の鶴見和子論。〈主な執筆者〉**赤坂憲雄、宮田登、川勝平太、堤清二、大岡信、澤地久枝、道浦母都子ほか。**

四六上製函入　三六八頁　**三八〇〇円**　（一九九九年一〇月刊）◇4-89434-152-2

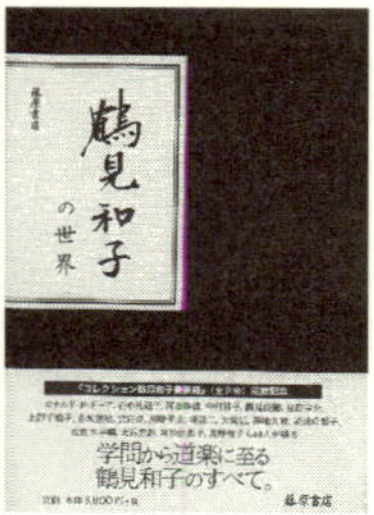

『回生』に続く待望の第三歌集

歌集 花道

鶴見和子

「短歌は究極の思想表現の方法である。」——脳出血で倒れ、半世紀ぶりに復活した歌を編んだ歌集『回生』から三年、きもの・おどりなど生涯を貫く文化的素養と、国境を超えて展開されてきた学問的蓄積が、リハビリテーション生活の中で見事に結合。

菊判上製　一三六頁　**二八〇〇円**　（二〇〇〇年二月刊）◇4-89434-165-4

7　金融小説名篇集

吉田典子・宮下志朗 訳=解説
〈対談〉青木雄二×鹿島茂

ゴプセック――高利貸し観察記　*Gobseck*
ニュシンゲン銀行――偽装倒産物語　*La Maison Nucingen*
名うてのゴディサール――だまされたセールスマン　*L'Illustre Gaudissart*
骨董室――手形偽造物語　*Le Cabinet des antiques*

528 頁　**3200 円**（1999 年 11 月刊）◇4-89434-155-7

高利貸しのゴプセック、銀行家ニュシンゲン、凄腕のセールスマン、ゴディサール。いずれ劣らぬ個性をもった「人間喜劇」の名脇役が主役となる三篇と、青年貴族が手形偽造で捕まるまでに破滅する「骨董室」を収めた作品集。「いまの時代は、日本の経済がバルザック的になってきたといえますね。」（青木雄二氏評）

8・9　娼婦の栄光と悲惨――悪党ヴォートラン最後の変身（2分冊）

Splendeurs et misères des courtisanes

飯島耕一 訳=解説
〈対談〉池内紀×山田登世子

⑧448 頁 ⑨448 頁　各 **3200 円**（2000 年 12 月刊）　⑧◇4-89434-208-1 ⑨◇4-89434-209-X

『幻滅』で出会った闇の人物ヴォートランと美貌の詩人リュシアン。彼らに襲いかかる最後の運命は？「社会の管理化が進むなか、消えていくものと生き残る者とがふるいにかけられ、ヒーローのありえた時代が終わりつつあることが、ここにはっきり描かれている。」（池内紀氏評）

10　あら皮――欲望の哲学

小倉孝誠 訳=解説

La Peau de chagrin

〈対談〉植島啓司×山田登世子

448 頁　**3200 円**（2000 年 3 月刊）　◇4-89434-170-0

絶望し、自殺まで考えた青年が手にした「あら皮」。それは、寿命と引き換えに願いを叶える魔法の皮であった。その後の青年はいかに？「外側から見ると欲望まるだしの人間が、内側から見ると全然違っている。それがバルザックの秘密だと思う。」（植島啓司氏評）

11・12　従妹《いとこ》ベット――好色一代記（2分冊）

山田登世子 訳=解説

La Cousine Bette

〈対談〉松浦寿輝×山田登世子

⑪352 頁 ⑫352 頁　各 **3200 円**（2001 年 7 月刊）　⑪◇4-89434-241-3 ⑫◇4-89434-242-1

美しい妻に愛されながらも、義理の従妹ベットと素人娼婦ヴァレリーに操られ、快楽を追い求め徹底的に堕ちていく放蕩貴族ユロの物語。「滑稽なまでの激しい情念が崇高なものに転じるさまが描かれている。」（松浦寿輝氏評）

13　従兄《いとこ》ポンス――収集家の悲劇

柏木隆雄 訳=解説

Le Cousin Pons

〈対談〉福田和也×鹿島茂

504 頁　**3200 円**（1999 年 9 月刊）◇4-89434-146-8

骨董収集に没頭する、成功に無欲な老音楽家ポンスと友人シュムッケ。心優しい二人の友情と、ポンスの収集品を狙う貪欲な輩の蠢く資本主義社会の諸相を描いた、バルザック最晩年の作品。「小説の異常な情報量。今だったら、それだけで長篇を書けるような話が十もある。」（福田和也氏評）

別巻1　バルザック「人間喜劇」ハンドブック

大矢タカヤス 編
奥田恭士・片桐祐・佐野栄一・菅原珠子・山﨑朱美子=共同執筆

264 頁　**3000 円**（2000 年 5 月刊）◇4-89434-180-8

「登場人物辞典」、「家系図」、「作品内年表」、「服飾解説」からなる、バルザック愛読者待望の本邦初オリジナルハンドブック。

別巻2　バルザック「人間喜劇」全作品あらすじ

大矢タカヤス 編　奥田恭士・片桐祐・佐野栄一=共同執筆

432 頁　**3800 円**（1999 年 5 月刊）◇4-89434-135-2

思想的にも方法的にも相矛盾するほどの多彩な傾向をもった百篇近くの作品群からなる、広大な「人間喜劇」の世界を鳥瞰する画期的試み。コンパクトでありながら、あたかも作品を読み進んでいるかのような臨場感を味わえる。当時のイラストをふんだんに収め、詳しい「バルザック年譜」も附す。

アナール派が達成した〝女と男の関係〟を問う初の女性史

女の歴史

HISTOIRE DES FEMMES
sous la direction de Georges DUBY et
Michelle PERROT

（全五巻 10 分冊別巻二）

ジョルジュ・デュビィ、ミシェル・ペロー監修
杉村和子・志賀亮一監訳　　Ａ５上製

アナール派の中心人物、G・デュビィと女性史研究の第一人者、M・ペローのもとに、世界一級の女性史家 70 名余が総結集して編んだ、「女と男の関係の歴史」をラディカルに問う〝新しい女性史〟の誕生。広大な西欧世界をカバーし、古代から現代までの通史としてなる画期的業績。伊、仏、英、西語版ほか全世界数十か国で刊行中の名著の完訳。

Ⅰ　古代 ①②　　**P・シュミット=パンテル編**
Ａ５上製　各 480 頁平均　**各 6800 円**（①2000 年 3 月刊、②2001 年 3 月刊）
①◇4-938661-172-7　②◇4-89434-225-1
（執筆者）ロロー、シッサ、トマ、リサラッグ、ルデュック、ルセール、ブリュイ=ゼドマン、シェイド、アレクサンドル、ジョルグディ、シュミット=パンテル

Ⅱ　中世 ①②　　**C・クラピシュ=ズュベール編**
Ａ５上製　各 450 頁平均　**各 4854 円**（1994 年 4 月刊）
①◇4-938661-89-6　②◇4-938661-90-X
（執筆者）ダララン、トマセ、カサグランデ、ヴェッキオ、ヒューズ、ウェンプル、レルミット=ルクレルク、デュビィ、オピッツ、ピポニエ、フルゴーニ、レニエ=ボレール

Ⅲ　16 〜 18 世紀 ①②　　**N・ゼモン=デイヴィス、A・ファルジュ編**
Ａ５上製　各 440 頁平均　**各 4854 円**（1995 年 1 月刊）
①◇4-89434-007-0　②◇4-89434-008-9
（執筆者）ハフトン、マシューズ=グリーコ、ナウム=グラップ、ソネ、シュルテ=ファン=ケッセル、ゼモン=デイヴィス、ボラン、ドゥゼーヴ、ニコルソン、クランプ=カナベ、ベリオ=サルヴァドール、デュロン、ラトナー=ゲルバート、サルマン、カスタン、ファルジュ

Ⅳ　19 世紀 ①②　　**G・フレス、M・ペロー編**
Ａ５上製　各 500 頁平均　**各 5800 円**（1996 年①4 月刊、②10 月刊）
①◇4-89434-037-2　②◇4-89434-049-6
（執筆者）ゴディノー、スレジエフスキ、フレス、アルノー=デュック、ミショー、ホック=ドゥマルル、ジョルジオ、ボベロ、グリーン、マイユール、ヒゴネット、クニビレール、ウォルコウィッツ、スコット、ドーファン、ペロー、ケッペーリ、モーグ、フレス

Ⅴ　20 世紀 ①②　　**F・テボー編**
Ａ５上製　各 520 頁平均　**各 6800 円**（1998 年①2 月刊、②11 月刊）
①◇4-89434-093-3　②◇4-89434-095-X
（執筆者）テボー、コット、ソーン、グラツィア、ボック、ビュシー=ジュヌヴォワ、エック、ナヴァイユ、コラン、マリーニ、パッセリーニ、ヒゴネット、ルフォシュール、ラグラーヴ、シノー、エルガス、コーエン、コスタ=ラクー